Exploring

the

Moral

Heart

of

Teaching

教师教育哲学译丛　译丛主编　王占魁

教学的道德心

迈向教师的信条

[美]戴维·T.汉森（David T. Hansen）◎著

吕佳慧◎译

华东师范大学出版社

·上海·

图书在版编目(CIP)数据

教学的道德心:迈向教师的信条/(美)戴维·汉

森著;吕佳慧译.—上海:华东师范大学出版社,

2024.—(教师教育哲学译丛).—ISBN 978 - 7 - 5760

- 5380 - 7

Ⅰ.G65

中国国家版本馆 CIP 数据核字第 2024UA1148 号

教师教育哲学译丛

教学的道德心:迈向教师的信条

著　　者　[美]戴维·T.汉森(David T. Hansen)
译　　者　吕佳慧
责任编辑　彭呈军
责任校对　张梦迪　时东明
装帧设计　卢晓红

出版发行　华东师范大学出版社
社　　址　上海市中山北路 3663 号　邮编 200062
网　　址　www.ecnupress.com.cn
电　　话　021 - 60821666　行政传真 021 - 62572105
客服电话　021 - 62865537
门市(邮购)电话 021 - 62869887
地　　址　上海市中山北路 3663 号华东师范大学校内先锋路口
网　　店　http://hdsdcbs.tmall.com

印　刷　者　上海展强印刷有限公司
开　　本　787 毫米 × 1092 毫米　1/16
印　　张　17.5
字　　数　205 千字
版　　次　2025 年 1 月第 1 版
印　　次　2025 年 1 月第 1 次
书　　号　ISBN 978 - 7 - 5760 - 5380 - 7
定　　价　78.00 元

出 版 人　王 焰

(如发现本版图书有印订质量问题,请寄回本社客服中心调换或电话 021 - 62865537 联系)

丛书总序

对中国教育界而言，"教师教育"或者"师范教育"是一个并不陌生的概念。作为一项文化事业，它不仅一直是"师范"院校的主要职能，而且近年来也日渐成为"综合性大学"竞相拓展的业务范围。尽管我国自古就有浓厚的"师道"传统，也留下了为数众多的"师说"篇章，但是，近现代以来，我国学者对"教师教育"或"师范教育"的理论思考整体上比较薄弱，鲜有成体系的、具有国际影响力的教师教育理论，同时也缺乏对国外教师教育哲学理论成果的引介。从教育理论建构的意义上讲，"见证好理论"乃是"构建好理论"的前提条件。目前，在国家号召构建"成体系"的人文社会科学理论的背景下，引介国外知名学者有关教师教育的哲学思考，或许正当其时。

2020年5月，在华东师范大学基础教育改革与发展研究所的支持下，依托自己所在的"教育哲学"学科，我申请成立了"办学精神与教学特色研究中心"（以下简称"中心"），以期围绕教育活动中的"办学主体"和"教学主体"两个核心动力系统做些学术研究和社会服务。稍后，在从事有关美国要素主义教育哲学家威廉·巴格莱的教师教育哲学思想研究的过程中，我深切地感受到教师教育哲学对教师培养质量和教师职业生活品质影响深远。但是，无论是与上个时代纵向比较，还是与这个时代其他人文学科横向参照，近些年来国内教育学界有关国外标志性教育理论成果的引介力度都相对式微。从学术共同体建设的长远视野看，对国外教育理论的深入研究和广泛了解的不足，将在很大程度上制约我们自己的学术眼界、思想活力与理论深度。于是，我萌发了以"中心"之名策划一套《教师教育哲学译丛》的想法。

经过近半年的多方考察和华东师范大学出版社的谨慎筛选,我最终选定了西方学界4位学者的7本著作:第一本是英国教育哲学学会的创立者及首任主席、伦敦大学教育学院院长和教育哲学教授理查德·彼得斯(Richard Stanley Peters)的《教育与教师教育》。该书从"教育的正当性""教育与有教养的人的关系""教育质量的含义""自由教育的歧义与困境""柏拉图的教育观""哲学在教师训练中地位""教育(学科)作为教学的具体准备""教育作为一门学术性学科""大学在教师教育中的职责"九个方面,充分展现了一位分析教育哲学家对"教育"与"教师教育"问题的系统思考。第二本是前美国教育史学会主席、斯坦福大学教育学院兼历史系教授戴维·拉巴里(David F. Labaree)的《教育学院的困扰》,这本书从历史社会学的角度研究美国教育学院的地位问题,系统分析了教育学院在师资培养、教育研究人员训练、教育知识生产等方面所面临的特殊困难。

接下来的四本书,皆出自前美国教育哲学学会和约翰·杜威学会的"双料主席"、哥伦比亚大学教师学院教育史与教育哲学专业的戴维·汉森(David T. Hansen)教授。其一,《教学召唤》通过对不同类型学校教师的日常教学工作进行"深描",探讨教师应当如何对待学生、如何管理课堂、如何参与学校及社会公共事务等议题,深入挖掘"教师"的职业身份意义与专业精神内核,并就教师如何兼顾"实现自我"与"公共服务"提供了独到见解。其二,作为《教学召唤》的姊妹篇,《重思教学召唤:对教师与教学的见证》借助生动案例,以审美、伦理和反思的方式呈现了敬业教师的存在状态,进而对教师为召唤而教的理论主张作出了全新的描述,并明确将教学界定为一种"伦理实践",指出教学作为一种了解人性、改变学生心灵状况的使命召唤,远比工作、职业、工种、专业要深刻。其三,《教学的道德心:迈向教师的信条》,从"作为个人的教师意味着什么"问题入手,系统研究了在教学中成长的个体教师形象以及塑造这种教师的环境,进而对教学和传统的关系、理想在教学中的地位等问题进行了深入讨论。其四,面对世界的日益多元化、学校的日趋多样化、学生教育需求与学习能力差异的加剧等诸多现实挑战,《教师与世界》一书引导教师如何在忠诚于本土价值观、利益和承诺的同时,建立对新人、新事物和新思想的理性开放态度,鼓励他们通过不断反思实现二者之间的平衡。

最后,作为"尾声"压轴出场的是前国际知名刊物《戏剧教育研究》的联合主编、英国华威大学戏剧与艺术教育学专业乔·温斯顿(Joe Winston)教授的代表作《美与教育》。这本理论与实践紧密结合的教育美学力作,致力于唤醒教育中的美。它不仅对美的思想史进行了精要的纵向梳理,也对美与教育的关系进行深入的横向分析,进而提出了"美即教育经验"重要命题;它不仅对教育与美进行深刻的理论阐释,而且深入到具体学科教学上做了详细的案例研究,对各科教师审美素养的培育都极具实践参考价值。

众所周知,现今高校青年教师肩负的教学、科研和生活压力十分繁重,与科研论文著作相比,校内外各种绩效考核和学术评奖对译著作品重视程度有限;与各级各类课题经费相比,国内译著的稿酬更是十分微薄;与此同时,要从事学术翻译工作,可能需要译者牺牲自己(包括与家人共度)的"休息时间"。由此来看,从事学术翻译的确不是一个"聪明"的选择。但是,这并不意味着学术翻译是一项没有"智慧"就能胜任的工作。这是因为,作为一项兼有"英文阅读"和"中文写作"双重属性的工作,学术翻译的难度远大于两项中的任何一项,甚至大于两项难度之和:译者不仅需要首先理解英文原意,也需要创造性地跨文化转述;既不能只顾英文的陈述逻辑,也不能只顾中文的语言习惯,每一章、每一节乃至每一段都要同时结合两种文化语境重新推敲、反复斟酌。显然,这不仅需要思维能力的支撑,更需要高度的道德自觉、价值态度和直觉才能等精神力量的支撑。正是从这个意义上讲，学术翻译乃是一种饱含"智慧"的付出。倘若不假思索地按照字面"直译""硬译"，就不免会对专业领域通行的一些"术语"误解误读，进而对该领域的初学者造成误导。因此，一部优质学术翻译作品的问世，不仅意味着译者时间投入和智慧付出，也意味着译者对一个专业领域的仔细考究和深入钻研。

本译丛自筹划到出版，前后历时整四年。特别感谢六位"八〇后"中青年学友能够接受我的这份译事邀约，他们分别是北京师范大学教育基本理论研究院的林可博士、华东师范大学国际与比较教育研究所的沈章明博士、华南师范大学教育科学学院的刘磊明博士、江苏师范大学教育科学学院的张建国博士、清华大学教育研究院的吕佳慧博士和广州大学教育学院的李育球博士。他们结合自身的研究兴趣和专业所长，各自独立承担了一本书的翻译工作！我相信，诸位译者和我一样深知，我们在竭力解读、领悟、澄清和贴近前辈学人话语方式和理论逻辑的过程中，也在履行我们这一代学人所肩负的学科赓续和学脉承传的历史使命。这不仅体现了我们对学术事业共有的真挚热爱，也体现了这一代中青年教育学者不辞辛劳、不畏艰难、勇担"拾薪"与"传薪"重任的精神品格。更为重要的是，这种领域兴趣原则与独立自主原则相结合的分工机制，将为这套译丛的质量提供不可或缺的动力基础和专业保障。

值此"办学精神与教学特色研究中心"成立四周年之际推出这套译丛，希望能够为中国教师的实践工作和中国教师教育事业提供一些"窗口"，同时也为中国教师教育的学术研究增添一些"砖瓦"。由于个人能力有限，恐错漏之处在所难免，不当之处，敬请各界方家及广大教育同仁批评指教。

王占魁

2024 年 4 月 8 日

译者前言

《教学的道德心：迈向教师的信条》（*Exploring the moral heart of teaching：Towards teachers' creed*）一书，英文原版首次于 2001 年由哥伦比亚大学师范学院出版社出版，由哥伦比亚大学教师学院教育历史与哲学系的 John L. & Sue Ann Weinberg 讲席教授戴维·T. 汉森（David T. Hansen）所著。汉森曾任美国约翰·杜威协会（John Dewey Society）和美国教育哲学学会（Philosophy of Education Society）主席。汉森拥有芝加哥大学思想史学士学位、斯坦福大学政治经济学硕士学位和芝加哥大学教育学博士学位。汉森曾担任中学教师、教师语言艺术课程的讲师，曾于伊利诺伊大学芝加哥分校教育学院任教授。

从整体结构来看，本书主要分为三个部分。第一部分重点探讨了作为教师角色的个人、教师应培育的品质，以及教师在教学环境中与学生的互动。第二部分深入阐述并扩展了卢梭、杜威等人提出的间接教学理念，汉森在此结合自身教师教育项目的教学经验，详细呈现了一门教师教育课程授课全过程的实践案例。第三部分则讨论了传统与理想在教学中的地位。本书通过严密的逻辑推理和丰满鲜活的文字，深刻回答了"谁可以从事教学、如何教学、为何教学"以及"教学的意义"等基本问题。除了可以作为研究卢梭、杜威教育思想的参考读物外，本书也为那些对教学工作怀有理想、并希望在教学中寻找到自我定位的教师，提供了理论框架和道德基础。

在本书的概述中，汉森比较了几种关于教学的定义，提出教学既非"工作"（job），也非"职业"（career）或"专业"（profession）。他认为，完整意义上的教学应被视为一种"具有深厚传统的道德与智识实践,兼具道德与智识的两个方面"。相比之下,"工作""职业""专业"等概念都以活动为基础,将教学视为一种手段,容易将实践简化为一套流程;此外,汉森也反对以结果为中心的教学定义,认为过度强调教学的目的,如学术学习、社会化、文化适应,可能会把教师工具化。总之,这两类定义,都忽视了教与学过程中人的核心要素。

在第二章中,汉森详细探讨了"谁可以从事教学"以及"应该如何从事教学"的问题。他强调了作为教师的个人,应将道德的行为和道德敏感性置于教学实践的核心。汉森从"人是什么"这一基本哲学问题展开,强调作为教师的个人有其主体性,能够协调自身意图,并以此开展行动,能够反思自身言行,且具备情感、想象力、记忆力,同时也是社会性存在[1]。教师在开展教学时,不仅应致力于培养学生特定的人格的行为,还要有明确的道德意图,这要求教师具备道德敏感性(moral sensibility),即在教学过程中,能够敏锐察觉并关心学生的道德成长,并在适当时机利用实践智慧进行引导。从"人是什么"问题出发的论述看似老生常谈,甚至被视为理所当然,汉森却认为这恰恰是教师育人不可或缺的前提。因为"人是什么"这一问题,是教育问题的逻辑起点,而作为教师的个人是什么,也是教师教育哲学的原点。

在第三章中,汉森勾勒了一个成长中的人的形象,提出了教师应具备的关键品质,包括直率(straightforwardness)、简单(simplicity)、自发性(spontaneity)、天真(naivete)、开明(open - mindedness)豁达(open - heartedness)、目标完整性(integrity of purpose)、责任心和严肃性(seriousness)。这些品质并非简单的罗列呈现,而是汉森从卢梭、杜威等人

---

1 HANSEN D T. Exploring the moral heart of teaching: Toward a teacher's creed[M]. New York, NY: Teachers College Press, 2001: 24.

著作出发,深入探讨了这些品质的哲学基础和意义。汉森也并非试图提出一个"理想教师"的"定论",而是希望引发读者思考教师应具备哪些品质。

在第四章中,汉森探讨了经典观点"教师无法直接影响学生,而是必须要通过环境中介来进行教学"。他详细论述了杜威如何重构卢梭的间接教学理念,杜威提出应"控制"和"调节"环境,并强调环境的简约(simplified)、净化(purified)、平衡(balanced)和稳定(steadying)。汉森进一步指出,环境取决于教师个人的能动性、意图和行动[1]。为深入阐释这个观点,汉森在第五章,通过展示其教授的一门课程的完整教学过程,详述如何组织学生讨论、研读杜威的《民主主义与教育》,展现了教师如何在教学中始终关注学生的道德发展。

在第六章和第七章中,汉森集中讨论了传统在教学中的位置,以及传统感(sense of tradition)的培育问题。他提出了"活的传统"的概念,区别于传统主义,并分析了批判传统的多种方式。教师应在历史的长河中,反思自身的教学定位,传统感既形成了教师对教学实践的取向,也塑造了其对未来教学的展望,还蕴含了教师对教学的情感。教师应努力培育自身的传统感,并时刻关注教学中的道德维度。

第八章则探讨了理想在教学中的地位。汉森区分了理想和理想主义的区别,阐述了理想主义的潜在风险,并提出了"坚韧的谦逊"(Tenacious Humility)这一相对具象化的人格理想或者道德理想——这种品质既注重内心的反思,又关照真实的外界,帮助教师在教学实践中有所凭据,有所依从,有方向可循。尽管这一终极理想难以真正实现,但它能启示教师以更具想象力的方式思考、感受和工作。

1 　HANSEN D T. Exploring the moral heart of teaching: Toward a teacher's creed[M]. New York, NY: Teachers College Press, 2001: 75.

为便于读者阅读和理解,译者在此试作一些关键概念翻译的简要说明。首先是对书名中"moral heart"的翻译,本考虑译作"道德核心",但总觉缺乏生命意蕴和人文属性,且易于使人落入将教学视为某种活动的误区,而汉森恰恰最为重视教学作为伦理实践的人的向度,为了突出具体的"个人",故而采用了"道德心"的翻译。其次,本译著将"moral sensibility"翻译为"道德敏感性",是考虑到"敏感性"指向的是一种特定的敏感和关注,是对教学中道德维度的重视,是对学生道德成长时时响应的感知和体认,表达了教师对教学伦理维度的关注能内化为教师无意识的教学"本能"和育人自觉的无限潜能。最后,对于"sense of tradition"的翻译,本译著翻译成"传统感",用以区分"传统意识"或"历史意识","sense"涵盖了"感觉""感知"的体认,而非只停留于认知层面的意识,这也是源自汉森对作为教师的"人"的理解,不仅是智识层面对历史知识的掌握,更是从道德意义上对传统的完整理解。为了帮助读者更好理解原作者的原意,本书在一些概念后也做了英文原文的标注。

　　很荣幸能承担《教学的道德心》一书的翻译工作。翻译历时三年,跨越了我的博士求学和博士后阶段,翻译期间,诚惶诚恐,对于一些关键的术语的翻译,与同道多次探讨,反复推敲。在此特别感谢王占魁老师、彭呈军编辑、刘磊明老师和沈章明老师对本译著提供的宝贵意见。汉森常用"捕捉"(grasp)这个词,用以描绘概念所要描摹的意义和现象。限于个人能力,有时难以完全"捕捉"汉森所用术语在中文的绝佳适配。在此也向读者致上一份歉意,部分概念在文中注以英文,供读者参考。我想翻译之难,不仅在于对教育哲学思想的忠实,可能是中文总有点意境、韵味,尤其美在言有尽意无穷,翻译到英文易于显得具体、具象;而英文翻译到中文,英语本身的那种语言的错落有致,韵律悠扬,又容易显得平淡。因此,本书翻译首先秉持忠实原文原意的原则,在此基础上,如还能保留一丝汉森原作的文气,则也是作为译者的一番慰藉。

最后,就像汉森结尾所言,期望教师通过对话,在共同生活中一同描绘理想,在各自的教育旅程中不断前行。我也希望本书能够成为一个引发对话的对象,期待教学一线的实践者,从事教师教育、教育哲学研究的研究者,以及所有关心教师成长、关心教学的同仁,重新观照"教学的道德心",教师角色中的"个人"以及教学理想等问题,进而不断接近彼此心目中的教育理想。

吕佳慧

2024 年 10 月 11 日于北京

目　录

前　言

　　我在本书中的出发点是，好的教学围绕着一系列由来已久、充满活力的术语。好的教学意味着丰富学生对自己、他人和世界的理解，而不是使他们对这些的理解更加贫乏；好的教学意味着拓展学生的知识、洞察力和兴趣，而不是使他们狭隘；好的教学意味着深化学生的思维和感受方式，而不是令他们浅薄。作为一名教师，需要给予学生在智识和道德的关注。好的教学并不意味着对学生和课程在道德和智识层面的忽视或冷漠。

　　在我之前的作品《教学召唤》（*The Call to Teach*）中，我力求通过把教学视为一种天职或召唤来阐明这些术语。我现在比以往任何时候都更加坚信，"召唤"这一理念，对所有处境的教师和教学实践都具有相当大的前景。将教学视为一种召唤，而非仅当作一份工作或职业，使得教师们进一步将教学作为人类事业所带来的意义和收获。

　　然而，在形成这一理念时我仍要说明，包括到现在我也始终相信这一点，即试图将天职感转化为义务是错误的。教师不能被强迫着将自己的工作视为一种召唤，就像一个人不可能早上醒来后突然决定被召唤。无数的男男女女确实怀揣着与儿童、青年或成人一起工作的强烈愿望成为老师。但对于许多教师来说，参与教学似乎就会产生持久的服务精神。他们不是在职业生涯开始时就下定决心，而是接受教学的召唤（take on the call to teach）。出于此类原因，我在先前的那本书中写到教师"好像"被召唤的价值。这样的姿态（posture）可以推动他们从一开始就更加投入到上面提到的智识和道德教学层面的教学中去。将教学看作一种召唤能够帮助教师坚守本心，抵制一些可能降低他们预期的，以权宜之计的名义敷衍了事的，或者在一些更糟糕的情况下，让教师失去本心的外界力量。

本研究拓展并深化了对教学和教师的认识，探索了为何教学构成一种极具传统的道德和智识的实践。在本书中，我将深入分析这个概念是如何突出"在教师角色中的人"的观点、行为和敏感性的。扮演教师角色的人是决定性的，因为教学需要持续关注扮演学生角色的（一般是）年轻人。我提出了一个成长中的、受过良好教育的人的形象，可以指导教师聚焦。我也对这个形象如何与孕育良好的、支持教与学的环境相协调的方式进行检验，具体过程将通过对我多年来在教师教育项目中教授的一门课程的深入研究来说明，而这种分析也将嵌入到对教学和传统意识的研究中。本书的前提是：教学是人类一项长期的努力，具有独特的定位，对人类繁荣发展有显著的贡献。本书的最后，将讨论教学的理想，主要通过分辨其危险和局限，并强调其道德的活力来检验理想在（教学）工作中的位置。

我希望这本书的副标题"迈向教师的信条"（Toward A Teacher's Creed），能够引发人的共鸣，而非流于文字表面。据我了解，这种信条描述了一套信念、笃信和承诺，它们可以指导整个人生或者人生某一项事业。这种信条就像指明方向的指南针，能为某些行动方案指明方向而不至于偏航。这种信条可以支撑一个人的目标感，尤其是在个体对于目标感到怀疑和困惑的时候，比如想要在人类事务中出类拔萃的这类目标，看起来既愚不可及又不切实际。阐明这种信条，可以成为一种澄清的行为，有助于驱散围绕自我理解的迷雾，并提供个体在世界中位置的视角。

信条可以指向一种行为准则或一套原则。人们会说自己认定了一个信条，加入某个共同认可这种信条的社群组织。教育史上最著名小册子之一，约翰·杜威（John Dewey）在 1897 年出版的《我的教育信条》（*My*

Pedagogic Creed），就使用了这个词。《我的教育信条》是杜威在随后几年中详细阐发的教育思想的萌芽，对于杜威来说，这是他的"教育宪法"。《我的教育信条》包含五篇文章，陈述了杜威对教育、学校、学校科目和方法，以及对社会进步的思想。杜威的文字富有强大的力量，经久不衰，历久弥新。在他手里，教师的信条成为一面旗帜，是我们在面对一个充满不确定性但仍有希望的世界时要高举的一面旗帜。

"教师的信条"出现在本书的副标题中的原因之一，是我对教师信条的推崇。但我不知道有什么证据能证明已经形成最后的信条或信仰。换句话说，对教学进行盖棺定论的想法似乎与教学实践的多变相矛盾。顺便说一句，杜威不认为自己给出了教学的"盖棺定论"，他也并不希望这样做。毕竟，他把自己的文集命名为"我的"教育信条，并不代表任何其他教育者。关键在于，教育的探究和实践似乎常与哲学的命运息息相关，即使它们披着不同的外衣和习语，但却不断回归到相同的问题和关切。那些幻想着盖棺定论或最终结论的人面对这种境况，可能会感到沮丧，甚至发狂。但是这种反应似乎意味着，重新发现一个被遗忘或被忽视的问题导致摇头丧气，而不是喜悦和希望。从后者的角度看，人类回到意义和目的问题上的倾向性近乎不可思议。许多人会说，人的存在本身已经很了不起了，为什么要有一个人类的世界？但是，人类对价值、行动、知识、信仰和希望，一而再、再而三地提出质疑的能力让人惊叹。而这种能力并不总是能够实现，人们常常需要他人的帮助来实现这种能力，正因为如此，教师总是有存在的理由。

这本书与其说是我个人对于*杜威式（à la Dewey）*教育信条的证明，不如说是对可能促进教师目标感形成的因素的研究。我希望英文书名中的

"探究"*（exploring），以及副标题"迈向教师的信条"能让人联想到一种运动，而不是最终的休止。这些词让人联想到旅行（journey）或追寻（quest），它们对于理解当老师意味着什么很有帮助。教师的信条代表着一个理想的终点，那里汇聚了教师所能获得的所有关于教学的结论，但它作为一个理想，实际上永远无法达到，这也是我在第八章中会研究的事实。严肃认真的教师清楚，要想做好教学工作，总要学习更多，总有成长的空间，总要在思想和心灵成长中保持开放的空间。这个过程意味着他们的信仰和信念也在演变，即使这种演变是微妙而缓慢的。形成信条的形象有助于引导人们追求成为渴求和梦想中的教师的旅途。教学中的最终信条像最终的智慧一样，可能永远无法实现。但就像努力变得明智一样，为了让自己朝着正确的方向前进，它值得追求。接下来的章节将阐明努力迈向教师信条的意义。

xii

　　许许多多来自大中小学的同仁帮助我理清了思路。来自教师学院出版社（Teachers College Press）的几位匿名审稿人提供了全面且有建设性的评论。惠普·约翰逊（Whipp Johnson）对手稿的全文提出了许多有说服力的美妙的问题。黛博拉·克德曼（Deborah Kerdeman）针对第一章和第八章提供了慷慨、全面和有益的见解。凯瑟琳·贝尔（Catharine Bell）对第三、四章，尤其是第五章的讨论部分提供了及时和深刻的意见。卡罗琳·海勒（Caroline Heller）和她的学生针对第五章的简版提出了生动有效的意见。雷内·阿奇利亚（Rene Arcilla）对第六章到第八章中初始的论点提出了富有争议性和启发性的问题。乔·贝克尔（Joe Becker）也针对第六章和第七章的概要也做了同样的评论。丽贝卡·布什内尔（Rebecca Bushnell）对第七章的回应令人振奋和倍感亲切。苏珊·麦克唐纳（Susan McDonough）、

---

* 在中文译本中，考虑到贯穿全文的本质目的即是"探究教学的道德心"，为使题目更加精简，故未将英文版本中的"exploring"直接译出。——译者注

珍妮丝·奥兹加（Janice Ozga）和米歇尔·皮尔辛斯基·沃德（Michelle Piercyznski-Ward）对第八章早期版本的意见使我获得启发。可以肯定的是，他们之中没有一个人是致力于赞同我说的。

1998 年 2 月，我在芝加哥大学的中西部教师研讨会（Midwest Faculty Seminar）上介绍了第五章（关于"间接"教学）的初步版本。我想把我对研讨会组织者伊丽莎白·钱德勒（Elizabeth Chandler）的感谢记录在此，并感谢与会的大学教师们提出的建设性意见和问题。我在 1999 年 4 月于新奥尔良和 2000 年 3 月于多伦多连续举行的教育哲学学会上介绍了第六章和第八章的早期版本。我非常感谢听众在这两次会议上的反应，特别是与会者保罗·法伯（Paul Farber）和艾米丽·罗伯逊（Emily Robertson）的评论。我还分别在 1999 年 4 月于蒙特利尔和 2000 年 4 月于新奥尔良连续举行的美国教育研究协会（American Educational Research Association）年会上介绍了几个章节的初稿。我对这些场合中同仁们的评论深表感谢。

感谢来自教师学院出版社的布莱恩·埃勒贝克（Brian Ellerbeck）全程持续而可靠的帮助。感谢我的妻子，一直听我滔滔不绝地谈论这本书中的想法，她的聆听，使我如愿将这些想法变成现实。

最后，感谢我的母亲安妮（Anne），她的存在本身就鼓励着我。虽然她在书稿付梓时不幸离世，未能亲眼见证，但她拥有多姿多彩、奇妙精彩的一生，我将一直怀念我们从前一起谈论文字、思考和书籍的种种时光。

第一章　概述:教学作为融合道德和智识的实践

　　教学的诸多概念是有影响的。它们影响着教师思考和开展工作的方式,塑造了教育研究者的研究内容,指导着教师教育者培育新教师的方式,影响着学生形成对教师的期待,奠定了教育行政管理者、政策制定者、政界、商界及家长看待和评价教师的基础。简而言之,关于教学是什么、为了什么的概念,在教育的理论和实践中起着重要作用。

　　本书的目的是为教学的概念研究作出贡献,使教学在人类生活中历久弥新的重要性得到公正的体现。我研究了为什么教学是一种具有丰富传统的融合道德和智识的实践。这些术语有助于说明为什么教学是一项历史悠久、无价的人类活动。我所说的"无价"是指无可替代,因为无论是医学、育儿、法律还是社会工作,没有任何一种其他的实践能够达成教学的效果,尽管它们之间偶尔重叠。这一观点将注意力转向了教师角色内在的"个人"的重要性——独特的、不可复制的人。反过来,它也强调教学需要关注扮演学生角色个体的"人"的存在。这些作为学生的人,无论是儿童还是成年人,都是独一无二的,无可替代的。他们需要在适当的时候得到教师的帮助,来实现自己的承诺。

　　本章导论中,我将首先考察现有的教学概念,再提出我自己的观点。我质疑已有的观点,重点关注教学是否是一个"空洞的细胞",其概念内涵是否来自于外部众多的政治、经济、社会或其他利益。我认为,教学是一种持续性的实践,在很大程度上,教学的道德和智识的术语是内生的。就像那些认真思考、认真履行教师角色的人一样,教学有其自身的完整性。我讨论了为何在将教学仅仅视为达成目标的手段时,会忽视教学实践和个体教师的完整性,而这些目标会被实践以外的力量塑造。在关于教学的讨论中,公众的关注和兴趣确实永远都值得讨论。但是,这种讨论应该平衡地考虑到教学何以是一种道德的、智识的实践。

为了支撑以上论点,我围绕实践和传统勾勒了教学的概念。我在整本书中始终关注"作为教师角色的个人意味着什么"这一问题,这为我勾勒这一概念提供了背景基础。历代教师对这个问题的卓越分析,有助于解释为什么教学实践仍然充满活力,为什么它继续支持着人类的发展前景。最后,我将概述本书后续章节的内容。

第一节　教学相关的概念

当前,关于教育的公众讨论涉及一系列关于教学是什么或应该是什么的概念。为便于阐述,我将已有观点分为两类:一类侧重于教学的活动类型,一类强调教师应该促进的教学结果。第一类强调教学的手段(means),而第二类则强调教学的目的(ends)。

一、关注手段

当前关于教学的讨论,有许多教学概念以活动为基础,这些观念体现在"工作"(job)、"职业"(occupation)和"专业"(profession)等词中。一种观点认为,教学是一项任务明确和显而易见的工作,教师必须向年轻人传授知识和技能。这种观点还假设,无论是知识还是技能,以及传授它们的方法,都不是由教师主导决定,而是由教育系统中担任主要责任的其他人来决定。工作的英文单词"*job*"词根是"团状物"或物体或产品。这个词根意义忽略了从事工作的人,使人认为从事工作的人是可以互换的,或者如伯纳德·威廉姆斯(Bernard Williams, 1981, p.15)所说,是可以被替换且不会影响任务的性质。

另一种较为普遍的观念认为,教学是一种职业。教学被看作是在学校内多种职业之一,而学校优势是教育系统的一个结构层级。与"教学是一项纯粹的工作"这一概念相比,"职业"这一概念赋予了教学更多的尊严和地位。这个概念意味着(教学是)一群经过培训,或许还获得了职业执照的人所进行的一系列既定的、有价值的活动,因此,他们不像工作那样可以替代或互换。然而,与工作一样,"职业"这一术语内涵往往是由置身于职业之外的人制定的,这意味着(教学)职业的从业者仍然依赖他人来界定构成教学职业的活动。

关于教学的第三个也是最后一个基于活动的教学概念是,教学是一种专业。专业人员(通常)在经过认证的系统性和持续性的准备基础上,从事一系列专门活动。与许多工作和职业不同,专业人士对这种准备有较大的掌控权。一般来说,专业人士不同于工作或职业人员,专业人士在确定工作的术语内涵上有更大的自主权和发言权。他们可以影响自己所从事活动的范围和内容(Langford, 1978; Sockett, 1993)。然而,在实际工作中,教学作为一种专业的概念可能是外在型的,而不是内生型的。换句话说,也许有一点讽刺,它可能会导致专业人士在日常工作中较少关注道德和智识的层面,而是更多地致力于保护自治权并获得政治、社会和经济的资源(Abbott, 1988; Friedson, 1994)。正如近来在教育、护理和其他领域学术争论中所

3

暗示的,追求专业的地位和特权有时会压倒服务精神,而服务精神理论上是与许多形式的专业性活动相辅相成的(Benner, 1994; Benner&Wrubel, 1989; Burbules&Densmore, 1991; Downie&Telfer, 1980; Gotz, 1988; Labaree, 1992)。稍后,我将再次讨论以活动为中心的教育概念存在的问题。

二、 关注结果

当前讨论中,第二类教学概念强调的不是教学的活动类型,如工作、职业抑或专业,而是教学活动应该产生什么样的结果。有一种观点认为,教学意味着促进学术学习。许多人认为这个结果应是教学的主要目的,教师的教学方法与活动在促进学业上发挥多大作用,其意义就有多大。其他的一些观点强调将年轻人社会化或融入文化的重要性,认为教师应该帮助培养懂得如何参与社会生活的毕业生,当他们的长辈退居幕后时,他们可以逐渐承担起维持这个世界的责任。还有一些观念则强调,必须培养年轻人成为经济系统内富有生产力的成员。教师必须帮助学生培养扎实的技能、良好的工作习惯以及合作和灵活的态度,使他们在进入任何经济领域时都能成为有效率和成功的工作者。

以结果为中心的教学概念并不局限于这些我们熟悉的为学术、社会和经济准备的概念。在一些教育工作者和公众看来,教学应该培养学生的政治态度,比如民主取向。根据这种观点,教师应该鼓励学生培养良好公民素质和个人政治能动性。教师应继续讲授学科内容,但应本着为政治能力服务的精神。其他教学观念强调促进文化性的理解、意识和尊重等目标。根据这种观点,不论教师是在实施多元文化主义的学校工作,还是在促进特定群体身份认同的学校工作,或者是在一般的公立学校工作,都应该注重文化,对文化具有敏感度。还有一些教学观念将教学工作视为促进宗教价值观和信仰的载体,认为教师在课程和教学中都应为这些价值观和信仰服务。

学术学习、社会化和文化适应、为职业作准备、政治能动性和政治理解、文化认同和文化意识、宗教信仰和实践,等等,这些仅仅是如今提倡的诸多教学成果中的一部分,它们与主要从工作、职业或专业角度构想的教学概念并存。在日常语境中,这些概念是交叉重叠的。为表述清晰,我将它们分为两类,一类侧重于教学活动是什么,另一类侧重于教学活动应该产生的结果。这一概述似乎表明,在公共领域,对教学的概念就像对生活中的重要事情的概念一样多。教学的概念应从逻辑和价值观两个角度出发,人们应该首先确定自己关心的事情,然后再精心构建与之相一致的教学概念。

随后的章节将对其中一些观点的特点作出评论。在此,我想质疑这样一种观点,即主要应该从活动或结果的角度来看待教学。过分偏重理想结果的教学概念,可能会使教学重点偏离课堂教学的实际。这种观念可能会过分强调预设的结果,并将它们视为"必须屈服和牺牲一切以达到的最终目标"(Dewey, 1916/1997, p. 175)。这种观念使教学成为一种工具性活动,变成了一种达成目的的手段,而这种目的独立于手段之外。我认为,以这种方式强调任何特定的结果,都会缩小教学所涵盖的视野,而且自相矛盾的是,这样做首先就会削弱教学带来这些结果的潜力。这些概念太容易掩盖所谓的教育当下情境,即在教学和学习时,教师和学生共同面临充满不确定性和不可预测性的时刻。然而,正如许多教育家提醒我们的那样,这是唯一可以发生教与学的时刻。哈罗德·卢克斯(Harold Loukes, 1976)写道:"没有严肃认真的态度,就不可能有真正意义上的教学:教师必须在面对挑战时,下定决心并明确目的,而学生也必须如此,师生都须专注于教与学,就在这一刻,注入整个人的力量,全身心地投入教学与学习中。"(p. 144)

过分关注教学成果或活动的后果,将会模糊教学工作中手段与目的之间的关系。基于活动的概念对教学的本质定义可能会过于僵化,从而将教学实践简化为一系列程序。这些程序将各自独立运作,技术和方法驱动着工作,但与有价值的目的或目标的概念脱节。然而,大卫·卡尔(David Carr, 1999)认为,教学是一项需具备技能的道德事业。它并不包括一系列价值中立的、离散的、应当以道德方式执行的技能。换言之,正如我下面所述,教学是一种需要特定技能和方法的实践。它并不是一套致力于履行某一独立于技能之外的社会功能,而拼凑出来的职业技能。教学目的既是教学方法和技巧的基础,也是教学方法和技巧充满活力的源泉。

另一方面,以结果为基础的教学观点则可能会过于关注结果或目标,以至于以工具性的方式对待这些实现结果的手段。但是,这意味着*教师*被视为工具,仅仅是为了达成目标的手段,就像基于活动的教学概念把教学仅仅视为工作或职业一样。诗人奥克塔维奥·帕斯(Octavio Paz)警告说,任何将人看作实现某种未来目标的手段的事业,无论这个目标听起来多么值得赞扬或令人向往,都意味着"为现在准备一个监狱"(引自 Brann, 1999, p.152)。帕斯的措辞尖锐,强调了忽视担任教师和学生角色的个体的可能后果。

批评者可能会说,这种对当前教学观念的狭隘概述更多反映的是学术界的忧虑,而不是学校教师的担忧。教师担心的更多是如何与孩子们更好地合作,如何制作成功的教案,如何评估海量的家庭作业和考试,等等。他们的关注点是明智的。在教学过程中,和与学生合作时,教师们更愿意脚踏实地,而不是深陷抽象的思考中。我的论点是,促使教师变得抽象——或是促使他们分心——的条件之一是,他们的工作性质具有争议性,而且往往是模糊的。各级教育系统的教师都是在一种以假设、主张和政策为特征的精神环境中工作的,而这些假设、主张和政策都反映了上述以活动和结果为基础的教学概念。尽管教师可能不使用我在这里所用的语言,但他们首先意识到的是自己周围常见的、富有冲突性的公众期望。他们既知道被教育系统视为雇员的感受,同时又被期待着要教育好每一位学生。他们感受到了推进多种不同力量所期望的结果(学术、社会、政治、经济等)的重压,同时也必须进行良好教学设计,来与年轻人在当下时刻进行有效的合作[1]。有时候,显然政治因素会主导教学因素,影响课程和学校政策的制定。这种情况会产生紧张、挫折和焦虑,而从学前教育到高等教育的教师们尽管感受到它们的影响,但是可能并不知道应如何识别这些来源。(参见 Burbules & Hansen, 1997)

我希望本书能够为教师、教师教育者、教育研究者以及其他对教学实践感兴趣的人提供一个视角,帮助他们理解教学的本质和意义。这种观点可以帮助教师更有效地应对工作中的紧张和挫折。教师是历史悠久的实践活动的成员。他们的前辈历经几代人,不得不面对多种有时甚至是相互冲突的要求。本书的论点本身并不产生解决当前问题的策略。此外,把自己看作是传统的一部分,作为一个历史悠久的实践的参与者,并不能消解伴随工作中的紧张、不确定性和困境。但是这种观点为我们提供了对这些情况作出响应(responding)的根基,而不仅仅是对它们做出反应(reacting)。响应(response)不仅仅是反应,它意味着有能力对问题进行深思熟虑,获得更广阔的视角,以耐心的方式而不是冲动的方式应对当今的挑战。响应意味着有能力主导自己的工作,而不是认为自己只是在执行他人的指令。这些指令往往五花八门,充斥着各种相互冲突的期望,难怪会驱使教师内向,导致他们接受狭隘的、常规化的或特立独行的工作方法。但这是一种防御性的、被动的姿态,并不是唯一的选择。我提出的核心观点之一是,培养关于教学价值观的传统感可以为我们提供更丰富的视角。这至少体现在两个方面。传统感使教师与当代教学理念保持一定的关键距离（critical distance），与此同时，它激励教师进行自我审视，并始终关注教师首先意味着什么的问题。

第二节 从实践中来的教学术语

"关键距离"的概念揭示了本书的一个基本前提。当教学是一种什么样的活动，其结果或目的是什么的问题出现时，也就是说，当前面提到的教学工作中手段与目的之间的关系问题被提出时，教育工作者可以转向教学实践本身来寻求启示。关于"实践"这一概念，我将在下文和以后的章节中详加论述，尤其是它如何假定和促进了作为"人"的个体在教师角色中的重要性。我的观点是，教育者不必首先去研究正式的教育和社会理论，也不必首先求助于特定群体的意愿来理解教学。我之所以说"首先"，是因为无疑在很多时候，教育工作者都可以从正式的理论视角中获益，而在其他时刻，则必须从道德和政治的角度出发，严肃认真地回应各种群体的期望。这种回应是不可或缺的，因为大多数教师都在由公众资助的公共机构中工作，而这些教师对公众的孩子有很强的影响力。

然而，我认为，首先转向教学实践本身，可以批判性地反思前文概述的基于活动和结果的概念的优点和局限性。这种转向提醒我们注意，很多类似的概念实际上来来去去。也就是说，来源于实践之外的关注、利益和改革努力所形成的教学观念往往与那些关注、利益和改革项目一样数量众多，寿命也一样短。但是，无论它们多么有理有据，没有一种观念能够取代实践的核心，没有一种观念能够提供足够的资源可描述教学的术语和意义。在我看来，如果我们的目的是理解教学实践中蕴含的意义，就不能在实践之外寻找意义(或者说不能完全在教学实践之外寻找意义)。任何外在的关注和利益都不能确保教学实践能够存活下来,为人类的最大可能性服务。历史表明,实践曾绽放,也曾凋零。某一特定的实践不能总是包含一系列新兴的内部或外部目标和压力,它要么被分裂,要么被折叠到其他事业中,要么被转化为一种新的(不一定更好的)生活的方式。但教学却历久弥新。这就是为什么值得首先转向教学实践本身,以理解它的术语,并确定维持其完整性的资源。

一、传统的活力

教学作为人类的一种实践活动,并不是一个空壳,等待着一些纯粹外在意义来源的填充。这一事实并不意味着人们可以或应该在没有教学观念的情况下进行教学。世人都是在透过一种不断演变的观点棱镜来感知世界和开展行动的。但是,教学包括的东西不仅仅是一个偶然的"社会建构"(social construction)。"社会建构"描述教学工作(更不用提有关其他人类实践)的广泛假设。粗略地说,"社会建构"这一概念假定,随着时间的推移,人类构想出目标、利益和希望,然后构建社会安排,来实现这些目标、兴趣和希望。这个过程并不总是像这句话所暗示的那样有意向性、明确性或有序性。从某些角度来看,这个过程极少如此。人类学家和社会学家都认为,人们往往没有意识到所谓社会建构的复杂过程。他们可能会将所谓的社会建构——如教学方式、组织家庭生活的方式、实施医疗的方式等——视为自然形成的或上帝赐予的。他们可能会认为对这些社会建构的挑战是奇怪的、可怕的,是意识形态或政治驱动的。他们可能认为这些挑战才是唯一的实际社会建构。

理论上说,社会建构理论似乎是正确的。除非是严格的生物学或宗教决定论者,否则就必须承认,人类对自己的生活方式负有责任。人类创造了抚养和教育年轻人、照顾(或忽视)老人、管理经济事务等方式。从批判的角度来看,社会建构理论突出了在任何教学发生的社会中发挥作用的政治、文化、经济和其他因素。它提供的视角可以帮助教育者免于轻率地接受过去或现在的教育方法和目标。

然而,社会建构理论不能体现或解释从苏格拉底(Socrates)、孔子和众多他人推动下的教学实践首次兴起就一直活跃着的道德传统。第六章和第七章将探讨教育中的传统概念,并将其与传统主义进行对比。传统主义的观点常常表现为一种教条主义、反动的对旧式生活的支持。我强调这种区别是因为,近年来一些右翼运动试图篡夺"道德"和"传统"这两个术语的意义(例如,美国所谓的"道德多数派",即"Moral Majority")。就我对该术语的理解而言,教学中的传统象征着人类世代之间的对话。在这种对话中,与过去的相遇质疑并抑制了"现世主义"(presentist)的冲动,其中包括一种倾向,认为当今流行的观点绝对比其他可能的观点(如果想到的话)都更明智、更紧迫。我所关注的替代方案,并不是来自过去的意识形态或教育规划。我将在全书中论证,通过时间和人类的努力流传下来的教学实践,并不是一项教师必须毫无疑问地迎合的、僵化的、不可改变的事业。相反,它是一种"活"的实践。它因教师的主动和想象而不断发展,教师的任务之一是回应(但并不是"反应")外部压力和社会需求。

根据雅罗斯拉夫·佩利坎(Jaroslav Pelikan, 1984)的观点,受传统滋养的"活"的实践具有"保持其身份和连续性的同时发展的能力"(p. 58)。在我看来,教学实践在人类历史上存在着一定的延续性。我并不是说所有教师都参与这一实践,也不是每个教师总是以"实践者"的身份或自认为是实践者行事。许多严肃认真的教师,即使是具有多年教学经验的教师,甚至当了一辈子教师的人,有时也会对自己和自身教学能力产生怀疑。而在美国和其他地方实施的教学实际上更符合工作或职业的概念,外部因素决定着教师的行为,而许多教师或多或少地只是服从它们的领导。此外,总是有一些表现不佳的教师导致教学实践受损,或者更直接地说,学生深受其害。与此同时,显然也有大量教师真正帮助学生实现潜能和发挥能力。我的这一主张是基于本书的教育研究和引证的其他资料。这些教师塑造了教学角色,他们赋予教师角色独特的智力和道德内涵。然而,这种内涵包含了教学实践中长期形成的可识别的组成部分。这些内涵包括帮助学生学会从更广阔而非更狭隘的视角思考问题,激发而非消耗学生的能动性和自信心,增强而非削弱学生在阅读、写作、计算等方面的技能,加深学生对所处更大世界的参与度而非流于表面。

10

　　这些要素,或者说是实践中的术语表明,无论所教科目、年级或年龄层级,教学都要求教师给予学生持续的智识和道德关注。这种关注意味着教授汽车修理、文学、艺术、化学和冥想等领域的教师有广泛的共同基础。当然,教学实践中有着长期形成的可识别的组成部分,但是,尽管智识和道德关注可以有多种形式(但并非任何形式),但对于真正参与实践的人来说,完全不关注学生的学习和成长是不可行的。我曾在其他地方论证过(Hansen, 1999),智识上的关注包含关注学生对所学课程的了解、感受和思考,着眼于使他们建立有关世界的知识与继续学习和了解世界的意识。对道德的关注意味着对学生成长为完整的人的成长机会的回应保持警觉,例如,使他们在思考观点时变得更加周到而非欠缺考虑,对他人的观点和关切变得更加敏感而非迟钝。道德关注有一部分是源于注意到每个学生都是独特且不可复制的人,他们具有独特又不断发展的性情、能力、理解和观点。从这个角度来看,教师和学生之间的核心纽带并不是意识形态上的(参见

Wilson, 1998, p.151)。相反,师生之间的纽带是智识和道德上的,与他们作为完整的人的新知识、新理解和新成长有关。在第二章和第三章中,我将研究司空见惯的"人"的概念,并力图展示它何以在教学实践中处于中心地位。

近年来,研究人员阐明了教学的道德层面。我从这些研究中得到的启示之一,教师对学生的道德关注和智识关注并非达到目的的手段,即,教师关注学生并非为了促进学生的学习,而是因为这本就是教师职责的意义所在。换言之,教学需要师生之间建立一种道德的关系,而不仅仅是学术的关系,这种道德的关系体现在教师对待学科内容和学生的方式上,教师选择课程的过程假定了一种价值判断或规范性判断,即"这是值得学习的内容,那不值得(至少目前还不值)"(参见 Tom, 1984, p.78)。任何一种与学生交谈或合作的方式都透露着道德的感知和判断,教师可能先自问"为什么这个学生没有理解问题?"然后再采取行动,教师也可能根本不关心这个问题,而这本身就是一种道德的立场(观察者可能会争辩,这是一种不恰当的立场)。最近的研究表明,师生之间的道德联系是不容争辩的,当我们坚持教学的理想而不是以这样的图像取代它,比如,这一头是匿名供应商,另一头是匿名客户,他们隔着一道门窗传递消息。与仅仅向他人提供信息不同,教学实践要求教学从业者培养自身在智识上和道德上关注学生的能力。

我从教学道德方面的研究中得出的第二个启示是,教师和学生之间融合智识和道德的关系的理念使通俗意义上的社会建构成为可能。换言之,这种关系首先为"构建"有意义的教与学的体验创造了机会。这种关系表明,教学作为一种独特的人类努力,并不是等待着纯粹外部意义填充的空壳,教学也并不是一个社会的表象(参见 McCarty, 1997, p.392)。如果我们讨论的是教学本身,那么蕴含在工作中的道德和知识关系就不能被

11

"构建"。

　　这种关系也不是构建出来的，好像教学的意义可以选择或决定似的。教师不必决定教学实践的意义。相反，他们接纳教学的术语，并通过时间和努力，根据当地的情况和需要来塑造、形成、批判和影响这些术语。在此过程中，可以肯定的是，教师确实需要做很多决策，他们必须在多个选项中做出决定：在课堂上进行这个实验而不是其他实验，这一刻叫这个学生而不是其他学生，使用这个评分标准而不是其他标准，等等。但这些选择和决策并不发生在一个时间真空或目的真空（purposive vacuum）中，它们的意义和必要性来自于实践的术语。任何一个教师都面临的关于去做什么的许多问题，不是脱离实践获得答案，而是通过在个体与实践的关系中发现*自己*，而得到答案（参见 Horton & Mendus, 1994, p.9）。这种不可预知的、持续的经验也包括去思考教师自己在与学生的关系中的自己。"人"在教师角色中的重要性——本书的核心主题——再一次凸显出来。

　　教师可以创新，也确实在创新。我希望教师在每一年、在每一批学生身上都能不断创新，因为没有一个学生与另一个学生是相同的，因此不能以相同的方式对待所有学生。然而，问题的关键在于，教师这种富有想象力的回应能力的质量部分基于教学工作的道德和智识层面。它是教学实践的术语之一，是在其传统中涌现出来的。也许在任何地方都没有一个教师能够完全成功地认识到所有学生的个性，并支持所有学生的智识和道德的发展。就像其他行业（如护理和法律）的人一样，教师同样不是奇迹的创造者。但是，教学术语为他们提供了指导、方向和灵感的来源。

　　我的论点并不是说如今教室里的好教学之所以好，是因为它模仿了过去。恰恰相反，我的主张是，我们不能从外部原则中充分了解什么是好教学，就像我们不能忽略过去所有绘画和过去所有对绘画的反思，而转向政

12

治、经济或享乐主义原则,从而确定什么是如今认为的好的画作。这样会消解作为一项独特事业的绘画,并把它以帝国主义的方式吸收到了外部的原则中,而这些外部原则现在成为了画家作画和如何解释其作品的指南。我在本书开头对不同教学概念的分析表明,教学的外部压力是真实存在的,基于活动和结果的教学观点都可能忽视,甚至否定作为教学和学习中心的动态的人的因素。

此外,任何转向外部原则的指导都必须面对这样一个事实:任何及所有原则,假设它们不是任意的,它们本身就来自于一些思想和行动的传统,否则它们甚至不能被理解为原则。卡尔·波普尔(Karl Popper, 1963)告诫人们不要假定人可以形成一个完全脱离传统的有意义的原则、理论或行动计划。他认为对传统的"理性主义"批判是站不住脚的,因为它们假定人们可以把画布擦干净,独立于任何及所有的传统行事。波普尔认为:

> 清理画布的想法……是不可能的,因为如果理性主义者清理了社会画布,抹去了传统,他必然会把自己和他的所有理想以及所有未来蓝图一起扫除。在一个空洞的社会世界中,在一个社会真空中,蓝图没有意义。除了在传统和制度的背景下,如神话、诗歌和价值观,它们没有任何意义,而这些都是从我们生活的社会世界中产生的。在它之外,它们根本没有任何意义。因此,一旦我们摧毁了旧世界的传统,建立一个新世界的动力和愿望必然消失。(pp. 131 - 132)

波普尔的观点强调了与强社会建构理论相反的立场。强社会建构论立场是理性主义,它可以(粗略地)被理解为,人类的理性可以脱离一切社会环境、背景或愿望而运作,不受影响。波普尔与其他一些批评家(例如

Langford, 1985；Taylor, 1989)指出，理性能够以此种方式运作的观念本身其实反映了思想和观点的传统，即使它们之间的联系可能是不透明的。这些批评家的观点并不意味着人类居住在一个传统的森林里，更不用说是在无法逃脱的传统的监狱里，尽管一些人类状况的观察员可能会有此感受，至少有时是这样。恰恰相反，我将试图说明教学中的传统感如何为丰富的、批判性的实践观点提供基础，但这种观点始终立足于人类的时间和连续性。我将在本书第六章和第七章等处更充分地阐释这些主张。

实践和传统的观念使我们有可能超越"自然""发现"等概念和"建构"概念之间的差异。自然的概念指出，从事教学实践的人不是单独行动，而是与学生、同事和其他人共同参与到实践中，发现其道德和智识的术语。相比之下，建构的概念意指教师是通过与学生等他人合作来创造或建构其道德和智识的术语。"发现"意味着与人类历史的连续性，建构的概念意味着一种更为脆弱，甚至可有可无的联系。然而，我接下来的论述有展开的前提：一个思想严谨的教师会对她或他发现的教学实践中内在的道德和智识术语，作出富有想象力的回应。

正如前文所述，这些层面围绕着拓宽、深化和丰富学生的理解、知识和视野，而不是使其变得狭隘、肤浅或贫乏。它们关乎于帮助学生学习，而不是让他们更无知；关乎于帮助他们思考，而不是束缚他们的思维；关乎于与学生共度时间，而不是忽视他们；关乎于与他们共同提出问题，而不是扼杀他们的好奇心；关乎于让学生和自己沉浸于学科内容中，以耐心而坚定的方式行事，等等。一些教师，甚至所有教师有时都未能实现这些要素的事实存在，但这并不意味着质疑教学实践的完整性和意义。这些失败更证明了要做好教学工作中真正存在的挑战。

二、 教学及其修饰词

14   本书陈述教学观的另一种方式是,呼吁关注当前教学讨论中广泛使用的修饰词。例如,考虑一下诸如"建构主义教学"(constructivist teaching)、"文化响应式教学"(culturally responsive teaching)、"民主教学"(democratic teaching)、"解放性教学"(emancipatory teaching)、"间接教学"(indirect teaching)、"多元文化教学"(multicultural teaching)、"进步主义教学"(progressive teaching)、"反思性教学"(reflective teaching)、"改革导向的教学"(reform-minded teaching)和"学生中心教学"(student-centered teaching)等术语。在所有这些词组搭配中,无论在哲学意义上还是在实践意义上,修饰词似乎都是优先的。修饰词强调了它的支持者认为应赋予教学的目的或手段。一些支持者将教学视为一个空洞的范畴,它所有的意义和社会相关性来自于所强调的修饰词。这种观点反映了从预期的结果开始,并将结果视为教学的身份和目的的来源,在我看来,这两种倾向都反映了公共教育的社会性和政治性。

每一个修饰词都强调了教学的特定方面,并不区分教学的学段或所授科目。例如,建构主义教学至少在某些形式上敦促我们牢记学习者的主动性和自主成长的能力。文化响应式教学的一些形式,强调教师利用学生的文化价值和习俗来促进真正的学习。民主教学的一些论述聚焦于课堂实践如何培育公民品性和公共责任感。类似的例子不胜枚举。可以说,这些修饰词强调了持续而复杂的教与学过程中的各个阶段。如教师的关注点有时是手头的阅读材料,有时是学生的背景经验,另一些时候,教师和学生共同进入的阶段尤其重视道德品质(例如,"当你在课堂上发言时,请给予她你希望得到的尊重")。在第三章到第五章,我也临时用了一个修饰词来讨论"间接"教学。我认为这个修饰词代表了教师关注他们和学生共同工作的环境的价值。

但这个修饰词并没有排挤植根于教学实践的意义，反而有助于澄清它们，至少它意在于此。如果去除了修饰词"间接"，以及上述提到的所有其他修饰词，教学并不会变成一个空洞的范畴。教学的历史和传统证明情况恰恰相反，因为实践不仅仅是其构成部件的总和。我相信，每当特定的结果或修饰词成为教学的首要和最后的话语时，就会丧失或混淆一些重要的东西。我并不是说这些概念本身就有问题，我关心的是，教育者起初构建这种教学概念的方式。每当教育者仅仅从实践外在的立场关心教学时，有些重要的东西就被隐于暗处，甚至可能被遗忘。每当教育者毫不犹豫地采用社会建构理论（或可能加上的任何社会生活的正式理论）时，也会出现同样的情况。但是，如果这个理论被认为是人类塑造的教学方式，而不是玄奥的力量塑造的，那还好，但要是这个理论暗指嵌入教学实践的意义和层面完全来自于外部利益或力量，或者说，它把教学设想为仅仅是达到某种目的的手段，而这种目的脱离了教学工作本身，那就有问题。本书想从一个不同的根源来探讨教学，打个比方，我试图捕捉一首已经演奏了很长时间的背景音乐。

批评者可能会问，以活动和结果为中心的教学概念、社会建构论还有教学修饰词的使用，是否暗含这样一种观点：教学是一个单一的概念，因此必须有个单一的意义。批评者也许还会问，这本书是否致力于追求教学的最佳定义，进而结束所有的争论，使一切回归平静，让教师们能够平静地开展教学。对于任何能够帮助教师更好地开展工作的想法或课题，在任何系统层面，我都会欣然接受。但我并不追求对教学下最终定义。恰恰相反，我希望尽可能丰富地描述教学持久的特征。为此，我借鉴了众多作家的观点和经验，包括杜威、多萝西·埃米特（Dorothy Emmet）、埃蒂·海勒申（Etty

Hillesum)、伊曼纽尔-康德(Immanuel Kant)和迈克尔·奥克肖特(Michael Oakeshott)等,这些作家在许多教育实质问题上的观点各不相同(但我也并不完全赞同他们的观点)。

教学实践体现了思想和行动的连续性,这种连续性不应与模仿或同质混淆。这种对教学工作的理解假设了关于教学术语的对话。我相信,教学中的统一性形象为我们打开了一扇大门,让我们去探究各地认真的教师在如何阐明并在行动中实现实践的持久性术语方面的交流内容。这样的探究可以形成富有成效的批判性对话来跨越差异,无论这些差异涉及机构、年级或学科背景,涉及政治、宗教或民族信仰,涉及种族、民族、性别或阶级身份,等等。反之,这种对话可以不断激发教学实践的活力,并使其与人类最具吸引力的观念保持一致,即过上繁荣的生活意味着什么。当我在阐述教学时,将不带有任何预设的修饰词,也不仅仅关注手段或目的,因为我的兴趣在于思考所有教师共同或可能共通地带的各个方面。我不敢断定自己知道那片共同土地有多大或多小,有多牢固或多不稳定。但我相信它是存在的,而且已经存在了一段时间。它可能是教师和那些关心教学的人必须不断清理和照料的土地。为了支持这一努力,我在本书中试图澄清,教学实践中的一些长期存在的特征,并提出为这些特征辩护的方法。

这种方法包含了柯雄文(Anthony Cua, 1998)所说的"一致性理想"(ideal of coherence)。柯雄文认为,"一致性理想"提供了一个整体或整体性的视角,将多种多样的解释视为对同一传统的解释(p. 244)。连续数代教师都在思考和讨论他们工作的术语。学者们也是如此,对教学的本质和目的提出了各种各样的理论。然而,借用佩利坎(Pelikan, 1984)的观点,这些理论和展望的变化可以解读为"试图使持续的实践有意义,即使从纯粹历史的角度来看(无论这意味着什么),这些变化因脱离了持续的实践,本身也没有意义"(p.49)。像所有的理想一样,一致性理想并不直接映射具体的现实。相反,它指向了交流的可能性,指向广泛的联系性,指向富有成效的思想性和行动性。教学传统至少在两个意义上构成了一致的实体。首先,它描述的是一种跨越时间和变迁,甚至(或特别)是在激烈的自我质疑和变革的瞬间,仍保持一致性或共同维持的事物。其次,传统是可识别和可理解的。教师可以通过教学、通过研究、通过与同行的交流来认识传统,而不仅仅是被传统所束缚。我在接下来的研究中,将尽可能广泛地描绘这类教学方向。

第三节　全书的组织结构

在第二章中,我讨论了教师或教师候选人如何回答"为什么*你*可以被允许教授儿童、青少年或成人"这一假设性问题。我所推荐的回答包括思考三个密切相关的术语:*个人*(person)、*行为*(conduct)和*敏感性*(sensibility)。我将讨论"什么是人"这一话题,它通常是理所当然的,但它却深刻影响着教师如何与学生互动。之后,我将说明行为和动作(behavior)的区别。行为的概念可以体现教师在与学生一起工作时,他或她所发展形成的智识和道德的存在。我认为,学生从教师行为中学到的,与从教师教授的课程中学到的一样多。最后,"敏感性"或"道德敏感性"的概念有助于描绘教师在课堂上的整体态度。在本书的其余部分,我也将借鉴本章所提出的概念。

第三章和第四章探讨了一个关联性的问题,即什么样的"成长中的受过教育的人"的形象可以指导与学生有关的教育工作。该问题的分析基于一个假定,假定教师不能直接触及学生的内心世界,难以直接教育学生,教师是通过环境这一媒介或中介,来间接地教育学生。因此,教师有必要认真思考在课堂上营造什么样的环境。在这一过程中,教师需要思考成为一个不

17

断成长的、受过教育的人意味着什么，以及什么样的活动能够促进这种成长。我广泛运用了让·雅克·卢梭(Jean-Jacques Rousseau)和约翰·杜威等教育先驱者的思想，讨论了间接教学的概念，并塑造了学习者的形象。最终，也许这么说会很奇怪，但是我所描绘的"成长中的人"的概念与一个充满活力的人的更基本的形象融合在一起，直到人们开始仔细思考人类有多少时间是平淡无奇的，易被遗忘的，甚至是毫无意义的。

第五章直接利用了第三章和第四章的分析结果。我详细研究了我每年都会教授的面向想要当中学老师的师范生课程。这门课以讨论为基础，我在其中试图遵循这样一个原则：教师不能直接教育他人。教师既不是魔术师也不是巫师，无法在不依赖中介的情况下，进入他人的心灵或精神。尽管这乍一听很奇怪，但不同的是，教师的直接目标的确不是学生的学习。相反，教师的具体目标是让学生参与到有意义的课堂活动中——像是讨论、实验、聆听精彩的讲座、完成项目等，并因循这种参与可以促进学习的教学原则。教师利用环境，并积极努力地营造一种特定的环境。我认为教师和学生都是创造课堂环境的重要因素。教师作为一个成长中的、充满活力的人的形象，发挥着能动作用。虽然本章分析的重点是我自己授课的课程，但我希望能够惠及*任何层次*的教师，从学前教育到研究生教育。

在第六章和第七章中，我将暂离具体的课堂教学场景，思考培养传统感(a sense of tradition)如何帮助教师与日常的操心和忧虑保持一定的距离。传统感有助于教师把握其工作的宏大目标，帮助他们准确地了解当代关于"什么是教学"的争论，这些争论在各个国家、各个大学和各个学区的办公室里此起彼伏，争论的结果往往被纳入当地的教育政策，使得教师们或诧异、或震惊、或失望、或欣喜。传统感克服了许多围绕在教学身边的非历史思潮，它帮助教师和那些有能力支持他们的人认识到，现行的政策和教育期望有其局限和优势。传统感丰富了作为教师的意义和价值，其原因之一是因为它使得教师将自己视为历史悠久的实践中的一员，教师通过他们在当下的重要努力，来帮助连接人类的过去和未来。

最后，第八章研究了理想在教学中的地位。批评家们对理想和理想主义在人类事务中作用表达了恐惧和担忧，对此我进行了讨论。批评者认为，理想有独特的观点和希望，有时会导致人们忽视他人的现实。我回应了这些合理的担忧，我认为"宏大"的理想，像是社会正义和培养有爱心的公民，在教育中可能会有模糊的后果，这些宏大理想可以作为教师的动力和灵感来源，但也可能悖离真正的教学和学习。我认为，这类理想不能凌驾于实践中的术语和责任之上。换句话说，在教学之外所设想的任何理想都不能凌驾于教学工作本身所包含的价值。在这一章中，我已经触及了其中的一些价值、术语和责任，我将在本书其他章节继续阐释。第八章的论点是，因为教学的责任不是静态的，为了履行、修正和激发教学的责任，教师可以追求一种人格的理想（an ideal of personhood）。教师可以思考成为某种人的意义——比如首先是一种富有向善力量的人。我命名这种教学中的人格理想**坚韧的谦逊**（tenacious humility）。像所有的理想一样，要说明在工作中**坚韧的谦逊**的含义，是很难确定也很难用精准的术语描绘的。我将通过展示这种人格理想如何成为良好教学的源泉，来与前几章的分析形成讨论的闭环。

总之，我在前面几章中研究的主题包括：教学中的个人、行为和敏感性，一个可以指导教师工作的成长中的人的形象，塑造一个培养这种成长的环境意味着什么，教学和传统感，以及理想在教学中的地位。这些主题源于这样的想法，即教学是一种有着传统的道德和智识的实践。据我所知，这些主题还没有像我在这里所做的，被系统地、综合地研究过。这些主题指出了教育工作者如何将学术文献和课堂教学中经常被分开处理的理论与实践、哲学与行动、思想与行为等融为一体。

这些主题也围绕着我在本章开始时提出的问题：扮演教师角色的个人意味着什么。本书大部分的关注点将放在担任这一角色的个人身上。但关注个人，并不意味着忽略教师合作、同事协作、家校合作、与社会工作者以及其他参与儿童和青少年教育的人合作共事等方面的真实价值。近来也有许多研究都有力地强调了这些及其他相关考虑。这些研究还凸显了学校改革和教师教育改革等广泛问题，这些问题在美国和其他地方都备受关注。然而，尤其在教学方面，"更广泛"并不意味着"更重要"。正如之前已论证的，我们可以在一开始和最后转向教学本身，来把握它的术语和意义。要回答"扮演教师的个人意味着什么"的问题，最好不要从教师职业背景角度来回答，而是从传统和实践的角度来回答。教学一直是，并将继续是，并且尤其是个人与更年轻的人在教育事业中的交流和共同的参与。本书的写作过程将试图牢牢扎根在这个基本事实上。

第二章　教学中的个人、行为和道德敏感性

从教学的悠久传统来看,教学实践中最重要的因素是担任教师的人。在影响儿童、青年和成年人在课堂上所接受的教育的智识和道德质量方面,再没有任何其他因素比教师更重要了。尽管教材、教学技术和其他专业人员的支持也都非常重要,但是,它们对课堂的影响取决于教师的理解力、知识、主动性和接受能力。

以上前提构成了一系列问题,这些问题自教学涌现成为一种实践以来,是社会和文化不得不解决的问题。谁应该扮演教师的角色? 教师应该是什么样的人? 教师在课堂上应该做些什么? 应该知道什么? 应该被授予多大的自主权或行动自由? 谁应该为他们的工作做准备,以及如何做准备? 谁应该评价他们,以及如何评估? 在民主社会里,这些问题尤为棘手。因为从本质上讲,社会往往对教育的目的持有不同的甚至是截然相反的观点。有些人认为教育是为工作做准备,有些人认为教育是培养公民素质的途径,还有些人认为教育是培养"全人"或全面发展的人的手段,等等,不一而足。

关于"谁应该教学"以及"如何教书"的问题,证明了社会公众围绕教师队伍所涌动的公共利益和希望。对于教师个人或考虑成为教师的个体来说,如果要正视和坦诚地面对这些问题,就算不令人生畏,也会有些不堪重负。想象一下,一名年轻的中学教师在第一次上课前的几分钟内,紧张地一

遍又一遍地检查材料,或者一个新来的助理教授频繁看表,数着分针秒针滴答倒数,直到她的第一次课程会面。在这样一些时刻,关于谁应该教学的问题,似乎就像从奥林匹斯山巅传来的回声一样轰然而下,让山下的凡人震撼不已,双膝发颤。从真正的意义上来说,确实应该如此,鉴于正式的学校教育对个人和社会福祉至关重要,这样的问题就应该让任何善思之人都停下来思考。

然而,就像艺术家通过绘画、作曲或出色的表演来回应"什么是艺术"的问题一样,教师也可以通过出色的教学来回应"谁能够教书"的问题。换个角度看,教师可以回应说:让我通过实际示范来回应社会上隐而不显却悬而未决的问题,即"我们为什么要让你来教我们的孩子?"一个良好的示范,需要注意自己的为人和在学生面前的行为,而这种意识和道德敏感性的培养是相辅相成的,这指的是一种以关注学生和学习为中心的心态和情感。在本章中,我将逐一探讨"个人"(person)、"行为"(conduct)和"道德敏感性"(moral sensibility)这三个核心术语。我认为,成为教师这一特定的人的邀请,是一种机遇,而不是一种令人望而却步的负担。在提出这一观点的过程中,我希望证明,对那些乍看起来是显而易见的教学特点进行深入的探讨是有价值的,那些特点随着人们思考的深入,更加复杂和重要,而在常常没有人情味的、官僚主义的和纷繁忙乱的教育系统中,这些特点往往被忽视,或者搁置一旁。

第一节 作为教师角色的个人

个人(person)是谁,或者更准确地说,个人是什么? 乍一听,这个问题似乎有些奇怪。一个有同理心的读者可能会说:"'个人到底是谁或什么'是什么问题？你可以问什么是*好*人，什么是*坏*人，什么是*有思想*的人，什么是*有爱心*的人，对于这些问题我们可以给出答案。但是问'个人'是要问什么呢？"读者的反应合乎情理。正如莎士比亚笔下的角色所言，对某些事物的提问是疯狂的。如果每个人都突然停下来问自己的朋友、家人和同事："你是谁？或者你是什么人？"生活将陷入停滞，变得荒谬可笑。然而，尽管这种问法有些奇怪甚至疯狂，但是人类学家、哲学家和心理学家，更不用说画家、诗人和小说家，却经常求索"成为一个人"意味着什么。他们认为探究是什么造就了我们这个问题非常有意义。他们发现，也许出人意料的是，"个人"的概念是"不精确、微妙和易变的"（Mauss，1985，p.1）

我们通常认为人的概念、人的品质是理所当然的，如果它们不是如此普遍，我们会对它感到惊奇。例如，当我们在办公室、家里、餐馆、学校和街头相遇时，我们将彼此视为具有主体性的存在，也就是说，我们假定自己既有能力也有意愿采取某些行动，无论是简单避免冲撞，还是复杂主动开启话头。在假定他人可以作为行为的主体而非机器人在行动时，我们也认为他们具有相关的意向性和意志力。我们假定他人和自己一样是有意向（就这个词的日常意义而言）地采取行动：看书、去商店、与朋友喝咖啡、小憩等等。我们理所当然地认为他人有意志，就是说不仅能够形成意向，而且在行动中实现它，他们能够并且会把去看书、去商店、准时赴约付诸实践。

我们还假定，每一个人，无论他们是邻居、朋友、同事还是陌生人，都是有思想、有感情、有想象力、有记忆力、有各种各样（如果不是不计其数）社会交往的存在。我们对待他人，不是把他们当作脑袋空空的人，而是把他们当作能够思考的存在。在与他人交谈时，我们把他们当作有思想的人，也默认他人也是这样看待我们的（至少在大多数时候是这样）。我们假定人是有感情的，我们尽量避免做出伤害他人的言行。且即使是冷酷无情的人，通常也认为别人是有感情的。我们还假定人们会想象生活中的各种可能性，他们就像我们一样有梦想、希望和抱负，无论这些梦想、希望和抱负多么渺小。我们预先假定人有记忆并能保留知识，从而将我们从一个噩梦般的世界中解脱出来，在这个噩梦般的世界中，我们每次见到一个人都必须向他们解释一切。最后，我们把人视为社会性的存在，像我们自己一样，在一个有语言、习俗、信仰的社会世界中成长。我们也默认人与其他人共生共存。

如果这个关于"个人"是谁或是什么的基本画像是合理的，那么它就为回答"谁应该被允许教学"这个问题提供了一个起点。简而言之，我们希望教师是一个人。

在这个时刻，富有同理心的读者可能会觉得有必要插一句："我不得不说，这个结论并不深刻。你说我们希望教师是一个'人'。三呼万岁！从技术角度讲，你所做的只是将我们限制在一个句子的范围内。"也就是说，在"教师是或应该是一个人"这个句子中，你所使用的谓语"人"被包含在主语"教师"里。不存在所谓的教师，至少是人类的教师，不是人的情况。为了理解教学，我们需要一个谓语不被包含在主语中的命题，这有个很好的例子：教师是一个熟悉学科材料(subject matter)并且能有效地向学生传授知识的人。在这里，长谓语不包含在人的概念中。毕竟，我们并不期望所有的人，如出租车司机、花店店主和体育明星，都"熟悉学科材料并且[能够]有效地教授给学生"。我们也确实期望教师具备这种能力。因此，您迄今为止关于一个人的所有论述都与此相去甚远。

我们再次听到了常识的回响。教师应该理解他们所教的内容，他们应该熟练地进行课堂教学。接下来，我将谈谈教师的这些素质和其他素质。然而，正如许多教育评论家所告诫的那样（例如 Buchmann & Floden, 1993; Jackson, 1986），在理解教学时，仅仅依靠常识是存在危险的。教学涉及一系列不寻常的行为。例如,在日常生活中,我们常常告诉别人我们知道的事情或希望他们做的事情。但许多教师都会避免讲这种话,或者会很谨慎考虑使用的时机。他们经常要求学生自己弄清楚问题,在这一过程中用问题和可能性来引导学生,而不是直接告诉他们该怎么做或怎么想。再举一个例子,在日常生活中,人们经常会评价和判断彼此的想法和行为,这种评论多是随意而即兴的,仅是日常交流的一部分。然而,作为公职人员,教师必须发展正式的方法来评判他人的想法和行为,不能随意行事。譬如,教师不能仅仅因为喜欢学生的冰淇淋品味,就给他的数学测试打高分。教师必须依据能衡量学习意义以及展示或证明学习成果的合理标准来工作。为了负责任地履行自己的职责,教师不能随意和临时地采取行动。而且,即使是最成功的教师,有时也会发现很难理解学生或评价他们的学习。先前的经验和知识并不能保证教师在每一堂课、每一个学生身上都能顺风顺水。简言之,教师不能仅仅依靠常识。这也是为什么"个人""行为"和"敏感性"这些术语,值得我们用一种或许不寻常的方式来探讨的原因所在。

再一次思考这个明显过于简单的假设,即"教师必须是一个人"。接受这个命题意味着我们认为教师具有能动性和意向性,能采取行动,能思考自己的所作所为,能感受事物(例如,关怀学生且正向看待他们),能运用想象力,能记住与工作相关的事物。我们还假设教师作为一个人是一个社会存在,是一个能够认识并参与到学校和课堂中日常人际互动的存在。通过假设"教师应该是一个人",我们认为所有这些品质都是理所当然的。换句话说,我们好像根本不需要讨论这些品质。

但是,这是一个怎样的清单啊!是否每个人都能说自己遇到的每一位教师都具备了这些品质,或在某些程度上体现了这些品质?答案是否定的。这个事实并不意味着一个偏激结论,即相对弱小、低效,且不够令人记忆深

24

刻的教师不是人。相反,这可能表明这些教师没有像我们认为的更成功的教师那样,充分地履行这个角色。这可能是说这些教师至少在教师角色的范围内,还没有成为他们有能力成为的人。比方说,他们的不够视野开阔,不够知识渊博,不够有好奇心,不够热情或者在和学生相处时缺乏耐心。也许他们停留在舒适圈内,又或许他们仍在摸索方向。如果有人认为与学生耐心相处是自然而简单的事,那就错了,即使有些教师让它看上去如此。耐心对于教学和学习至关重要,如果教师缺乏这种品质,或者至少缺乏培养这种品质的意愿,注定会遇到困难,即使他或她拥有世界上最丰富的知识。

对于教师应该是人这一观点,至少有两种替代方案:一是教师被机器所取代,二是教师成为机械地执行他人命令的职员。即使是出于启发的目的,我也不会为这两种替代方案进行辩护,因为我无法想象要如何辩护。谁能给一台机器编程,让它像教师必须做的那样,经常对学生的想法、解释、关切、能力、问题、兴趣、怀疑和希望做出细致入微而敏锐的解读?有能力和知识对机器进行这样的编程,难道不意味着程序员本身就是掌握了这些天赋的大师吗?有哪个程序员团队具备这样的资质?有哪一群人曾对人类的发展有着如此卓越的理解?

机器和技术一直是教师的有用资源,今后无疑如此。但是任何非人类的东西都无法像教师这般,能够识别和培养年轻人的人格。而且,当我们回想起意向、意志或思考并非人自身的本性或并非自然而然时,"教师是一个人"的基本主张会变得更加丰富。换句话说,我们总是对某个对象有意向性、有意愿或进行思考,我们从不会在真空中感受、想象或记忆,我们总是在感受、想象或记忆某物。杜威(1916/1997)帮助我们牢记这些基本事实,他认为人所拥有的感知和倾听能力需要外界刺激来"培养和锻炼"的观点是"无稽之谈"。他主张,"并没有这样现成的力量""等着人们去锻炼和驱使"

(p. 62)。没有感知的对象,感知是不存在的;没有可倾听的东西,倾听是不存在的。感知不仅仅是眼睛的功能,就像听也不仅仅是耳朵的功能。使感知和倾听成为可能的生物条件与形成观察或倾听能力的力量并不相同(有关这一点的深入讨论,请参见 Elkins, 1996, Wolfe, 1993)。后者必须通过生活经验(包括教育)来逐渐形成,它们可能发展得更好也可能更坏。我们都见过一些有洞察力的人能够洞察人类的事务,就像我们也认识一些人似乎对眼前的世界视而不见。

在此,可以满足有同理心的读者进一步了解的要求。作为教师,个人的意向、意志或思考并非毫无目的。作为教师,个人的意向性是促进学生的学习。这种意向性体现在行动的意志上,如制定良好的课程,构思和实施合理的教案,关注学生个体等等。个人规律而持续性地思考这些问题。我们可以说,这些思考占据了他或她的心智。当然,并不是每时每刻都会如此。个人还会扮演其他许多角色:父母、配偶、朋友、周末的高尔夫球手、电影观众、遛狗的人等等。在这些角色中,其他思考更为重要,尽管其中一些思考也许会涉及或经常触及教学领域。然而,作为一名教师,对学生、课程、教学内容以及整个课堂和学校的世界的思考从不离开他们的脑海。换种说法,这些思考及其相关的行动就是教师的心智。这个观点需补充说明,因为常识往往认为心智完全是精神上的,与客观世界和事物无关。

杜威(1916/1997)写道:"心智经常被置于有待认识的世间之事物和事实之上,被视为独立存在的东西,具有独立存在的精神状态和活动。"但他认为,这种观念是"无稽之谈"。心智并非独立于人类的愿望、行动、感知和预期之外。心智"在经验中出现"——它真正地产生——成为考虑到目标、希望和可能的后果后对情境做出反应的"能力"(p. 130)。心智"并不是一个自身完成的东西;它是一个被明智地引导的行动过程,也就是说,是有目标、有目的、有手段选择性地实现目标过程"（p.132）。博瓦弗特（Boisvert,1998）写道,心智"应被视为动词而不是名词……孩子们被告诫要'注意'他们的父母。个人有'意向'来从事某个项目。我们被'提醒'过去的事件。一个父亲'关心'他的孩子。在英国旅行的游客必须'小心'低矮的拱门"（pp.99-100）[1]。我们关心他人的关切和问题,或者我们对此漠不关心。简而言之,心智并不是人们脑袋里独立封闭的容器,而是人类的行为表现。认真的教师在学校和课堂上确实"关心"他们所做的事情。

教师有哪些感受？情感丰富,范围就像心智一样广泛。然而,就像心智一样,教师的情感既不是孤立存在的,也不是仅存在于头脑里的黑匣子或胸腔里的红盒子。它们围绕教学的内容展开。例如,教师在帮助学生学习时感到喜悦,在被学生拒绝自己的努力时感到痛苦,在学生的作文或绘画作品中感到愉悦,在学生不断失败时感到挫败,在被许多官僚主义的规定束缚时感到沮丧,在应对如此机构压力时仍保持希望,在学年里偶尔陷入的低迷时期里感到倦怠,仿佛难以为即将到来的工作自我振奋。这样的例子不胜枚举,一直延伸到教学工作的边界。

作为教师的个人想象着明天的活动开展,还有学生可能的回应。她想象着三个月后班级状态,再制定相应计划。她想象着某一学生将会如何对待某个特定的项目或某项学术建议。她也许想象着自己一年后或五年后的生活状态,自问自己希望成为什么样的人和什么样的教师。教师也回顾过去,并且从中获益。作为教师的个人重新构想了去年的课程,以全新的方式认识到她从以往经验中学到的东西。她重新想象了最初吸引她从事教学的原因,并突然觉察到自己的成长历程也发现养成了一些需要改变的坏习惯

---

1 这些动词都为英文 Mind,它作为动词具有多个含义。——译者注

的过程。

记忆融合了意图、意志、思维、感受和想象。实际上，担任教师角色的个人所有这些方面相互交织，共生共存。它们只能在有意揭露时才能相互区分。当教师调整课程计划时，他回忆起原始的课程计划意图。教师通过回忆起上周教学如何出错或当天早些时候教学如何有序开展，来增强自己的意志。教师通过回忆学生的言行来加深对他们的思考，以便之后能更好地与他们建立联系。他回忆起上次教职员会议时的感受，以便在即将到来的会议中更加谨慎行事。他还回忆起学年初对班级的希望和想象，从而在进入新学期时重新开始。

这里概述的个人素养不仅相互交迭融合，而且还具有社会维度。正如前面提到的，人是在以语言、习俗、信仰等为特征的社会世界中成长的社会性存在。因此，教师也是社会性的存在。但这么说不仅仅是因为教师可能说当地的语言，信仰当地的信仰，或遵守当地的习俗。之所以如此，是因为迄今为止所涉及教学的每个特点都具有社会性因素。教师在思考或感受某些事物时，并不是在真空中进行思考或感受，这句话暗指教师是在社会媒介中进行思考和感受。思考制定一个促进学生学习的课程计划是一种社会性的努力，不论这种思考是发生在教师自己的私人办公室还是家里。这是因为思考的对象是具有社会重要性的事物，而且这种思考过程用到了具有社会起源的概念和术语。在教师角色中感受到喜悦或绝望也具有社会性，因为喜悦或绝望至少部分源自教育实践的社会情境。

这个观点并没有将作为教师的个人完全溶解为纯粹的社会实体。它并不意味着教师的思想和情感可以被因果追溯到社会环境和力量上，就好像后者有自己独立的主观能动性一样。这种观点恰与之截然相反，即心智和情感相对独立于世界存在，并有着它们自己独立的规律和运作。确实，一个人的思想、感知、情感、希望、恐惧、爱等除了依赖于生物条件外，也依赖于社会条件。但要是断定它们与这些条件有因果关系，而不是认为它们可能由这些条件引发，就非常草率了。如米歇尔·塞雷尔（Michel Serres）认为的那样，"你总是可以从结果倒推条件，但永远不能从条件推导结果"（引自Donoghue, 1998, p.73）。对于培养智识上和道德上的敏感性以及道德行为，人类有着无法估量的能力（见下文）。人类思考时所使用的概念、所持有的情感可能来源于公共社会，但是这些概念和情感的意义却超越了社会。

28　　个人能够以独特的方式丰富他们使用的概念。他们的感受与各种思想融合或分离，能够形成独特的轨迹。正如伊里斯·默多克（Iris Murdoch, 1970）所说，20岁的人对勇气的理解和感受可能与60岁的人有所不同。同一个人也往往会发现自己对同一个概念的理解随着时间而变化。一个人可能会以不同的方式理解概念，比如对"学习"概念的理解可能会逐渐演进，以至于人会认为以前的理解是毫无远见的。而且，个人的新展望可能与他人的不同。对于一个迷恋上新事业（如诗歌或篮球）的人，更是如此。对于未来的诗人来说，熟悉的词语可能有全新的意义，它们也可能生成新的情感——也许正如杜威所说的美德的丰富性（plenitude of virtues）（1916/1997, p.357），产生了新的未命名的情感。诗人可能会在某天向他人展示如何更丰富地理解特定概念和情感。初入球场的人很可能会从团队协作、运动、节奏和协调等观念中发现新的意义和感受。这个人也可能把新学到的东西融入到生活的其他方面，而这可能会让他人感到惊喜或受益。后续文章将进一步阐述这一观点。

然而，在这个关键节点需要强调的是，教学，就像成为一个人一样，具有社会维度。如要说得委婉一点，这个结论意味着，不应该鼓励厌世者，即憎恶人类的人，加入教师队伍。同样，一个反智主义者（misologist），即憎恶思考和探究的人不应该从事教学。厌世者和是反智主义者是造成压抑、不幸课堂的原因。

以上是关于作为教师的个人的简要概述。个人在课堂和学校中如何采取行动？这个问题已经得到了部分回答，下一节中将进一步详细解答。

第二节　教学中的行为

诸如"她今天在大会上表现很好"和"他非常尊重人"这样的表述的意义既熟悉又直接。它们让人联想到"端庄""礼貌"和"礼仪"等词汇。这些词语事关个人的公共行为以及他人对其的看法和评价。

然而，行为的含义并不仅仅是儿童是否安静地坐在座位上，或者盛装出席舞会的人们是否得体地相互鞠躬。行为不同于单纯被允许或预期的举动。它的意义不仅来自社会习俗或他人对个人行为的感知。这并不是说，行为必然与社会认可或期望的行为相冲突。然而，就像"个人"的概念一样，行为比乍看之下要复杂得多。

行为包含个人特有的行动。换句话说，它展现并表达了一个人的品格。品格与如何看待和对待他人有关。它体现了个人不可复制或不可代替的因素；没有哪两个人具有相同的品格。因此，个人和行为是不可分割的。几乎是字面的意义上讲，个人在他或她的行为中显现出来。如果一个人不具备上一节所讨论的意向性、意志力和想象力等特质，那么行为就变成了空洞的形式，甚至是生物本能所决定的。我们谈论蝴蝶的动作（behaviour），而不称其为它的行为，我们也不会把行为用在石头、星星或雨水上。我们把它与人联系在一起。

个人的概念帮助我们理解人类的能动性，即行动的潜力和能力，行为的概念还强调行动（act）的模式。行为描述了一个人所做事情的连续性或统一性。正如杜威所说，"行为的产生，并不只是一连串互不关联的行动，而是所做的每件事情都蕴含着一种潜在的倾向和意图，*引导*（conducting）、引领着进一步的行为，并达成最终的圆满"（1932/1989，p. 168）。杜威暗示，并不是但凡是人的动作都可称之为行为。正如他所说，"存在行为的地方"，就有一个带着意图和目标的人，因此她所做的每件事情都"携带"着一个目标。反过来，这个目标赋予了她随后行动意义。她的行为变得不再是像有其他人或事物在控制的"一连串互不关联"的行动。与之相反，正如杜威所说，她的行为融合在一起，推动她朝着实现或完成目标的方向前进。当行为消失时，就可能断裂。行动可能是草率的，也许是不经意的。这不是行为，而是单纯对外界刺激的反应动作，不断地从一件事跳到另一件事。可见，一个教师应该追求有所行为而非单纯的举动，并努力帮助学生理解两者之间的区别。

没有行为，就没有人，至少看起来如此。没有行为，人可能会随处耗费精力。个人可能会分散、错位、迷失方向。想象一下被嘲笑的"沙发土豆"电视迷形象，他们在电视机前一个小时又一个小时漫不经心地切换频道。在这种情况下，人格是无法成长的。个体的发展停滞不前。更糟糕的是，一个人漫无目的的时间越长，越有可能导致个人在人格上的成长开始消解。人格必须在一生中被不断培养，而教育可以被看作是培育人格的持续过程。[2]

个体将不同的行动联系起来，创造了实现目标的可能性，从而走上了成为一个人的道路。一个行动开始导致后续的行动，以此维持和发展人的目的和兴趣。但不是任何行动都可以。教师霸凌孩子的行为会让教师成为一个恃强凌弱的人，大多数教育工作者都会认为这无法辩解。这种语言没有丝毫冠冕堂皇的意图。这既适用于游戏中的儿童——因为游戏肯定涉及将一个行动与另一个行动联系起来——也适用于进行实验的物理学家,因为实验也需要将一个人的行动联系起来。杜威(1916/1997)、汉斯·格奥尔格·伽达默尔(Hans-Georg Gadamer, 1960/1996)和约翰·惠伊辛加(Johan Huizinga, 1955)等人反对当代思潮和制度生活总是把游戏和工作割裂开来,他们认为,游戏和工作并不一定描述毫不相关的活动,它们不过指个人在从事某一活动的阶段或侧面(另见 Dewey, 1934/1980, pp. 278 - 279)。

每一个行动可能导致后续行动的事实,强化了杜威所称的我们的"永久性行动倾向"的观点(1932/1989, p. 170)。"永久性行动倾向"的另一个术语是"性情"。这个概念描述了一个人如何承担任务,比如全神贯注和勤奋地,以及如何与他人相处,例如,耐心和专注地相处。从这个角度来看,个体、行为和品质成为互补的术语。杜威指出,行为与个人品质是"严格对应的",因为"行为*潜在地*占据了我们有意识的生活的全部。因为所有的行为都是如此紧密地联系在一起,以至于任一行为都可以被判断为品格的表达"(1932/1989, p. 170)。在论证行为"潜在地"是我们意识生活的全部时,杜威为我们描绘了自我的整体性或连续性的理想状态,这个理想状态像是没有中断的电流,也像是一场交响乐的演奏,指挥家和乐手关注每一乐章和每一个音符,而不是随机跳过它们。像所有理想一样(参见第八章),杜威描绘的形象是一种灵感或指导的源泉,而不是一种可以真正达到的东西。社会生活的多个侧面和义务,以及我们大多数人所面临的心理曲折,几乎不可能保持完全的连续性。但是杜威强调了个体有力量和潜力,能够调和行为和品质,恰是这种力量和潜力将个体的生活变得更加连贯而不是分散。

叙事的概念支持着思考个体行为连贯性的价值。阿拉斯戴尔·麦金太尔(Alasdair MacIntyre, 1984)对人类道德生活的研究极具影响力,他的研究中充分利用了这一概念,认为个体要成为"人",需要跨越时间和特定的社会环境,将自己不同的行动编织在一起。这些行动在隐喻意义上构成了个体生活的故事,或者如麦金太尔(p. 218)所言,这构成了实质化个体身份的叙事统一性。这种统一性的概念似乎蕴含在连贯性的概念中。如果我们想要理解一个人的行为,或者如麦金太尔(pp. 206-210,214)说到的要使这些行为是"可理解"的,我们必须考虑它们更广泛的生活背景或环境,就像我们通过借助作者提供的背景和事件来理解故事中角色的行为一样。然而,在实际生活中,故事的作者就是每个人自己,这意味着我们必须根据个体行为的历史来考虑个体的行为。

麦金太尔强调了这种作者身份的社会维度。他认为,我们归根结底不过是我们生活的"共同作者"(p. 213)。正如斯蒂芬·普雷斯基尔(Stephen Preskill, 1998)说到的,"塑造自我的工作是与他人共同进行的贯穿一生的劳动,而不是脱离其他人的"(p. 344)。个体之所以成为一个"人",在某种程度上是通过参与具有各种影响、可能性和制约性的社会生活的方方面面。一个人之所以成为教师,则是通过承担工作的责任,并参与学校和教室的社会生活。如果这一观点成立,那么连贯性和叙事的概念所描述的,就不是心理学家所谓的自我维持。相反,这些概念强调的是如何通过时间、奋斗和与他人的互动得以涌现或形成存在。

总之,"个人"的概念强调了人类的主体性,而"行为"的概念则描述了一个人的行动模式。行为与简单的动作不同,后者可能是无思考和机械的。行为实现了个人的意图、意志、思想、情感和希望。它帮助我们欣赏康德(1785/1990)所描述的人的"尊严":独特性和不可复制性。行为也是人们相互影响的媒介,塑造了他们作为个人的身份。还有,人这一生可以改善或丰富自身的行为,也可以在一生中与他人相互影响。

　　这些对行为的描述对于教师意味着什么? 以这种精神思考作为一名教
师的行动意味着什么? 为了更全面地回答这些问题,现在讨论本章开头介
绍的第三个术语,道德敏感性。

第三节　道德敏感性与教学

　　个人的"敏感性"(sensibility)的概念让人想起"善思""反思"和"从容不
迫"等词。从这个角度来看,敏感性与"感受"或"情绪"等与心灵、精神和激
情有关的事物形成对比。然而,人类的丰盈既需要思考也需要情感,既需要
理智也需要心灵。成为一个人这个课题的一部分就是学会在行为中使它们
和谐统一。

　　将这些术语结合起来的一种方法是对它们加以限定。例如,我们可以
谈论同情的敏感性(sympathetic sensibility),意指一种能够推己及人、考虑
他人福祉而非纯粹利己的特质,这是重中之重。我们也可以谈论审慎的情
感,指的是一种以思考本身驱动或教化的情感或感受,意思是说,在面对人
类的损失和苦难时,个人感受到他人的痛苦的同时,也在考虑如何减轻痛
苦,也许还包括如何改进导致痛苦的条件。最近,南希·谢尔曼(Nancy
Sherman, 1997)指出,单纯依赖理性或仅依赖情感都无法可靠地指引人们
应对艰难的道德困境,道德行为取决于个人对这两种人类能力的培养,人必
须学会让理性和情感相互交融。此外,谢尔曼主张,这个过程的关键在于个
体的主观能动性,它不能由他人强迫或命令。一所学校或者一个学区不能
逼迫教师对学生耐心和专注。学校对教师的人格和行为方面没有管辖权。
他们依靠教师自身是否自愿培养这些品质。

鉴于前两节对个人和行为的讨论,我建议使用"道德敏感性"这个术语将理性和情感结合起来。"*道德的*"这一修饰词既为情感也为敏感性增添了一些内容。换言之,它融合了我所说的同情的敏感性和审慎的情感。道德敏感性体现了一个人对生活以及他或她所遇到的人和事的倾向,描述了一个人如何将人性和思考融合在对待他人的方式中。道德敏感性具有批判性的倾向,它既不盲目也不感伤。它包括一种反思能力,即在某些时刻能够从当下的场景退后一步,以便辨别利害攸关的问题、理解可能涉及的观点差异等。这种情况在教学中时有发生。然而,道德敏感性并不意味着冷漠。退至课堂情境之外并不意味着置身事外。道德敏感性预设的前提是一种参与的品质,即参与到议题或问题的结果中,另一前提是,个体处理情况的方式不仅会影响学生,也会影响他自己所成为的人和教师。

道德敏感性的概念强调了教师思考和行为的方式的重要性,而不仅仅是他们的言语或做的事情。例如,两位教师可能会为小组活动提供相同的指导,或对诗歌解读方法做出相同的解释。但其中一位教师可能会粗暴又不耐烦,传递出他不信任或不喜欢学生的信息,又或者漫不经心,表明他并不关心活动的结果。而另一位教师在发表同样的言论时,可能带着热情和支持的精神,表达出她对教学的投入和对学生学习能力的信心。不难想象,学生会更喜欢哪种课堂。他们的选择将反映出这样一个事实,教师之间的区别不在于他们的技术知识或专业技能,而在于他们的道德敏感性。信任、关心、支持、参与,这些有助于体现两者之间差异的术语都充满了道德意义。它们说明了为什么我们可以谈论教师在学生生活中的道德存在,即使教师从来没有用那些术语思考或用过"道德"这个词。

以下是一些教师影响力的例子,能澄清和形象地说明道德敏感性的意义。

一、道德的存在（Moral Being）

哲学家迈克尔·奥克肖特（1989）描述了他的几位老师如何间接塑造了他作为一个人的人格。他强调他们采取的方式是间接的，而不是（直接的）训诫。例如，他写道，

> 如果你问，我是在什么情况下第一次意识到耐心、准确、节约、优雅和风格的，我不得不说，早在我能从文学、辩论或几何证明认识它们之前，我已经在别的地方与它们初识；这种认识要归功于一位体操教练军士，他生活在"体育教育"时代之前。对他来说，体操是一门智力的艺术。之所以归功于他，不是因为他说过什么，而是因为他是一个耐心、准确、节俭、优雅和有风格的人。（p. 62）

由于接触这样的老师，奥克肖特开始意识到"学习中有比获取信息更重要的东西"（p. 62）。他开始发现教师角色中人的敏感性，就像他发现学科内容本身揭示了人类的敏感性一样。他学到这些东西不是因为它们是教学的主题，而是在"具体的情境"中，比如当历史事实"悬浮在历史学家的论证中"或者当他阅读文学作品的时候，认识到"语言中反映出的思想"（p. 62）。奥克肖特发现，"一个人在世界中的'方式'"可以和"一个人是'什么'"的问题同样重要。这些术语是谈论行为和人的另一种方式。它们指出了为什么道德敏感性有助于将这两者统一起来，从而促进不是削弱人类的丰盈。

二、道德的魅力（Moral Grace）

音乐家兼学者苏珊娜·胡佛（Suzanne Hoover）在回忆自己的音乐老师

纳迪娅·布朗热(Nadia Boulanger)时用了类似的话。在胡佛的经历中,布朗热非常注重直接的教学和道德的劝诫。布朗热说:"没有品德的天才一无是处",而"没有天才的品德几乎是一切"。她每天坚持不懈地传授纪律和奉献精神(引自 Epstein, 1981, p.99)。然而,胡佛的叙述中浮现出来的是布朗热敏感性的力量。她的一言一行、一举一动似乎都在表达如何热爱音乐,如何潜心研究音乐,以及如何向他人展示音乐的奥妙。布朗热向胡佛展示了专注、勤勉、耐心、审慎以及从这种奉献中获得的快乐的意义。胡佛逐渐内化了这些品质,甚至超越了她老师的期望。某个时刻她写道:"和往常一样",

> (布朗热)没有指派具体的任务给我——一切由我决定,而且我知道该怎么做……我决定从头到尾指挥整个(协奏曲);我们以前从未想过一次演奏超过一个乐章。因此,我致力于保持连贯性。当我到达课堂时,N.B.简单地问:"你打算做什么?"我说,我想凭记忆从头到尾地弹奏整首协奏曲钢琴,当然,那正是她希望我做的。于是我开始演奏——没有停顿,没有打断,几乎没有失误……当我演奏结束时……她说:"好了,告诉我,你感觉不错吧?"(引自 Epstein, 1981, p.100)

胡佛在音乐知识和技巧方面不断成长。她领悟到了那位认真严肃的老师对她道德上的持久的影响。在回忆录的末尾,胡佛描绘了布朗热在一个历史悠久的教堂里指挥的一场音乐会:

> 音乐会的高潮是 Fauré 的《圣母颂》(Salve Regina),……这是一首由女高音独唱、乐器伴奏的静谧迷人的曲目。N.B.正以最简洁的方式

指挥这首曲子……左手优雅地放在臀部，右手跳着四分之三拍的阿拉贝斯克式小舞步，突然女高音卡壳了。歌手的脸上露出了绝望的表情。人们立刻明白了：她感觉让布朗热失望了。

　　布朗热依然在指挥着，她向右边迈了一步，走向那个女孩。然后，她面带微笑，转而用左手打拍，同时轻轻地将右手放在女高音的肩膀上，并轻声地向她唱着。女高音看着布朗热的眼睛，回以微笑，过了一两分钟又继续唱了起来，一直唱到最后，后面再没有使用乐谱……她在教堂里指挥的那个场景，如此全情投入在音乐中，又与学生们如此亲近，这个画面我将永远铭记。（引自 Epstein, pp. 101－102）

与奥克肖特一样，胡佛逐渐理解了教师道德敏感性的效果。她以如今的洞察力和感激之情凝视着她老师具像化的那些品质。

三、道德的在场（Moral Presence）

儿童和青少年可以对教师的道德敏感性作出同样的反应。我将用一个以课堂为基础的扩展研究项目中的几个小插曲来说明这一点。项目的核心是探究学校道德生活（（Jackson, Boostrom, & Hansen, 1993)，同时也成为教师从教原因研究的契机（Hansen, 1995）。我之前评论过这些小插曲，但现在我将以一种全新的方式展开论述。

这些情节涉及三位教师。在我的研究开始时，史密斯老师正在一所私立初中教授六年级的社会学课程。在她任教于这所初中前 4 年，她已在公立学校任教了 10 年。彼得斯老师当时在天主教男子高中教授宗教研究。他已经在这所学校任教 2 年。第三位教师沃尔什在我进行研究时已经在公立高中教了 25 年英语。这些教师所在的城市学校和社区在很多方面都有显著的不同。然而，我想简要地谈谈他们作为个人的方面，这些方面超越了环境的差异，并进一步阐明了道德敏感性的意义。

在我观察他们实践的三年期间，史密斯老师学校的一名六年级学生自杀未遂。这件事让整个学校都乱了阵脚。这个孩子的许多同学都深感不安，其中一些人开始向史密斯老师直接表达担忧。为了帮助他们恢复平静和自信，史密斯老师开始邀请个别学生在她原本空闲的午餐时间与她同坐。没过几天，午餐小组的学生就如雨后春笋般增加到 25 人左右。大家开始有了正式聚会的感觉。随着时间的推移，学生们对于他们现在完全康复的同伴的焦虑逐渐缓解。然而学生们利用这个机会与史密斯老师分享其他困扰和担忧，午餐小组又持续了几天，学生们表达了一些对学校氛围以及其他成年人对待他们的方式的忧虑。

同年四月的一个早晨，彼得斯老师所在的天主教学校（距离史密斯老师的学校约一英里半）正在为一位名叫罗伯特·威廉姆斯的学生举行悼念仪式，几天前他在一个公园被枪杀身亡。在悼念仪式前的班主任时间，在彼得斯老师的一位同事的班上，班主任轻声地问学生们是否想谈谈自己的感受。沉默片刻后，一个男孩举起了手。"在我的这本日记里，"这个男孩举起了他的写作笔记本，这是彼得斯老师宗教课的必修部分，"我写了听到罗伯特被谋杀时我有多么沮丧。我很害怕。所以我就待在室内，不想出门，我害怕他遭遇的事情也会发生在我身上。但是彼得斯老师曾经说过'善主宰世界'（Goodness rules the world）。我问他现在是否还相信这一点，他说他整体上仍然能看到善。我觉得我必须走出去，我想看到那份善，因为如果彼得斯老师看到并相信它，那一定有善良的事物存在。"班主任对男孩的话表示了肯定，同时也表达了她对彼得斯老师与学生相处方式的敬意。在我观察这所学校的三年里，我还听到学生们对彼得斯老师本人以及对他们影响的评价。

那年3月一天上午的第四节课，沃尔什老师和她的公众演讲课学生正在听一个学生在讲台上演讲（他们所在的大型公立高中与前面提到的另外两所学校相距约一英里）。这位学生的演讲讲述了城市拥挤的监狱系统中存在的问题，他描述了一名被提前释放的囚犯是如何在街上抢劫了一名妇女，还用瓶子打断了她的鼻子。沃尔什老师的学生们对世界上的暴力既不是一无所知，也不是始终免疫。但是，当听到同学的这一演讲时，许多学生都不由自主地倒抽了一口气。几个女孩转过头，看向教室后面角落里的沃尔什老师。沃尔什老师的脸上出现了对学生演讲中事件的震惊和愤怒的神情。女生们转回身来，仍然一脸不安地在座位上晃动，有几个还呼出了一口气。她们继续听演讲者的发言。在随后的讨论中，沃尔什老师请学生们发表评论，不仅仅是关于同学演讲的质量和结构（因为学会评价彼此的演讲是课程的核心部分），还要分享演讲中产生的任何担忧。班上的同学讨论了针对妇女、儿童和贫困人口的暴力问题，以及社会应采取的措施等其它话题。

这些情节证明了史密斯老师、彼得斯老师和沃尔什老师在各自学校和班级里与学生建立的关系。这种关系的道德性体现在学生的言行中，更体现在他们面对的具体人类问题中。这些维度充分说明了教师的道德敏感性。史密斯老师的学生接受了她在午餐时间与他们交流的邀请，并不是因为他们认为她是一位受过培训的自杀咨询师，希望她分享专业知识。彼得斯老师的学生认真对待他关于世界中善的话语，并不是因为他们认为彼得斯老师是神学或宇宙学的专家。沃尔什老师的学生想知道她对一起针对贫困妇女的暴力事件的反应，也不是因为他们认为她是暴力咨询师或妇女和贫困人口的代言人。这些学生的行为所表明的是，他们在道德上接纳史密斯老师、彼得斯老师和沃尔什老师。他们信任老师们的判断和示范。在遇到疑惑和关心时(也包括喜悦),他们毫不犹豫地向他们求助(在许多场合,我也见证了学生们高兴地向教师描述自己的成功)。他们想了解这些老师的观点、态度和展望。另外,他们的道德接纳并不仅仅源于这三位老师是教师这个事实。也存在其他的一些教师,是这些同样的学生在遇到困难时并不会寻求帮助的对象,而且根据学生广泛的非正式证词来看,那些教师并没有体现出吸引学生听从他们的品质。学生们的行为揭示了史密斯老师、彼得斯老师和沃尔什老师在日常实践中所表现的道德敏感性。他们的敏感性赋予他们的教学一种参与的精神,而他们的学生们对此作出回应,就像奥克肖特和胡佛对他们的老师做出回应一样。

四、 道德敏感性的动态

在这些描述的情节中,教师的影响是未经预演和毫无预谋的。换句话说,教师的日常工作并非是为了让学生在午餐时间来找自己,就像史密斯老师的学生做的那样,也不是为了在其他场合中提及自己,就像彼得斯老师的学生做的那样。这一点也许是显而易见的,但要强调,教师们并没有把自己的行为当作达到目的的手段(稍后会详细讨论这一点)。史密斯老师通过她日复一日的专注和努力创设了一种课堂环境,使学生们认识到她是一个值得信任的人。彼得斯老师的学生在日记中提到了他,是因为受到了老师持之以恒的、认真的努力的影响。沃尔什老师的学生在感到不安时求助于她,是因为她通过自己的日常行为一次又一次地向他们表明,她对自己作为一名教师的责任的信仰。后续章节会更详细地讨论教师经常以间接的方式影响学生的含义。这里的重点是,无论教师在课堂上对学生产生何种影响,他或她的道德敏感性的作用举足轻重。

如前所述,这三位教师的行动作为一种手段,体现了它的目的,即促进学生的智力和道德的成长。这一事实导致了这样一种观念，即教师的道德敏感性本身应该被视为一个成就。它的价值和意义并不仅仅取决于它产生的后果如何。道德敏感性并不像教师从盒子里拿出来的工具，一旦她或他做完明智和敏感的事情后就可以被换掉。不管道德敏感性是多么充实或狭隘，它都伴随着教师的行为。简而言之，道德敏感性的价值在于它不是成功的工具，而是一种有意义生活的标志。奥克肖特和胡佛的证言以及这三位教师的学生的行动，揭示了学生们可以从致力于塑造有意义生活的教师那里学到什么，即使教师自己可能不会这样描述自我。

个人的道德敏感性在自己对他人产生影响的过程起着间接但同样强大的作用。与此同时，就像人格素养本身一样，个体必须培养道德敏感性，它并不是与生俱来的。正如奥克肖特（1993，p. 35）所说，最好将其理解为一种成就。个人在一生中培养、深化和完善它。然而，正如个人的敏感性会对他人间接地产生影响一样，个人也是通过间接的方式塑造自己的敏感性。它不像肌肉，能够通过重量训练稳定而可预见地锻炼出来，也不像技能，可以通过反复练习而掌握。道德敏感性的形成是缓慢而不可预测的。在大多数情况下，它并不是人们直接关注或感知的对象。相反，它是通过间接地关注人和他们所处的情境来形成的。个体的意图、思想、感受和行为都参与其中，无论多么细微，它们每一个都在个体的敏感性上留下痕迹。因此，与其直接关注自身发展的道德敏感性（这一过程可能导致自我陶醉而非自我发展），更明智的做法似乎是，无论在同他人打交道还是在与自己交往过程中，都举止得当。用这样的精神去努力和行动，不仅能够间接地影响个体的道德敏感性的成长，还能帮助他人。

第四节　结论：进入有意义的活动的世界

个人、行为和道德敏感性这些术语强调个人为教师角色所带来的倾向、知识和实践智慧。这些术语支撑了本章开头提出的主张，即作为教师的个人是课堂教学质量更具有决定性的因素，而不是课程、方法和技术本身。正如大家所见，行为与单纯的举动以及彼此间无关的动作不同。教学中的行为组成了行为模式，能支持有意义的教与学。这种行为模式，反映了或者脱胎于教师的主观能动性、意图、意志、思想、情感、想象力和记忆等前面已经讨论过的个人特质，也就是之前讨论过的关于个人是谁、个人是什么这些问题的方方面面。个人和行为相辅相成。

不断发展的道德敏感性有助于融合和协调它们。道德敏感性将人格和行为统一在统一化的观点或方向下面，教师的行动开始具有意义。行动有积极的意义，但要是行动随随便便、漫不经心、没有目的感或价值感，情况就不一样了。随着时间和经验的积累，教师可以学会将自己的言语和行为联系起来，这样，关注教师的任一行动，都可以了解他们的为人，以及他们所促进的学生的学习和成长。如果画家绘画是将所有部分融合成为整体，那么画家对色彩、线条和纹理的选择，可以阐明他的整个绘画哲学，同理，教师的任一行动，也能展示他的教育哲学。

本章开始时提到，作为教师，成为一个真正的人的任务，不是令人生畏的负担，而是机遇。当然，伴随这一机遇而来的是一系列艰巨的责任，其中一些已有论述，另一些将在后文详述。教学并非易事，也并非人人都能胜任。然而，同样真实的是，接受伴随角色而来的责任，会打开一扇通向新世界的大门。这里我要说明几点。首先，教学将个人引入人类最古老、最重要

40

的实践领域之一。一旦我们稍停下来想一下,如果我们的生活中从未有过*任何*一位教师,我们将会是什么样子,从某些方面来说,这是一个令人震惊的机会。其次,这是一个充满了非比寻常的、引人入胜的和常常充满挑战性的事件的世界,这让我们想起了早先提到的有关常识在理解教学方面的局限性。常识,正如人们通常所理解的那样,是良好实践的必要条件,但却不是充分条件。要教好书,就要同时培养道德敏感性、拓展个人的人格并丰富个体的行为。这种态度让人想起一个熟悉的理念,即教师需要成为终身学习者。第三,这个新世界充满有意义的活动。在这个世界里,人们可以对他人产生积极影响而不是消极影响:帮助他人学习,而不是使其变得更加无知;可以自主制定目标和目的,而不是依赖他人;可以发展实现目标的技能和才能,而不是自满或逆来顺受,等等。

从教师个体的角度来看,他或她是一个人,而不是一样东西、一个职能人员或仅仅是达到他人目的的工具,这是如此振聋发聩,又老生常谈。那些选择当教师的人会理解教育的真正意义,这可能是他们生命中的第一次。这种可能性证明了一个更大的真理,这个真理蕴含在众所周知的格言中,即要真正学会一个科目,就必须去教授它。事实是,成为一名教师,就意味着把自我定位成入世之人,追求维持人类世界的丰盈。这种进入和维持人类世界丰盈的任务有赖于教师的个人、行为和道德敏感性。反过来,教师将提供具体的形态和实质来赋予我们评判其是否有资格教育社会的下一代的标准。

第三章 成长中的人：一个可以指导教师工作的形象

杜威简明地阐述了一个贯穿本章和接下来两章的中心论点："事实上，并不存在一个人对另一个人的直接影响。"（1916/1997，p. 28）杜威认为，教师通过"以物质环境为媒介"间接地影响学生（p. 28）。他解释道："成年人有意控制未成熟的年轻人所受教育的唯一方式，就是控制他们的环境，他们在环境中行动，进而思考和感受。我们从来不是直接进行教育，而是间接地通过环境进行教育。我们是允许偶然的环境来起作用，还是有意设计实际环境来达到教育目的，有很大的区别。就其教育影响而言，任何环境都是偶然的，除非我们已经有意识地按照其教育效果对环境进行慎重调节。"（pp. 18–19）

来自教育系统许多各层级的教师，尤其是正准备成为教师的人，可能会觉得杜威的论点令人震惊。他们看上去像是无法直接教育学生了。杜威认为，他们不会直接在学生身上留下印记（这并不是说他们不会留下任何印记，正如第二章所述，下文将详述）。他们必须"利用"环境作为"中介（intermediary）"。这种教学和学习的观念与当代文化中流行的英雄式教师观相悖。英雄式教师像是完全凭借自己的意志、魅力和个人的教育愿景来直接教育学生。此外，他们对学生的影响似乎是不顾环境和周围事物的情况下形成的，而不是通过环境本身的影响。实际上，这些英雄式教师似乎是在与环境对抗,而不是将环境视为杜威所说的中介。杜威言明,教师不能直接进行教育,但如果将教育奇迹缔造者的图景与杜威这一令人警醒的观点并列时,会发生什么呢?杜威的说法似乎将教师的角色放在边缘位置,就像《绿野仙踪》中的幕后之人一样,是多萝西和我们都应该忽视的人。

谈到隐藏在幕后的人,这就突显了杜威的论点可能令人不安的另一个原因。该如何理解"有意识地控制"年轻人接受的教育,"控制"或"有意地调节"或"设计"年轻人"行动"的环境,进而像杜威全面讨论的那样"思考和感受"?这些语言似乎将教师变成了环境技术员,负责监控课堂的智识、道德和情感状态,以规范学生的成长。但是,哪位有人道主义的教师愿意像幕后主使一般,主宰课堂事务并操纵学生的行为呢?杜威关于控制和调节环境的措辞,以及他关于我们对他人只有间接影响的说法,如何与教育者将学生视为本身具有能动性、自主性和自身世界观的理想相协调呢?

杜威回答了这些问题。本章和随后两章中的部分目的就是阐明这个回答。更广泛地说,我希望说明为什么教师可以从思考"间接教学"的理念中获益。首先,教师对学生的影响多是间接的,这一点在上一章已经有所阐述。教师可能没有意识到这种影响,他们的学生当时可能也没有,可能要多年后才意识到他们的教师对他们产生了何种影响,到时他们的认识可能突然浮现,也许是在他们自己成为教师后,抑或是在通过其他努力,在某种程度上领悟了人类影响的本质之后(参考 Jackson, 1992)。从这个角度来看,"间接"教学是一种实践。教师无法决定自己不对学生产生任何形式的间接影响。然而,他们可以用更好或更糟糕的方式应对自身工作这一特点。他们可以更加当心自己可能产生的影响,可以采取措施来塑造自己的影响力。这个过程,除了其他事务,还需要教师思考个人、行为和道德敏锐性。

"间接教学"这一术语还凸显了课堂环境在师生间相互影响的中介作

用。正如我在第一章中指出的,"*间接*"这个限定词强调了塑造特定环境对教师的价值。这个限定词也提醒教师有意识地关注教学和学习的空间和时间。从这个角度看,间接教学绝不仅仅是一种教学方法,更是面向教学实践整体的一部分。

在对这些观念进行探讨时,第一步是描述一个受过教育的、正在成长的人的形象,以指导教师如何塑造和组织环境。第二步,我将在第四章探讨杜威关于教师间接教育学生的观点的先例。我将聚焦教与学环境的动力学。最后,我将在第五章中说明,如果从动力学角度理解"*控制*"和"*调控*"(regulate)等术语,它们将会解放教与学而非束缚。它们将阐明哪些是赋予课堂自由、选择和自治等观念以力量和意义的生成性约束条件。

第一节 成长中的人的形象

是什么指引教师努力营造教育环境？是什么引导教师思考这方面？是什么帮助他们树立信心,相信自己正在课堂环境中使学生在智力和道德上受益而不是受损？这些问题的答案之一就来自于教师工作的形象——一个受过良好教育的、不断成长的人。这样的形象不同于正式的理论(参考Joseph & Burnaford, 1994)。一个形象并不构成一套命题,尽管它至少有一部分由概念和观点组成。它汲取了教师对教学、学习和人类繁荣的整体愿景,这种愿景包括一些通常以叙事形式呈现的记忆,以及一些通常与各种事件和面貌紧密相连的情感。这个形象不是用于解释教师在与学生合作中使用的蓝图。相反,它有助于引导感知,帮助教师高度觉察学生主观能动性和发展的初期迹象。随着教师对这些迹象的行动和学习,他们对成长中的受过良好教育者的形象就会不断扩大和深化。

为了勾勒这样一个形象的各个细节，我将援引几类资源。首先是对教学传统的解读。从柏拉图（Plato）、让·雅克·卢梭（Jean-Jacques Rousseau）到杜威，再到许多当代学者的论述，有一条探究和反思的线索，核心就是教师如何帮助他人培养人格。这些作家在政治立场、社会观和前见各不相同，但在我看来，他们都对教育，以及教学如何促进人类繁荣怀有深刻洞察的激情。第六章和第七章将详细讨论教学传统。第二个与之密切相关的资源是小说和诗篇，小说家和诗人如上文的教育学者一样，也揭示了人类成长和学习深不可测的层面，展示了要理解像是"个人"这一概念的意义和重要性依赖于哲学思考和道德想象力。最后，我所勾勒的成长中的受教育者的形象，还来自于对我对多年来所教学生的思考，包括我现在正在指导的中学教师培养项目中的学生。也许，像每一位教师一样，我无疑一直在留神听学生说的特定内容。不过，我愿相信，我已经学会了以更好的方式*倾听他们，并与他们一起倾听*。这一过程迫使我去了解一个成长中的人的形象，从而指导实践。

44

正如上一章中对个人、行为和道德敏感性的概念所做的探究，我将尝试描述成长中的人不同方面的特性，而不是试图给它们下定义。我希望更好地理解这些方面，而不是给出最终的阐释或定义（我不确定它们是否可以或应该被定义）。换句话说，在这一章节和本书中，用玛格达琳·兰佩特（Magdalene Lampert，1990）的话来说，不是"决定关于学习或教学的一般命题是真还是假"，而是去"拓展和加深对这一特殊人类活动特性的理解"（p. 37）。当认真严谨的教师因为学生、同事而产生深刻印象、困惑、困扰或其他影响时，他们一般不会像生物学家解释一个生物的形态结构那样试图"说明"他们。他们会试图理解他们，而这个理解的过程有想法、有同情心、有耐心和批判性，即使这个过程的任何部分都不公开。本着这种精神,本文所描绘的成长中的人的形象着重于成长的质量,而不是数量。成长可能意味着放下本性特征,也可能意味着培养新的性格、知识、态度和世界观。康德曾写道,一块木头在水中并不成长,它只是因为吸收而变大。类似地,一个人,如果说仅仅是积累信息和技能,则可能并不是本书所涉及的成长。

在其他方面,一个成长中的人正在逐渐体现出杜威用多种方式所说的个体方法的"特质"(traits)(1916/1997, pp. 356 - 357)、"道德特质"(moral traits)(1916/1997, pp. 356 - 357)和面对在世间思考和行动的"个人态度"(1933, pp. 29 - 34)。这些态度包括杜威所称的直率(straightforwardness)、开明(open-mindedness)、目标的完整性(integrity of purpose)和责任心(responsibility)。我会逐一探讨这些术语,并将与简单(simplicity)、自发性(spontaneity)、天真(naiveté)、豁达(open-heartedness)和严肃(seriousness)的评述进行对照。成长中的、受过教育的人的新形象不会是完整的或详尽的。后一任务需要超过一个章节或一本书的篇幅来梳理。我希望这些分析提供一个有益的起点,能够跨越个性、年龄、学科、机构和社会背景的差异,同时也认识到,这些差异,在特定的时间和地点,会对特定品质的重视程度的差异。对品质的界定和说明,以及在行为中的表达,会有不同的方式。然而,每种品质都有一条共同的意义主线,从而使整体形象保持内在的一致性。每种品质都具有一种能够谈论的首要形式或形态,其内容则会因个人、文化、制度或其他当地因素的不同而有所变化(当然这种变化不是毫无限制的)。简言之,这个形象既不假设也不隐含着人类发展的蓝图。在此之际,我认为这一形象是写实的,更具体地说,是符合教学实践这一术语,即教学实践作为一项历史悠久、有价值的人类活动的要求。[1]

45

一、直率

一个成长中的人发展了某种特定的直接性或信心，但如杜威所言，（信心）不应与"自信"混淆，而是人为了实现目标或目的而追求自己要做的事情的一种"直率"。直率"并不是一个人能有意识地信任自身能力的效用，而是无意识地信任情境的可能性。它意味着一个人起而应对情境的需求"。（1916/1997，p.174）这一品质构成了一个受教育的、成长中的人的鲜明形象。它描绘了一个正在培养对成长可能性的信仰倾向的人，而不是悲观、愤世嫉俗、绝望或自我陶醉的人。这样的人学会了"起而应对"情境，不是揠苗助长，而是响应情境。响应情境意味着参与到蕴含着促进人类繁荣的可能性中去，而不是忽视、忽略或放弃它们。这个过程意味着加强个人的感知。如多萝西·埃米特（Dorothy Emmet, 1979）所说，这个过程将"呼吁个人扩大自己的想象力，看到自己行动的情境；不仅是看到单一的因果链条，还要看到其纵横交错的分叉和后果"（p.141）。埃米特的说法阐明了对情境有所回应而不是对其封闭的意义。

在营造支持学生这一品质的条件上，教师无论是在学科（教学）还是在共同参与中，都能够扮演积极的角色。但这种可能性在某种程度上取决于教师本身是否培育了同样的品质。与本文讨论的其他概念一样，直率既与教师有关，也与学生有关。那些对情境的可能性抱有信念的教师，就不必再把教育的成败完全归咎于自身，仿佛学生和其他一切都是外围因素或被动因素。教师可以从肩上卸下这种令人畏惧的包袱，转而集中精力营造教与学的环境。我将在适当的时候进一步阐述这一主题。

46

二、简单

如果一个人有机会以一种"自发的、天真的和简单的"方式投身于活动中，那么像直率这样的倾向就会显现出来（Dewey，1916/1997，173）。根据我对杜威的理解，自发性是以新鲜感和近乎孩童般自然的方式行动。天真意味着毫不设防地行动，而不是瞻前顾后。简单表示行动时不矫揉造作，不装腔作势。这三个术语描述了一种专注、专心和自由的行动姿态。

这些术语指向一个成长中的自我，一个蜕变中的自我，我想比杜威更全面地研究它们。例如，以一种"简单"的行动方式并不意味着头脑简单。"简单"也不是忽视复杂性。"简单"描述的是一种思想和情感的倾向或取向。它是一种无拘无束的感知形式，允许人的行为上表现得直接或直率。它是一种能力，即在适当的时候完全专注于当下，专注于构成当下的人、物和任务。这种能力的培养至关重要。"我们总是生活在我们所生活的当下"，杜威掷地有声地提醒我们，"而不是在其他时刻，只有从每个当下提取每个当前的经验中完整的意义，我们才能为未来类似情况作好准备"（1938/1963，49）。简单是活在当下的标志，只有当下才是唯一能将过去的成就延续到未来前景的时刻。换句话说，简单描述了一个活生生的人，一个真正活在当下的人。这包含了身体器官运作之外的东西。有些人会说，它强调的是个人精神、思想甚至灵魂的状态。正如上一章中讨论的人的某些方面：记忆、意图、意志、思想、情感。简单是一种成就，而不是理所当然就有的品质。在繁忙、快节奏的世界中，简单的思想和简单的情感可能是最难实现的。

47

三、自发性

根据我的理解，一个自发行动的人是指主动发起努力和项目的人。这并不意味着行事冲动或任性，这两者意思完全相反（参见 Dewey, 1916/1997, pp.77-78）。自发性也不是模仿行为，即仅仅遵照文化或社会认可方式行动。自发性强调的是一个人的能动性，即他或她能够想象各种可能性并根据这些可能性行动。这并不意指原创性，即打破新的领域或摒弃先例。自发性展现了个人与世界及其人和物直接积极地互动的能力。这种能力同样适用于年轻人和老年人。杜威（1916/1997）认为，"一个三岁的孩子发现了积木可以做什么，或者一个六岁的孩子发现五分钱和五分钱加起来是什么结果，那么就算世界上其他人都知道这些，孩子也是发现者，这是一种真正的经验增长；不是机械地增加一个项目，而是通过新的性质而有所丰富。"（p.159）教师决定与学生讨论文学作品，而不是对他们进行单方面说教，是一种自发的行为。用杜威的话说，当她意识到学生有话要说，还能够自主地思考作者的意思和设计时，她就是"真正的发现者"，尽管在她之前有许多教师都已经知道这些事情。虽然世界上所有教师都劝她将讨论作为一种教学方法，当然他们的集体建议无疑是有价值的，但这样做的意义与她自己真正的发现全然不同。

这种对自发性的解释与自由的理念有着悠久的历史渊源。例如，康德（参见 1785/1990, 1788/1993）将自发性和自由视为道德的条件，这部分含义是，人类有能力尊重他人，并将他人视为目的本身，而不是实现自身目的的手段。自发行动的能力反映了自由行动的能力。它使人有可能成为自己行动的原因。它使人的行动超越了自然的因果力量——可以理解为心理冲动或倾向的力量；也超越了文化和社会的因果力量——即社会期望和习俗的力量。这并不意味着与自然或文化决裂，也不意味着行为一定要新颖或激进（这可能反映了任性而不是主动性）。自发性概念强调个人根据自己的思想、心灵和意志而行动的能力，而不是由非自身力量所决定或规定。回顾

48

第二章的术语,自发性造就了一个人的行为的独特性。[2]

杜威在描述教师的工作方法时,说明了我心目中的独特性。他所说的方法,是指教师感知事物的方式,以及他或她在课堂上为实现目标而采取的行动。这个术语的内涵比教科书上列出的教学公式更丰富。在杜威看来,"方法始终是个人的关注点,处理和解决问题的取向和办法,其形式多样,种类繁多,任何目录都难以穷尽"(1916/1997, p.173)。没有一种目录能囊括自发性或思想和行动自由在教室中所能产生的效果,前提是课堂环境能够激发而不是限制教学和学习。[3]

四、天真

如果我们再次审视一下,"天真"这个术语还有更深层的意义。日常语境中,天真意味着缺乏经验,也许还有缺乏洞察的意思。在许多情况下,说一个人天真是对他或她的负面评价。然而,当与简单、自发的行动理念相结合时,天真成为一种令人向往的状态。它意味着一种特定的纯真,一种不受愤世嫉俗、贪婪或恐惧所恐吓或腐蚀的心灵状态。它代表了一种应对问题、困扰和关注的全新思维方式。

安东·契诃夫(Anton Chekhov)在他的中篇小说《没意思的故事》(*A Boring Story*)中解释了天真。主角尼古拉(Nikolai)描述了他收到卡佳(Katya)的第一封信时的反应,卡佳是他帮助抚养长大的,现在已经踏入社会的一个年轻女子。他写道:"我读了这些信,简直惊呆了,这些小小的纸张竟然包含了如此多的青春的热情、灵魂的纯洁、神圣的天真,以及同时如此多微妙而明智的观点。"(1889/1964, p.65)尼古拉用"神圣的"形容卡佳的天真,来描绘她信中所唤起的清晰而直接的感知力,以及它们缺乏世故和自觉的特点。对于有点疲惫不堪的尼古拉来说,卡佳看到的几乎就是世界最初的模样,那时还没有人类构建的解释框架,这些框架往往——尼古拉会说——扭曲了那个世界并压迫了灵魂。

然而,尼古拉接着描述了卡佳的信如何仅仅在一年内便充满愤怒和痛苦,因为她被那些用魅力操纵她的人所利用。由此看来,尼古拉用的"神圣"修饰或许意味着只有神才能安然地保持天真。天真应该至少伴有批判性意识和明智行动的能力。更确切地说,有时个人不应该像此处所述的那样天真和开放。人可能需要刻意保持警惕。尽管如此,后一种立场假定了在适当的条件下,我所说的简单、自发和天真是可能的,也是可取的。第五章将描述一种课堂环境的形成过程,希望这种环境能够促进这些品质的发展。

但是,天真和慎思有可能同时存在吗?这两种性格不是相互矛盾或不可通约吗?我不这么认为。就像我在这里探讨的所有品质一样,至少当人们发现自己置身于人类社会之中时,天真是需要培养的。个体社会化的方式、他人的期望和要求,以及久经考验和众所周知事物的强大诱惑,都在无休止地引导着他们的感知。这种状态不一定有问题,但却是真实存在的。人们需要自发地行动起来,以此处论述的意义上,以便(相互地)保持他们的天真。此外,他们的所作所为还能鼓励他人以类似的精神行事。冷战时期,匈牙利作家哲尔吉·康拉德(George Konrad)曾呼吁他的读者"天真一点,在你朋友们最天真烂漫的时候抓住他们"(1981,p.49)。他试图唤起人们对新鲜事物、无防备和无所畏惧的感知的想象,他试图帮助他人保持这样一种能力,即看到自己眼前的成长可能性——这往往是最难发现的东西——他将这种能力视为自由的表达。[4]

在康拉德的呼吁中,有另一个由来已久的观点:道德行为的意义。安妮特·拜尔(Annette Baier,1983)研究并探讨了这一主题,即在一个有时看起来被暴力和残酷蹂躏的世界,人们为什么会努力采取道德行为。拜尔指出，在这个世界里，人们可能会受到诱惑，放弃顾忌和对他人的关注，转而执着地追求自身利益。当周围的一切看起来都不公正时，他们可能会认为采取公正的行为是毫无意义的。拜尔以康德关于道德行为可以自我传播的说法为基础，回应了这些担忧。康德的整个道德哲学在某种程度上是对愤世嫉俗和怀疑正义与人类福祉前景的反驳。"一个人不需要与美德为敌"，康德(1785/1990)认为，"只要他是一个冷静的观察者，即使是对善的热切追求也不会与现实相混淆，他有时也会怀疑世界上是否真的存在真正的美德"(p. 23)。康德补充道，情况可能会让我们感到难以忍受，以至于地球"就像为被遗忘的旧罪赎罪的地方"(Kant, 1793/1991, p. 88)。但康德接着指出，道德行为既不是幻影，也不是虚构。它并没有超越人类能力的界限。恰恰相反，道德行为不仅无处不在，而且是人类最独特的成就之一，尽管他很脆弱，也往往在人类事务中被击败。

拜尔(1983)阐释了这一论点有一个结果：如果一个人的行为是正义的，那么这个人，一是向自己展示了正义的现实性，二是向他人展示了正义的现实和可能，三是维持了正义行为的传统，即世代相传的道德连续性(p. 204)。这些行为并不能保证人类状况的改善。但拜尔争辩，它们与明天世界的不确定性一样真实。因此，它们指明了一条充满希望而非愤世嫉俗的道路。康拉德、拜尔和康德唤起了人们在道德生活中天真而批判的信念。

天真不必是神圣的。它可以是人性的。在有意义的程度上，人可以塑造自己的感知和行为，而不是由外界塑造。诗人赖内·马利亚·里尔克(Rainer Maria Rilke)在其最著名的诗作之一《阿波罗的古躯干》(*Archaic Torso of Apollo*)的结尾写下一句话，就像一道霹雳："你必须改变你的生活。"(1908/1989, p. 61)每当人们重读这首诗，都会再次读到这句话——这当然是一个显而易见的观点，但也许不那么明显的是，诗人意在每次阅读中挑战读者,呼吁或迫使读者重新审视世界,重新审视自己,把每一次机会都看作是成长的机会,并且,在精神上保持活力。里尔克的结束语唤起了人们对充满活力、相互联系世界的愿景的追求,即使是在面对无数的社会和心理力量推拉的情况下。培养这种追求构成了一个历史悠久的教育目标。这一目标贯穿了从小学到高级研究生课程各个阶段的正式教育,教师可以通过创造环境,邀请学生和他们自己以自发、天真和简单的方式行事,来实现这一目标。

我们可以对比那些促进这种行为的机会与那些让一个人*自我*意识而不是我在这里说的*客体*意识。自我意识可能意味着分裂和分散:部分关注客体,同时部分关注自我或忧虑自我,以及在任务完成之前担心别人会怎么想。杜威认为:"精力分散意味着力量流失和思想混乱。"他进一步提到:"采取一种态度与意识到自己的态度绝不等同。"(1916/1997, p.173)拥有客体意识意味着"采取"或具体体现一种促使成长成为可能的态度。这意味着直接关注自己正在做*什么*、研究*什么*、建设*什么*、制定*什么*。对教师而言,这不是培养学生的自我意识,而是培养他或她的自信,让他们相信,如果自己全身心投入到某项工作中,好事情就会发生。从术语本身的实质意义上来说,"自信"不是通过关注自我而产生的,而是产生于以尽可能直接的方式找出问题、疑问和挑战的解决方案、答案和对策过程中。换句话说,有了客体意识,就有可能改变自我,而不是将自我当作现成的或固定的。关注自己面前的对象(人、地点、事物),就是要成为某种自我,至少是一个能够关注世界,而不是忽视或忽略世界,或仅仅根据自己的意愿解释世界的自我。人可以成为他们学习到的所见所为,而这种所见所为可以不断扩展和丰富。

五、 开明与豁达

直率、简单、自发性和天真的品质与开明相协调。开明意味着头脑的灵活性。它描述了一种愿意考虑甚至主动寻找不同观点和不同任务处理方式的态度。杜威着眼于学习能力,指出"固执的思想"和未经审查的偏见最糟糕的是它们阻碍了发展,使思想远离新的刺激,"开明意味着保持童真的态度,心灵闭塞意味着理智未老先衰"(1916/1997,p. 175)。这种"童真的态度"让人想起好奇心、适应性和对新的建议、思考和行动方式的接受能力。它意味着避免对世界及其人和事件作出定论。它从另一个角度来捕捉到了之前介绍的天真和慎思的结合。

开明融合了主动和被动。它描述了一种探索环境和与他人互动的兴趣。这意味着要培养勇气和意愿去接触他人,去尝试新事物,去"通过与世界做实验来了解世界是什么样子"(Dewey,1916/1997,p. 140)。但是,正如杜威所说,开明也意为愿意"让经验积累、沉淀和成熟"(p. 176),这就需要一定的被动性。然而,被动性是建立在主动性的基础上的。在一个忙碌而又常常让人分心的世界里,人可能必须采取行动,使自己处于"让"经验"沉淀和成熟"的位置。由此看来,耐心构成了一种积极的、向外的倾向,而不是一种逆来顺受的忍耐。教师们可能首先会说,要学会对学生保持耐心、保持从容不迫并随时准备利用一言一行来回应主题,就往往需要付出努力和实践。这种姿态是一种对情境中的各种可能性抱有信心,愿意对情境可能揭示的东西持开放态度,而不仅仅坚持只从情境中发现自己已经知道或期待的东西。

开明并非没有代价。我指的不仅仅是对新事物开放所需的努力和原则,尽管它们都是不可或缺的。我指的是对特定的人、兴趣、关注和事件的开放意味着暂时不对其他开放。人不是海绵，不能吸收一个特定环境中的一切。一个由 25 名学生组成的课堂在讨论一篇课文时，所包含的行为、思想、情感和预期都无法一一列举，更不用说留意关注。开明并不是随时随地对任何事情或任何人开放。杜威将这种状态描述为头脑空虚（1916/1997，pp. 175 - 176）。对学生而言，开明伴随着有善思地阅读和写作的能力，认真倾听和同情他人的能力，以及接受新思想、新观点、新的思考和行动建议的能力。对教师而言，开明发生在教育愿景和方向的背景下。它与一套学习目标，即人类丰盈的目标相一致。教师对任何可能促进学习和发展的事物都保持开明。隐喻地讲，教师对任何可能阻碍或妨碍学习和成长的事物都是封闭的。正如教师会先说，并不总是很清楚什么会帮助学生进步，什么不会。因此，开明具有批判性的维度。

前一章将教师的道德敏感性描述为一种以关注学生及其学习为中心的心智和情感倾向。这个概念融合了实践的智识、情感和道德方面。这种融合表明，当开明和豁达相结合时，会产生富有成效的人类行为。豁达不是多愁善感，也不是盲目乐观。如果开明标志着理智上的接受能力，那么豁达则强调情感上的接受能力。这两种品质增强了人与人之间的联系和理解，因为理智上的接受能力可能依赖于情感上的开放性，反之亦然。学生在适应新的课程、新的想法或新的同学时，如果他们没有应对好情感上的态度变化，可能会遇到困难。对这些问题敏感的教师可以帮助学生顺利过渡。教师们在面对新思想、新观点和新人时同样可能会遇到困难。他们的学生经常以意想不到（通常并不自知）的方式来帮助他们。开明和豁达使教与学保持活力。

53

六、 目标的完整性

以上分析的品质与杜威所称的"目标完整性"融为一体。杜威也将这种倾向描述为全心投入,字面意思是全心全意地投入到手头的工作中去,而不是比如说,一边做着事情,一边想着别的事情。后一种倾向被许多观察家认为是现代生活中普遍存在的,这导致了杜威所称的"分心"。分心是同时为太多的事情付出心力,或更明确地说是把心力交给太多的事情。它意味着放弃自己的主观能动性和独立思考能力。如前所述,这会导致人的自我分裂或分散,而不是真正关注他人和生活机遇的完整的人。如果人们任由分裂或分散继续而不加控制,或者如果教师和其他成年人允许自己陷入这种境地,那么最终会降低他们的生活质量,削减对改善他人生活的贡献。

目标的完整性使个人和社会的完整性得以实现。目标的完整性(杜威也称其为"专心"与分心形成对比)意味着"兴趣的*完整性*"和"目标的一*致性*"。它意味着对手头工作的"全神贯注、全心投入、全力以赴"(Dewey, 1916/1997, pp.176 - 177)。这种倾向使一个人成为一个更完整的自我,真正充满了世界的实质,包括它的人、地点和物体,以及它们所有不同的智力、道德、审美和情感品质。目标的完整性使一个人超越了单纯的自我中心或反复无常所导致的更短暂的东西。

七、 责任心

用杜威的话说,责任是指"看破事情后果"的倾向。这是一种偏好"提前考虑任何计划中步骤的可能后果,并有意识地接受它们:在考虑这些后果的意义上接受它们,在行动中承认它们,而不仅仅是口头上的同意"(1916/1997, p.178)。我们可以将责任与引导一个人的倾向进行对比,这种倾向导致一个人口头上为一系列观点辩护——或者至少试图这样做——但在实际行为中不去遵循或尊重这些观点。这样的结果，要么是一个肤浅的人或自我，因为缺乏根基，很容易在不同观点之间摇摆，要么是一个教条的自我，坚持的信念和观念可能令人丧失能力。

杜威认为，在学校内外发生的许多都会割裂思想与行动，反之亦然。在总结责任的概念时，杜威写道：

> 如果在教学中能够少给学生一些他们必须要接受的事实和真理，将会更好。因为如果只有一些少量的情境，需要学生通过智力解决问题，获得真实的信念，即使得自我与因事实及可预见的结果要求的行为形成认同。学校科目的过分复杂化，课程内容和功课的拥挤化，所导致最持久的恶果，不是随之而来的忧虑、紧张和肤浅的了解(尽管这些都很严重)，而是未能明确真正清楚和了解及相信一件事。智识上的责任心需要在这方面有更严格的标准。这些标准只能通过在实践中不断探究、不断践行所学方能建立。(1916/1997, pp.178-179)

理解真正了解和相信某件事，构成了受教育和成长中的人的又一鲜明的形象。这个形象是一个人不仅仅知道和相信一些事情——所有人都已经做到了这一点——而且清楚了解和相信某件事的意义。这种状态意味着一个人的生活是有方向和目标的。它描述的是一个人不会像没有舵的帆船一样四处漂泊，而是知道自己的方向，并能沿着航线前进。这个形象让人想起一个在智识和道德上都意识到周围世界的人，一个有着前文关于成长的品质的所有内容，并且努力加深和拓宽这种意识的人。

八、严肃

约翰·威尔逊(John Wilson, 1998)认为,推理在理解和相信某些事物的过程中起着至关重要的作用。他描述了一种他称之为"严肃"的精神状态,是指"以理性来处理世界和对世界采取行动的倾向"(p. 143)。威尔逊认为,理性有助于退后一步,以批判的眼光看待思想和行为。理性帮助人们"监控"自己的思想、信仰和情感,而不是以一种意识形态的、可能有害的方式紧紧抓住它们不放。威尔逊把这种对知识和经验的导向称为严肃(顺便说一句,这个词并不意味着行为严厉或板着脸)。他认为,学校教育通常没有提供培养严肃性的环境或方法。在他看来,太多东西看起来像是教育但往往是未经审视、未经质疑的活动、观点和大量材料。与杜威对培养责任心的观点不谋而合,威尔逊认为,许多教育工作者"没有正确理解严肃性及其必要性,因此也就没有真正考虑和接受严肃性"(p. 153)。威尔逊认为,大多数教育工作者都认可严肃性,但是,他们没有给予严肃足够的重视和支持,也没有把严肃性放在首位。这要么是因为他们轻率地认为严肃性是理所当然的,要么是因为他们没有理解严肃的意义和潜力。

杜威和威尔逊分别强调了责任和严肃的智识的方面。我会补充道德责任心和道德严肃性来支持他们的观点,我相信两位学者都会接受(他们可能会认为这是多余的)。"道德"这一修饰词扩展了他们的术语,使之包括对自己的信仰和知识对他人的影响的关注。按照理性生活是一回事,但更重要的是,也要根据理性的情感去生活,去接受他人的思想、关切和需求等。承诺接受知识、信仰和理解的结果是一回事。但更重要的是,还要接纳同理心、尊敬和相互敬佩的结果。

与责任感和严肃性相反的是,对待世间万物,包括在对待我们自己时,用一种随意、轻率、漫不经心的态度。这种态度表现为一些简单的行为，比如不倾听别人说话或不回应别人的举动。乔治·艾略特（George Eliot）捕捉到了这种疏忽行为慢慢积累起来的道德悲剧，而生活中充斥着这样的行为。她在小说《米德尔马契》（*Middlemarch*）中写道，"正是在这些所谓的琐碎行为中，乐趣的种子永远都被浪费，直到人们疲惫不堪地回首，看着自己的浪费所造成的破坏，并说，大地没有收获任何甜美的果实——唤起他们对知识的否定"（1871 - 72/1985，p. 462）。如果人们能够认识到理解和相信事物的意义，就能克服对生命的忽视。人们可以超越玩世不恭或漫不经心为基础的生活形式。或者相反，他们也可以体验到理解"知"与"信"的意义这一理念中蕴含的希望。

　　如前文所述，这种状态既有智识方面的特点，也有道德方面的特点。威廉·华兹华斯（William Wordsworth）在他的自传诗《序曲》（*The Prelude*）中阐明了这种状态。他写道：

56

> 或许可以这样说，（但为何要说这
>
> 众所周知的事情），通过观看，我努力地
>
> 思考，开始认为自己
>
> 是一个道德能动者，分辨着善恶
>
> 不是为了满足心灵一时之欢，
>
> 而是为了她的长久安然。
>
> 有时我行动了——尽我微薄之力，
>
> 在人类同情心的驱使下，
>
> 体验过憎恶和不堪的痛楚，
>
> 走向真理——对这种信念，

我从未背弃,通过善行

和领悟,我将学会热爱

这生命的尽头和我们所知道的一切。(1805 年文本,665 - 677)

像诗人华兹华斯一样,人们可能会发现,责任心使自己有可能实现自身能动性。责任心使他们有能力行善,并感受和理解这个过程。正如诗人所说,责任心使人能够"热爱生命的尽头和我们所知的一切"。对于华兹华斯来说,生活的"尽头"或目的有一部分在于拥抱目的理念本身,这意味着以尊重甚至热爱的态度对待我们所能知道和作为的"一切"。

真正了解并相信一件事情的人,会理解它并以此为生。他(她)把它融入自我,使之成为自我世界定位的一部分。正如华兹华斯描述自己克服傲慢和顽固时的努力,他或她将其视为构成性的要素,而不是面临困难、不便或"厌恶和最令人不快的痛苦"时就要搁置一旁。一个"真正了解并相信"教育是有价值的教师,其行为方式很可能不同于对教学失去信心的教师,或者不同于面对挑战只求权宜之计而不考虑其他方法、也不咨询他人的教师。我并不是说,真正从事教育工作的教师完全理解这项工作。恰恰相反,这样的教师一定会一次又一次地发现,不管是成功的实践中,还是失败和挫折中,都有太多需要学习。

这里所概述的责任的理念指向言行和举止、思想和行为、信念和作为之间的和谐。由于这种和谐难以实现,教育者不妨花些时间和精力,创设一些情境,让学生和教师自己都能感知这种和谐的含义。正如接下来的两章中所讨论的,要做到这一点,就必须持续关注课堂的环境。

第二节　结论：学习和成长的形象在教学中的位置

　　本章所勾勒的成长中的、受过教育的人的形象并不完整，也不详尽。它只是一个开端。我希望它是一个令人满意的开端，不是因为别的，只是因为想象一个教育者原则上拒绝鼓励和支持学生的开明、同情、严肃、自发等的世界是令人不安的。那样的话，真正的教育的理念将不复存在。借用杜威的另一个术语（1916/1997，pp.44－45）来表达，我所提及的品质具有"可塑性"的一面，这些品质可以根据实际情况、背景和人们带来的希望，进行拓展、重构和完善。并不存在某一种单一或正确的方式能够培养天真和简单，或者在行动中表达直率和全心投入。"培养"这个词已经证明，即学生来到教室时并不是一个空洞的道德细胞，等待着外界的填充。我试图在此内涵丰富上的理解，学生已经和成人一样，走在了人格发展的道路上，他们可以扩宽和深化自己的人格。教师可以通过无数种方式来培养这一过程，其中一部分便是通过思考本章强调的品质。

　　我的分析为这些品质提供了一种形式：一种对其意义、轮廓、独特性和价值的感觉。这种形式并不规定各项品质在日常教学中的实际内容。实际的教学内容会因年龄、个人经历、环境和所学学科等因素差异而有所不同。但是，内容的差异不会大到我们无法交流这些品质及其在人类生活中的地位。

　　此外，一个成长中的受过教育的人的形象告诉我们，用杜威的话说，"控制"和"调节"教学环境的含义。这种形象之所以能够发挥作用，部分在于它既不是随意产生，也不是无中生有，更不是诞生于教条主义的立场。即使不用我使用的特定术语。它的涌现，是教育传统的一部分。我所描述的品质在人类的反思和思考中由来已久，人类思考的是人可以成为谁，成为什么样的人，以及教育可以如何推动他们的希望和渴求。控制和调节课堂环境的理念也不是随意的。"控制"有一部分植根于教师在工作中的愿景和目标。他们能够根据一种深思熟虑的、广博的、充满活力的一个成长中的受过教育的人的形象来指导工作，而不是追随潮流观点或任凭个人一时兴起。这一形象尽管侧重点有所不同，但与教师自身与学生都有关。因此，"控制"也基于教师的接纳能力和"起而应对"教学情境的能力。

在讨论教学环境之前，我想在本章的结论中回答几个问题。富有同情心的读者可能会认为，我所讨论的责任品质中包含了"真正理解和相信某事"的观点，提出了"值得了解和相信的知识和信念"的问题。换句话说，如果有关的知识和信念是纳粹意识形态主义者的知识和信念呢？一个纳粹分子坚信某些人作为人的劣势或低人一等而理应受差等对待，他们便深刻理解"真正了解和相信"这一点。如何回应这种关切？或者说，本章分析能否回应这一关切？

对于最后一个问题的答案是"是的"，但并不完全如此。一个全面的回应会着重提出，本章所讨论的成长中的人的所有品质都蕴含在人类丰盈的广博概念中。在这一概念中丰盈的机会和支持将是全面的，而不是为少数人保留的。从这个角度来看，一个真正了解和相信某事的人，就会认识到它的道德意义，或者至少正在这么做。就像我先前提到的关于道德责任的讨论，个人试图理解知识和信念如何塑造生存的方式和与他人互动的方式，试图理解是否和如何改善而非恶化他人的前景。责任、简单、天真和其他讨论过的品质帮助人们能以适度的方式为整体的人类丰盈作出贡献。这些品质不支持那种只允许某些人发展或根本不将他们视为人的、像是纳粹主义的世界。换句话说，我所研究的品质能帮助人们应对和批判有害的信念，而不是任性或盲目地接受它们。这些品质,如果要保持自身被承认和认可,就不能与思想和行为邪恶的人的态度相融。依我对这些术语的理解,讨论一个开明、严肃或天真的纳粹本身就自相矛盾。相比之下,我们可以形容一个纳粹,无论他或她在其他方面有多聪明,都是狭隘、狂热和堕落的。关于华兹华斯所提到的爱"我们所知道的一切",那么这是否也意味着也"爱"那些不宽容和故意伤害他人的行为呢?答案是否定的。当华兹华斯写到爱"我们所知道的一切"时,他的诗意指所谓的道德性知识。道德性知识指的是,那些受到旨在扩宽而不是窄化的道德意识和道德承诺的,有关于人、地点和事件的知识,以及关于人类可能性和意义的知识。华兹华斯预见了杜威的观点,即"知识在道德方面的重要之处不在于其实际范围,而在于知识的意志——对于将行为对整体利益的影响进行主动的愿望"(1932/1989,p. 281)。杜威认为,"寻求善的态度可以在任何种族、阶级和文明状态下培养出来。对传统教育意义无知的人可能表现出一种发现和考虑善的兴趣,而这种兴趣是高文化水平和高尚情操的人所缺乏的。从这种兴趣的角度来看,阶级分化消失了"(p. 282)。杜威认为,知识的道德特性不在于其"拥有",而在于它如何促进意识和思想的扩展和关注。与华兹华斯对联系和参与的呼吁呼应,杜威得出结论,"道德知识需要不断修正和扩展,这就是为什么真正的道德知识与非道德知识之间没有鸿沟的一个重要原因"(p. 282)。

热爱我们所知道的一切,意味着热爱人类大大小小的前景,也意味着热爱人类大大小小的成就。对教师而言,可以说是对知识信条式的姿态。正如保罗·斯梅耶斯(Paul Smeyers, 1995)所写:"教师首先要关心他们传递的内容,而不是只关注技术。……他们比任何人都更需要成为自己所信仰的代表,因此,他们首先必须热爱自己所教学科,必须是课程的主要倡导者。"(p.410;也参见 Wilson, 1993, p.133)正如接下来的两章中所述,这种热爱要求教师在自己身上培养出他们渴望在学生中培养出的品质。

奥克肖特(1989)从另一个角度诠释了对知识和信仰的理解,这也是我所描述的成长中的受教育者形象的基础。奥克肖特认为,教师导引学生开始学习人类的"传承"和"成就"(pp. 22, 29 - 30, 41)。他还称它们为人类历来试图理解自己的"语言":他们是谁,为什么在这里,如何做人,如何实现人类境遇所提供的各种可能性。在奥克肖特看来,诗歌、艺术、哲学、科学、历史等语言构成的不是预先指定的事实和信息体,尽管它们在帮助学生入世时发挥了不可或缺的作用。相反,进入这些语言就等于进入了一个人类的冒险领域(pp. 23, 26 - 28),这个领域关注意义、理解和目的,而不是硬性的答案或结论。

这种对课程的看法超越了关于"经典"的狭隘主张。这些主张假设课程纯粹是采用或支持既已存在的理解,而不是首先帮助学生理解某个事物的含义。诚然,从学前教育到大学教育,许多教师和管理者似乎都认为课程应该规定信仰和展望,因为许多教师和管理者未能悉心关注、审慎思考和倾心投注于自身工作的重要性。但这些失败凸显了要教好课程、并使课程生动活泼所面临的真正挑战。我们将在第六章和第七章中看到,教学中传统解释了为什么各级教育中的许多教师都能成功地帮助学生参与"冒险",让他们成为超越天性或教养(或社会习俗)所预先决定的人。这里所讨论的品质支持个人参与这种冒险。

直率、简单、自发、天真、开明、豁达、目标完整、有责任心和严肃:这些概念有助于勾勒一个成长中、受教育的人的形象。这样一个人正在成为一个可以在世界中行动,而不仅仅是被动接受的人。这意味着个人不仅能够思考和判断,而且可以用思考和判断联系实际并融入实际行为。这个意义上说,所有涉及到的倾向不仅在智识上具有重要意义,而且在道德上也很重要。它们构成了前一章中道德敏感性。它们有助于使个体倾向于融入而不是脱离与他人真正共处的社会和道德复杂性。如果奥克肖特的观点是正确的,即教师的概念总是隐含着学生的概念(1989, pp. 44, 46 - 47),那么教学实践中一个核心的方面就是抱持一个关于成长中的受过教育的人的形象,这个形象可以帮助教师与具有挑战性的教学动态保持联系。

第四章　间接教学与教育环境的动力学

前面章节验证过杜威有关思想和心灵的态度,杜威用"意愿"(readiness)对这些观点作了总体概括。"没有人可以考虑好所有事情,"他写道,

> 也没有人能够脱离经验和信息思考任何事情。然而,存在一种意愿,愿意对经验范围内的事物进行深刻的思考。这种意愿与那种仅凭借习惯、传统、偏见等作出判断,并以此逃避思考的倾向,有巨大的差异。上述的个人态度[1]是这种普遍准备的重要组成部分。(1933, p. 34)

杜威认为,人必须将一种培养参与世界的意愿的立场贯穿生命的始终。尽管人的初衷是好的,但过早封闭思想的倾向仍始终存在。意愿不意味着业已铸就的现成品,也不是一种理所当然。

不过,杜威提醒,教师等成年人不能直接向年轻人灌输开明等品质。他认为教师根本无法直接教育学生。这一观点让"灌输"(inculcate)一词显得格格不入。杜威并非是在预设年轻人缺乏他所研究的个人方法或个人态度的特征。反之,他认为年轻人在发展这些品质时,既需要也应该得到支持、指导和鼓励。因此,教师不能直接教育学生的说法,并不是说,教师在面对

自身努力的结果显然不确定时束手无策。恰恰相反,正因为教师不能逼迫学生学习,他们才需要关注课堂浮现出来的环境。在这一过程中,承担教师角色的个人至关重要,这也是前两章强调的重点。这个过程在一定程度上取决于教师是否愿意与学生交流,教师是否愿意与学生培育信任性的关系(参见 Applebaum, 1995)。

杜威强调,青少年"生活在某种环境中。无论我们是否有意为之,这种环境不断地与儿童和青少年相互作用,其结果是塑造他们的兴趣、思想和性格,这种结果要么是教育性的,要么是误导性的"(1934/1974a, p.9)。杜威认为,一旦任由环境偶然发展,结果很可能培养出与具备自发性和责任心等品质完全相反的人。偶然性的环境是随机的、随意的,并且多是轻率的。这样的环境就像是抛掷硬币,使最终培养出来的人在更好和更糟糕、获益与受损、好与坏之间,概率各半。

杜威的论点并不暗示着一种家长制(paternalism)。与偶然或随机的环境所对立,既不是可预测的环境,也不是规定所有行为的环境。放任环境完全听天由命会带来现实的危险性,正确的应对方式不是走向相反的极端,而是努力为每一次课堂互动的各个方面都设计一个蓝图。这种设定好程序的环境如何能培养学生上一章所讨论的品质?如何才能促使学生学会独立思考,承担智识上的风险,发现新奇和并不熟悉的事物,倾听他人的关切,并以无拘无束的探究精神完成这些任务?

进一步说,任何试图为课堂环境绘制蓝图的做法都会忽略教师不能直接教育学生这一主张背后的理论依据。这种说法强调了这样一个事实,即教师无法真正深入学生的思想和心灵来植入知识,或者是重组学生的思考方式,让他们用新的视角看待世界。

在教师对学生的影响中,不可能存在这种直接、机械式的影响——感谢上天,至少难以直接影响学生的经验和学习,而非具体的行为操作。环境构成了中介,是教育影响的媒介和手段。教师不会直接产生刺激,是环境引发了人类如杜威所称的学习和成长。环境会支持或阻碍严肃、豁达、责任心等品质的培养。

63 　　总之,杜威所讨论的控制、调节和设计环境,指的既不是听天由命,也不是采用自上而下的法令和蓝图规划。他意在说明什么? 更广泛地说,什么是间接的教学? 什么是承认教师不能主宰学习或强迫学习的教学模式? 为了回答这些问题,我会探讨间接教学的起源。我将先重点介绍让·雅克·罗素(Jean-Jacques Rousseau)的开创性构想,再分析杜威的重构过程。下一章会详细介绍一门我自己所授的课程,作为分析的例证。在那门课程中,我努力基于教师通过环境中介进行教育的前提,来采取行动。

第一节　一种"有章可循的自由"

"教师不能直接教育学生,而是以情境或环境为中介"这个观点并不是杜威首创的。据我所知,他的前辈包括柏拉图、孔子、圣奥古斯丁(St. Augustine)和伊拉斯谟(Erasmus)等人。在柏拉图的著作中,约2400年前,苏格拉底的行为表现出对话等术语,而不单是个人意志或个性,构成了参与者可能对彼此产生的积极影响的中介。苏格拉底不厌其烦地开启对话或重建对话,好似对话之于学习就像呼吸之于生命一样必不可少。公元前5世纪左右的《论语》一书里,孔子与学生在一个有结构的环境中互动,从而塑造了孔子的建言的影响力。他似乎也一直关注着自己所谈论的环境。圣奥古斯丁重视对话,将其视为真正交流的媒介。在他成书于公元389年的《教师》(*The Teacher*)中,呈现了一段经过设计的对话,是自己与16岁时去世的儿子之间的对话。这本书的内容和形式体现了这样一种观点，即人与人之间要分享理解和爱，不能没有媒介，这些人类的价值不能缺乏一种环境或媒介的支撑。伊拉斯谟在其16世纪的教育著作中也明确说明了，环境对人类发展的影响。伊拉斯谟以园艺和耕作作类比，主张应该创造学习的条件，用教师"无形之手"引导儿童成长（Bushnell, 1996, p.93）。

卢梭是最早相对正式地充实和阐释间接教学思想的学者。他在《爱弥儿》中首次引入了这一思想，该书自1762年出版以来对教育思想和实践产生了不可估量的影响。《爱弥儿》与柏拉图的《理想国》、杜威的《民主主义与教育》齐名，是有史以来最雄心勃勃、范围最广的教育著作之一。《爱弥儿》是一种全方位的探究（参见 Hendel, 1934, p.75），卢梭在一开篇便告诉我们，是因为儿童对于教育工作者来说仍然是"未知的"（1762/1979, p.33）。它探讨了人类发展的社会、历史、哲学、心理和精神状况。卢梭是最早系统地从教育角度思考儿童时期的作家之一。他所虚构的关于如何教育男孩爱弥儿的描述是如此令人难忘，启发了无数读者。许多教育家从《爱弥儿》中发现了一个有力的论辩，即正式教育可以改善人的生活和提升社会进步（A.O.Rorty, 1998, p.238）。其他的一些批评者，或者在某些情况下，正是他们认为，卢梭塑造的教师形象是专制的，具有操纵性的（Cranston, 1991; Peters, 1981; Rosenow, 1980），卢梭的学习观既狭隘又片面（Winch, 1996），他对待女性的态度比较落后（Martin, 1985; A.O.Rorty, 1998），他对个人和社会的看法二元分立（杜威，1916/1997），他的政治主张是危险的乌托邦（参见 Berlin, 1992）等，这些只是一部分批评。关于卢梭的作品的所有这些观点，都是需要继续讨论和解释的问题（Graubard, 1978; Wokler, 1995）。在我看来，无论卢梭的某些结论是对是错，至少就我的理解而言，我并不全盘接受，但他所提出问题的独创性和力道，他在教育理念上所表现出的思想和道德勇气,他对习俗和自身论点的批判意愿,都揭示了教学的价值和对教学实践的深入思考。细读卢梭,我们可以了解到直率、豁达、自发性、责任心以及我在第三章中探讨过的其他品质,同时也将认识到,即使是最有经验的人,在这些品质方面仍有许多需要学习的地方。

回顾杜威的术语,这样的解读也凸显了控制或调节学习环境的意义。卢梭对于至少在成年之前的教育阶段的方法核心,是他所谓的教学的"间接方法"(1762/1979,p. 117)。这一概念有部分源于卢梭的"消极教育"(negative education)思想,指的是一种不干预在他眼中是"自然"发展的任何方面的教育(关于这一点,参见 Iheoma, 1997;Rosenow, 1980)。杜威(1916/1997)认为,对卢梭来说,"社会安排对自然的干预……是个人堕落的主要根源。卢梭对所有自然倾向的内在善性的激情表达,是对人性先天是彻底堕落的这一普遍性观点的一种反应,他这个观点,极大地影响和修正了人们对儿童兴趣的态度"(第114—115页)。可以说,杜威和所有卢梭的读者一样受到了这种影响。

卢梭(1762/1979)称他的间接教学法是"一门艰深的艺术……,即不借助教诲而通过无为之举来进行一切"(p. 119)。正如《爱弥儿》一书的读者所看到的,如果从技巧的意义上讲,卢梭的方法确实是人类创造出来的一门艺术。这门艺术将儿童的学习放在首位和中心位置,而不是一方面关注自己作为教育者的角色,另一方面屈从于当前社会的期望。卢梭认为,教师不仅仅是文化传承者或社会化儿童的人。教师的工作精神是人类的可能性,是人类可以成为什么样的人的可能性,而不仅仅是他们曾是什么。但教师不是传教士或政治家。在卢梭的教育规划中,教师必须处于幕后。从根本上说,教师必须熟练控制环境,即组织和安排环境。

在卢梭的论述中,教师集中精力创造条件,充分利用儿童天生的好奇

65

心。同时，这些条件应使儿童能够培养一种稳步发展的现实感，即在特定阶段或时刻他或她能够完成什么。一般来说，教师不应该对儿童发号施令，而应该调节周围的环境，使儿童既能认识到自己的力之所及，也能认识到自己的力有不逮。儿童不应该将他人当成自己的玩物来命令别人，也不应该把自己当成拥有揽月神力的人。然而，对卢梭来说，至关重要的是，儿童学习这些并不是因为成人的劝诫，而是因为在教育环境中，环境条件的力量会教会儿童，他们的力量是有限的。卢梭（1762/1979）写道："（爱弥儿）必须感受到自己的弱点"，"但这不是让他因此而痛苦"（p. 85）。爱弥儿应该意识到自己懂的东西，但他可能不知道自己是懂的；他也应该清楚自己不懂的东西，而这里的关键是，他可能不知道自己不懂。卢梭希望爱弥儿能发现自己可以学习，并且可以主动学习，也就是说，他可以自发地学习，而不是被动地接受。如卢梭所说，整体的教育过程就是要让他成为一个"有道德的人"（p. 78），一个注定要生活在人类社会中的人。因此，感受到自己的"弱点"并不是要削弱自己的信心，反而是要认识到其他人和世界上的事物在人类生活中是多么重要。

根据阿梅莉·罗蒂（Amelie Rorty, 1998）的解释，爱弥儿"是从经验中学习，从行动的后果中学习，而不是从别人或书本中学习。如果他直接由导师教导，权力和依赖的复杂关系就会启动。他会变得被动，急于取悦于人，暗中反抗、韬光养晦以等待自己主宰的暴政到来"（p. 248）。用卢梭的话来说，教育需要教师的耐心和机智。卢梭提出了有章可循的自由，教师所营造的环境应能产生这种自由。这些术语彼此之间并不相互矛盾。它们凝练了卢梭间接教学法的理念。教师有系统地管理环境，而且是管理得"很好"而不是漫不经心，目的是培养对儿童当下和未来的自由都有益的性格和技能。卢梭明确指出，自由并不意味着为所欲为。回顾上一章的讨论，这种态度描述的是一时冲动,而不是自发行动。当自由存在边界或限制时,自由才有意义,因为当边界或限制促进自由时,它们就是有利的。卢梭间接教学法的例子表明,人们可以认识到教化的界限,而不是任由机会、命运或预期的习俗来决定。他们可以将任性转化为主动性或自发性,可以为自己设定界限,以便实现更广泛形式的学习和成长,这或许有些许悖论。他们可以有意识地引导自己的精力和注意力,而不是漫无目的地分散注意力,或将其耗费在无益的生活方式中。换句话说,人类可以影响他们生活的环境,可以创造刺激,来激发并培养自己最好的品质。他们可以让自己反过来受到环境的影响,故意让自己间接地受到他们努力创造的世界的影响。他们可以信任这个世界,信任这个世界中的人和活动。

康德深受卢梭著作的影响。康德的传记作者恩斯特·卡西尔(Ernst Cassirer,一名哲学家)(1945)指出,康德从卢梭那里学到了"人性中真正永恒的东西,并不是它曾经存在于某个状态中,或者从中开始衰弱的状态,而是它前进的目标和朝向"。(p. 20)康德认为,人性中的"永恒"是它朝向自由的能力和行动,朝向加深自发行动的能力,从而自由地、道德地行动。康德对人类培养自身善的潜力深有感触,他把善性等同于自由。他同样对人类明显的作恶潜力印象深刻,甚至感到沮丧。某种程度上,他的工作是研究如何在面对恶的倾向时实现善的潜能,甚至有朝一日克服恶的倾向(Kant,1786/1963,1793/1991))。与卢梭和他之前的其他人,以及杜威和他之后的其他人一样,康德重视教育的价值,认为它能推动人类更接近其潜在的自由,而非远离。他的观点可以被称为理性信仰(Kant,1785/1990,p. 81)。无论是在教育系统的哪个方面,教师和学生在课堂上创造的世界都可以成为一个更大世界的缩影,在这个世界里,人们可以发挥自己的潜能。他们共同开展的教育工作可以产生连锁反应,影响到其他数不胜数的环境。

卢梭认为,有几个因素影响着间接教学的艺术。首先,教师必须密切关注物理环境。为了促进学生的探索,他们理应如此,即使学生的探索被限制在自身现有能力和教师对他们的理解所设定的范围内。就此而言,卢梭(1762/1979)认为,当一名教师,就意味着要永远成为学生的学生。他告诫自己同时代的教育工作者说:"那么开始吧,就从更好地研究你的学生开始","因为你肯定完全不了解他们"(p. 34)。要成为学生的学生,意味着要发展帮助教师营造教育环境的道德感知、洞察力和理解能力。这并不意味着要按照预先确定的类别对学生进行"鸽笼式"的划分、贴上标签或分类,如伯纳黛特·贝克(Bernadette Baker, 1998)所言,研究学生的理念有时会这样被制度化。

卢梭指出,环境包括教师选择的物品、材料和资源。原则上,材料的来源是无限的。一堂课可以研究看得见的实体,如一群蚂蚁、一首诗、一幅画或天上的星空。课堂上可能也会讨论一些显然不那么可见的实体,如神灵的本质或存在、爱的意义、我们对死亡的把握等等(参见 Noddings, 1993)。所有这些材料都应激发和支持能被称为探究的活动。然而,正如尤金·伊霍马(Eugene Iheoma, 1997 年)所强调的那样,卢梭认为,学习这些材料的活动形式还应该激发对人性的同情,以及对生命这一纯粹事实的敬畏和惊奇之情。

卢梭认为,教师还应该明智地利用时间,这意味着,除其他外,要培养一种时间感。卢梭(1762/1979)在《爱弥儿》中一直考虑什么时候开展特定的教学活动问题。他谈到什么时候要"静候时间"(pp. 93, 107;见 Hendel, 1934, pp. 90 - 91),即什么时候要忍耐、耐心、不强求。他探讨了何时"赢得"或"利用时间"(参见 pp. 165 - 166),即何时抓住时机,积极介入。他还谈到了什么时候应该放慢时间(p. 232),换句话说,什么时候应该进行努力或探索。

卢梭对教师的要求很高。除其他事项外,间接教学还要求教师对学生、人类发展过程、教学材料的性质和位置、时间和教学计划等等有充分的了解。杜威对这些观点表示完全赞同:

> 教育者直接关心的是……互动产生的情境。其中一个因素是个体,个体在特定的时间点有其特征和状态。另一个因素是客观条件,在某种程度上允许教育者调控。……"客观条件"一词涵盖的范围很广。它包括教育者的行为和做事的方式,不仅包括言辞,还包括言辞的语气。它还包括教育中使用的设备、书籍、仪器、玩具和游戏。它包括个人与之互动的材料,以及最重要的是,个人所处情境所嵌入到的总体社会环境结构。(1938/1963, p.45)

与卢梭一样,杜威强调教师与学生之间的互动,即他所说的在环境中展开的情境的"总体社会结构"。由于这种结构是动态的,因此环境本身也是不断变化的。它从来都不是以一种终结的方式建立起来的。正如我们将在下一章看到的,教育环境会随着身处其中的人的变化而变化。

第二节　杜威对卢梭教育方法的重构

然而,卢梭和杜威都认为,教育环境应保留几个特征。这些特征的内容可能会发展变化,尤其是随着教师和学生在知识和道德观念上的成熟而变化。但这些特征所采取的形式是持久的。杜威(1916/1997)抓住了这些特点的形式,认为教育环境应该简约(simplified)、净化(purified)、平衡

(balanced)和稳定(steadying)(pp. 20 - 22)，原文中，他重点讨论了学校，但我相信他的分析同样适用于课堂。

“简约”的环境，不能与简单(simple)的环境混为一谈，简约的特点是“相当基础的、能够为年轻人所接受的”(p. 20)。关于杜威所说的“基础”，可以举个例子，在一个吸引学生参与如何将液体转化为气体的实验中，要让他们思索“固体”“液体”和“气体”等概念，而不是让他们囿于这个话题里进行冗长而抽象的讲解。虽然要着眼于扩展学生的能力和力量，但是简约的环境体现了对学生现有能力和力量的尊重。

“净化”的环境不能与“纯净”的环境混为一谈，它能激发参与者最佳的
思想、情感和行为，而不是鼓动他们强化偏见、不包容、形成教条主义等。它 69
能生成学生的思维开放，而不是固执己见；形成他们倾听他人意见的意愿，而不是妄下结论等等。净化的环境中，活动和交流能促进道德倾向、理解和观点的形成，从而支持人类的充盈，而不是威胁或破坏。

“平衡”的教育环境在促进个人发展的同时，也能激发社会和道德意识。卢梭希望爱弥儿的教育能让他发展成为一个完整、独特、不可复制的人，同时也培养他成为一个“有道德的人”(1762/1979, p. 78)，追求与他人公正相处。在如何培养“道德存在者”的问题上，杜威与卢梭不谋而合。卢梭认为，人类社会的许多方都是非自然的，并且产生了压制人类繁荣的习俗和制度。在爱弥儿早期教育生活的大部分时间里，他把爱弥儿与社会隔离开来，以便“自然”能够顺畅地运行。杜威对有害的社会实践也持批判态度，但他认为社会性是人类和人格的根本。他认为卢梭对社会的看法是不平衡的。杜威并没有将目光投向所谓的“自然”，而是强调人类建立公正、民主关系的能力，将“民主”理解为一种联合的生活形式，而不是一套政府机构或法律(参见杜威，1916/1997, pp. 83 - 88)。在杜威的笔下，民主是一种生活方式，在

这种生活方式中,人们在关注自己的利益、关切和愿望的同时,也习惯性地关注他人的利益、关切和愿望。杜威认为,学校和课堂的环境应促成这种生活方式,使教师和学生能够日复一日,甚至每时每刻都能实践这种生活方式。

杜威(1916/1997)在考察美国城市的教育环境时写道,"不同种族、不同宗教和不同习俗的青年在学校(和教室)里相互交融,为所有人创造了一个新的、更广阔的环境"(p.21)。这种环境可以平衡学生的个人兴趣、以家庭为中心和以社区为中心的观念,以及杜威所说的新涌现的"视野"(horizon),这种视野也认真对待他人的观点、知识和活动。在教师的指导和洞察之下,个人可以追求自己的教育冒险,并以扩大和加深社会同情的方式与他人互动(1916/1997, pp.121,148)。

最后,一个"稳定"的环境能让学生协调他们的知识、洞察力、情感和观点,而不是认为生活应该被划分为相互无关的领域(教育、家庭、工作、娱乐)。换一种说法,从杜威的观点来看,教育环境应帮助学生"协调"(1916/1997, p.22)他们的认识和倾向。回顾第二章中的术语,"协调"有助于在生活中形成叙事的统一性。一个稳定的环境可以帮助年轻人在人类活动和愿望最广阔的背景下,将自己的生活视为一个整体。

杜威认为,卢梭在某些方面也认为,一个简化、净化、平衡和稳定的环境有助于构成教师教育他人的最佳条件。但他们认为,教师的教育是间接的。没有支持性的环境,教学根本无法进行。这一主张是卢梭间接教学法的核心,也是他自《爱弥儿》出版以来对教育产生巨大影响的原因。我将在本章的结尾再谈到他的深远影响。

我认为,撇开他们在教育哲学上的其他差异不谈,杜威以多种有益的方式扩展和重建了卢梭关于间接教学方法的论述。这些方法的核心是教师角色中的个人。

一、 重新锚定教学焦点

杜威的论点意味着,如若教师直接致力于创造适当的环境,他们便能相信这可以帮助他们教育学生。他们有能力摆脱必须成为英雄主义式的奇迹创造者的感觉,有时爱弥儿的老师就是这样。他们可以摆脱这样一种假定,那就是他们,并且只有他们才是课堂的中心,使得所有的学习都只来源于他们与学生的直接接触。在课堂上,教师仍然扮演着最具决定性的角色。杜威的观念与卢梭的观念一样,并没有消除教学的复杂性和好的教学对教学人员的实际要求(Greene, 1989; Schwab, 1978b)。然而,杜威的观点有助于将教师的视线从教师自己转向课堂环境,以及影响课堂环境的各种因素。间接教学有助于教师形成客体意识而不是自我意识(见第三章),有助于教师确定值得关注的首要对象。

二、 *环境中的教师*

杜威扩展卢梭论述的第二点是,他坚持将教师视为构成环境的动态因素之一。这并不是说爱弥儿的老师就像幕后之人,尽管之前所述,有些批评者认为情况确实如此。问题的关键在于,卢梭(1762/1979)希望任何教书育人的人都应具有非凡的学识、经验和道德敏感性。他写道:"记住,在敢于培养人之前,必须先使自己成为人。我们必须在自己身上树立学生应该学习的榜样。"(p. 95)卢梭呼唤即将成为教师的人的心灵和灵魂:"必须付出的是你的时间、关心、爱护,还有你自己。……大声宣布自己是不幸者的保护者。要公正、人道、仁慈。……爱他人,他人也会爱你。为他人服务,他人也会为你服务。……要有人道主义。这是你的首要职责。对每一个阶层、每一个

71

年龄阶段、每一个与人类密切相关的事物,都要有人道主义。对你而言,还有什么比人道更有智慧的呢?"(pp. 95, 79)当时,卢梭的这一疑虑是如此引人注目,深受读者喜爱,持续传承了几个世纪,这超越了间接教学的话题,尽管卢梭最终还是将注意力重新引回了教学实践。《爱弥儿》中的这些论述以及类似的论述表明,卢梭强调任何愿意教书的人都必须具备善良、思慎、学识、决心和同情心。这些品质是任何父母都希望在儿子或女儿的老师身上看到的。然而,问题是我们应该在什么时候期待教师体现这些品质?是在他们踏入教室之前,还是在他们学习教学的道路上,也就是在他们在教室里与别人的孩子一起工作的时候?

杜威(1904/1974b)认为,尽管正式教育和理论至关重要,我们并不能指望仅凭它们就能培养出教学能力和洞察力。他的意思是说,我们可以而且应该期待的是,无论是师范生还是教师,都能*走向*如大卫·舒尔茨(David Schultz, 1997)所说的智慧实践(wisdom-in-practice)。更引人瞩目的是,就我的这个论点而言,杜威提出,如果教师以他所描述的方式调节或控制环境,他们将是在自我教育。他们会受到他们努力创造的环境的间接影响,也会受到学生的影响,学生的思想和精神在理想情况下会受到环境的熏陶。他们还将受到塑造有意义环境的诸多步骤的影响,因为采取这些步骤需要教师慎思、机智、敏锐、专注等等。但是,这意味着教师需要不断培养并提升这些品质。再次回过头来看,要塑造一个良好的环境,就需要教师在自己身上培养本书第三章中提到的品质:直率、自发、简单、天真、开明、豁达、目标完整、责任心和严肃。

杜威阐明了这一结果,他写道:"很少有成年人能像儿童那样保持灵活而敏感的能力,能对周围人的态度和行为产生共鸣。……对于同情的好奇心、不偏不倚的反应能力和开放的心态,我们可以说,成年人应该在童真中成长。"(1916/1997，pp.43，50)教书育人意味着参与一种能够自我完善的实践活动，从而相应地提高自己对他人产生良好影响的能力。如果期望教师在踏入课堂之前就成为一个完整的道德的存在，那是不现实的，甚至是非人性的。更现实也更人性化的是，期望教师朝着本章和上一章所阐发的品质方向发展自身。如前所述，这种观点要求教师将自己视为环境中的一个动态因素。教师不能脱离教学过程，好似自己的知识和洞察力来自众神所在的奥林匹斯山。与此同时，教师一方面是熟练掌握教学艺术的技术人员，能够塑造教学环境，也是这一过程的参与者，不断从学生身上、从学生与学科的交互，以及生生交往中学习；另一方面，教师也是不断成长的存在，在道德和智识层面受到环境影响。

三、 环境与周围事物

教师可以利用杜威对环境和"周围事物"的区分，来进一步促进自己和学生的成长。杜威通过这一区分进一步重构卢梭对间接教学的论述。杜威认为，我们周围的事物无穷无尽，比如阳光、蓝天、黑夜、白云、昆虫、建筑物、房间、树木、街道垃圾、电源插座、窗户、汽车、商店等等。但是，这些周围事物并不构成形成一个人影响另一个人的媒介的环境。相反，环境与杜威(1916/1997)所说的周围事物与人们的"主动倾向"(active tendencies)之间的"连续性"有关(p.11)。构成人们的"真环境"的并不是我们周围事物的一切，而是使得我们"变化"的事物(p.11)。给公寓墙壁刷的颜色、与隔壁干洗店的互动以及牙医椅子的形状等等，尽管始终是我周围事物的一部分，但是都不构成我课堂中涌现的环境的一部分。最适切的理解是，它们是我家、干洗店和牙科诊所环境的一部分。教室里的环境与教室的物理特征、教室里使用的材料、使用的时间有关，最重要的是与教室里的人之间的无数互动有

73

关。这些都是教师和学生作为一个整体"变化"的因素。正如艾伦·瑞安(Alan Ryan, 1998)所说,它们使"意义的网络"(network of meaning)的形成成为可能(p. 399)。我们可以说,一个好的教师会在他的思考、计划和行为中尽可能多地体现环境的特征,而一个差劲或不成功的教师可能会让太多的特征、互动等更多事物退居到周围事物的范畴,最终使得课堂环境变得贫乏,而这种疲乏本不必要。

那么,在其他地方的会面又是怎样的呢,比如在学校走廊、操场、聚会场合、教师办公室、会议或飞机上,师生之间的会面? 教师无法控制或调节在一个遥远小镇召开的会议环境、飞机上的环境,还有学校庆典、学校走廊或食堂的环境。但我们知道,这些会面和交流往往会对学生产生影响,而且会让他们难以忘怀。这些事实是否对"除非通过环境媒介,教育者不会影响学生"这一观点提出了质疑?

以下是两种回应。第一,上述所有课外环境的特点都是"环境"。尽管教师控制或调节这些环境的能力可能有限,但是这些环境会作用于身处其中的教师对学生的影响力,这些环境在各种程度上塑造、限制或促进特定类型的互动交流。例如,与在课堂上讨论诗歌或实验相比,当教师在博物馆与学生交流时,会在某种程度上改变他们的谈话方式,无论这种改变有多么微妙。这让我们想到,为什么我们所有人,无论是儿童还是成年人,都会说"我们在这坐会儿""现在谈话合适吗"或"等到我们不会受到干扰再说"之类的话。我们希望创造适当的环境,关键在于,在一个人影响另一个人的过程中,环境始终充当中介或媒介。

第二个也许更有说服力的回应是"环境"中涌现的质量(emergent quality)。请看下面的情景,这是我根据自身经历反复推敲得出的,也是下一章讨论的内容。我在我所在的大学负责一个中学教师研究生教育项目。我工作职责的一部分是主持项目招生。在六月份,我和一位刚被录取的师范生首次见面。此时距离她开始选修课程,包括我教的那门课,还有两个月。一般来说,我们初次见面时互不相识,可以说,我们是从零开始。但我们之间的互动环境,早在她第一次走进我办公室的门之前,就已经开始形成了。她不是毫无准备地走进来的。她已经读过或者听说过关于我们项目包括教师的信息。她花了很多时间和精力来填写和寄送申请表,然后接受了我们的录取通知。这些步骤预示着,她在成为一名教师方面也许已经深思熟虑。此外,她可能还做过家教、教练等工作,有与青少年打交道的其他经验。所有这一切都赋予了她某种性格、某种敏感性,而其中的某些方面连她自己可能都并未曾察觉。

对我来说,我看过她的申请表、成绩单、推荐信,还有个人自述,那里面写了她想成为一名高中教师的原因。在阅读这些材料的过程中,我形成了对她的印象,这个印象和她与我一起学习的课程的目标,以及该课程所包含的教师职前培训项目的目标同时出现。对这些材料的阅读,基于我作为一名教育工作者的职业基础。这些因素让我在阅读她的申请书时充满了期待、好奇和希望。简而言之,在我和申请人会面之前,一个杜威意指的"环境"就已经开始形成。这种环境由一系列特定、以各种方式围绕教学的行为和意图所形成。这个环境也是我和候选人第一次见面时,我可能会对候选人产生影响的中介或媒介,反之亦然。

四个月过去了。我所教授的课程已经开了六次课。这位教师候选人现在是班上的一名学生,她听我讲了很多,我也听她讲了很多。我们班已经开始形成一种氛围。一天下午,这位教师候选人来到我的办公室,讨论她交上来的一篇论文和我的评论与疑问。我们讨论了半小时,她离开时说,"我现在更清楚自己想说什么了"。在日常语境中,我们可以慷慨地说,我对这个学生产生了良好的影响。但这并不是缺乏情境的，并不是一颗心灵对另一颗心灵产生的直接、不依赖任何中介的影响。正如我在上面几个段落中所说，无论我给候选人提供了什么帮助，都是以我们在课堂及课前准备的一切为前提。环境一直是中介。环境的形成是一系列事件的结果，正是在其中，意义不断累积。我希望这种环境不是偶然的或随机的。我也将自己的主动性和思想融入其中。教师候选人发挥了自己的主观能动性并进行了思考，因为她显然不是消极的，也不仅仅是被动反应。这些认识说明，虽然环境是影响的中介，但环境取决于个体的能动性、意图和行动。这个例子还说明了为什么教师要思考他们和学生在非*课堂环境*的会面对课堂环境产生的影响，这些会面可能发生在走廊上、办公室里、家里或者通过电子邮件或电话等。所有这些会面都应该被视为是营造有利于教与学的课堂环境整体的一部分，而不是与之无关。

四、重活动，轻学习

将环境视为影响学生的中介，可能会产生的结果是，教师在直接关注学生的学习时应有所顾忌。杜威写道，教师要为学生的学习提供条件，对学生采取同情的态度，并积极参与课堂生活（Dewey，1916/1997，p.160）。他从未说过，教师以直接和正面的方式教导学生学习。他认为教学的直接目的是学生的参与、投入和全神贯注，但不是学习本身。杜威认为，如果教师创造并支持让学生参与活动的条件，无论这个活动内容是解读一首诗、做一个实验，或是辩论历史事件的原因，学习就更有可能成为结果。但是，如果教师试图强迫学生学习，而不是采取措施让学生有意义地参与进来，他们可能会让彼此挫败。"在正常情况下"，杜威（1916/1997）认为，"学习是对学习主题的深入学习和充分投入的结果和回报"（p.169）。

举个例子，不能说我精准地在 9 月某个上午 10:43 的历史课上"学到"了第一次世界大战有多重起因。也许老师当时只是把这些话传到了我的耳朵里，但学习并不等同于听到了什么。如果我真正学到了知识，那么这种学习是随着时间的推移而产生的，无论时间长短。它来自于我在一定程度上沉浸在阅读、与他人交谈、聆听老师的教诲以及撰写有关战争的文章等活动中。杜威（1916/1997）认为，好的教师"让学生做一些事情，而不是学一些东西；'做'的本质要求学生思考，或有意识地注意到事物之间的联系；'学'自然就产生了"（p. 154）。但是，如果教师试图直接关注学习，而不是关注促进学习的条件和有教育意图的活动，就很容易使学生和自己产生自我意识，而不是客体意识。杜威告诫说："在学习中，正面交锋（frontal attacks）* 甚至比在战争中更没效果（p. 169）。"

间接地关注学习的观点并不会降低关注的强度或完整性。它构成了教师不直接关注教师自身的反面。从间接教学的角度来看，教师不必刻意追求成为所有知识和洞察力的源泉。所有教师都需要为他们所教学科做好充分准备。然而，同样重要的是，教师需要像希望学生在课堂环境中那样充分投入。正如我之前强调的，这一过程意味着教师所营造的环境应能激发自己和学生的某些响应。这种环境应引导教师直截了当地开展工作，以批判开明的眼光看待问题，即使面对只有短短一分钟的活动，也要保持目标的完整性，培养责任心，坚信自己所做的事情有价值，并本着学习的精神支持自己所做的事情，恰如其他品质所示。作为一名教师，过去的成功应该引发疑问和思考，而不是沾沾自喜。杜威提醒我们："光是依靠一些可能是在其他时候对别人有效的材料和方法，是远远不够的。必须要有充分理由证明，这

---

* 这里指的是教师直接压迫学生学习的方式。——译者注。

些材料和方法会在特定的时间对特定的人生成具有教育意义的经验。"(1938/1963，p.46)当杜威写到采取措施为学生"创造"教育经验时，他再次引起我们对环境的关注。

第三节　结论：间接教学的概念

本章围绕卢梭的间接教学概念和杜威对其的重构展开。卢梭对教育的持久性贡献，部分源于他对儿童*作为*"儿童"的关注，部分源于他对"作为教师必须是什么样的人"问题同样有力的阐述。卢梭让读者直面一个棘手的问题：谁应该被允许教书，即谁应该被允许有机会对年轻人产生思想和道德上的影响？卢梭用一种难以让读者舒适或安心的方式，强调了个体所谓的从教资格。这些严厉的措辞强化了第二章中一些概念的重要性，如教师的行为和道德敏感性。何以有资格从教，再加上教师个体实际如何教学等这些令人不安的想法，戏剧化地说明了教师道德敏感性的重要性，或者按康德（1793/1960，pp.41－42）所说的教师"道德的思维方式"（moral cast of mind）的重要性。正如我对康德的阐释，道德的思维方式体现了在致力于教育学生的同时，要尊重学生的尊严、能动性和自主性的意愿，它表明了为什么教育学生与尊重学生个性之间并不矛盾。

从广义上讲，道德的思维方式体现了一种承诺，即把他人本身作为目的，而不仅仅是达到我们目的的手段。有人可能会说，这种取向是终其一生的最终硕果。至少对许多人来说，要培养这种道德的思维肯定不容易。华兹华斯就证明了这一点（见第三章），他写道，作为一个道德的主体，有时需要进行艰难的思考和妥协，而在这种过程中，他感受到的是"厌恶"和"不快的痛苦"。

一些评论意见认为,卢梭在《爱弥儿》中塑造的教师未能按照卢梭所倡导的精神行事(参见 Cranston, 1991; Peters, 1981; Rosenow, 1980)。此外,其他批评家也对"以儿童为中心的教育的无形控制"(Rousmaniere, 1997, p. 128)提出质疑,并直接将其归咎于卢梭。例如,詹姆斯·唐纳德(James Donald)(1992)声称,"'允许儿童发展'强调的是监视和监控;'解放儿童'涉及的策略就像爱弥儿的导师所设计的那些策略一样,充满了爱的操纵"(p. 13)。凯特·罗斯马尼埃(Kate Rousmaniere)和她的同事(Rousmaniere, Dehli, & de Coninck-Smith, 1997)认为,今天的正式教育"对不同的个体来说体验不同,这并不是因为意外或设计错误,而是因为差异化和个性化已是现代学校和学校系统组织结构中的条件之一"(p. 9),而这一条件涉及他们所描述的"道德规训(moral regulation)"的持续过程,旨在"培养自律的个人"(p. 3)。

这些作者所使用的"*道德*"一词,其内涵来自米歇尔·福柯(Michel Foucault)的观点,即权力是如何微妙而又不可阻挡地规范或规训人格和行为的。我和福柯一样,对这种需要组织和控制的迫切给现代世界带来的影响感到忧虑。人们似乎常常把事物、时间、思想甚至价值观、他人和自己仅仅都当作达到某一目的的手段,而目的本身也仅仅成为达到另一个目的的手段。福柯强调了这种生活方式的后果。对我们自己和他人所采取的每一步进行解释的倾向,将人类的栖息地变成了他所称之为"纯粹道德"(pure morality)之地(引自 Rabinow, 1984, p. 138),在那里,理性主义的控制占据主导地位。欧文·戈夫曼(Erving Goffman, 1961)称这样的地方为"全控机构(total institution)",在这里,"自由""能动性""自发性"等概念以及我在这几页中探讨过的其他概念可能会保持表面的光鲜,但在底层却缺乏我所赋予它们的实质性的和生成性的意义。

这种观点与我一直以来对*规范、控制和设计环境*等术语的定义形成了鲜明对比，与我所说的间接教学也形成了鲜明对比。这些概念都不意味着或必须进行福柯、戈夫曼等人所描述的那种理性主义控制。在课堂上营造一种特定的环境，并不意味着要精心安排每一个细节、每一个动作、每一项工作。相反，这一过程更接近于从行为、工作和课堂生活的细节中学习。要调节或控制教与学的环境，需要的不是戈夫曼式的全控性冲动，而是相信教师和学生的所思、所感、所言、所行都是重要的。在我看来，教师不能一厢情愿地任凭环境的变化，也不能一厢情愿地照搬照抄其他教师的教学方法。

关于这种观点，后续章节将更深入地探讨。在此，我一直在审视卢梭和杜威的观点和案例。在我看来，这两位作家都是他们所处社会教育实践的敏锐观察者，他们都是尖锐、果决和有远见的批评家。我相信，他们对"监视和监控"一些可能有害形式有着深刻的认识。他们意识到这些形式可能会伴随着，甚至可能取代任何深思熟虑的教育方法。但是，他们也说明，这种结果既不是不可避免的，也不是一种被教师和学生必须简单地假定的，是环境设置和行动的驱动力的"结构性条件"。他们指出，在建构塑造教学环境的意义时，个人的"产出"这样的唯物主义语言是不合时宜的，或者至少不应该被自动地置于优先地位。正如两位学者同样的观点，培养道德敏感性或道德思维方式的这一任务，是教师面前真正的挑战。

卢梭为间接教学思想带来了相当多的实质内容。他阐明了教师进行间接教学所必需的个人品质。他以丰富的细节详细说明了物理环境、材料和资源、时间（以及时机）等，都是间接教学的"艺术"。杜威对卢梭的表述进行了延伸和重构，他阐明了支持教与学的环境的特征，同时也说明了教师应如何帮助营造这样的环境。与卢梭一样，杜威强调扮演教师角色的个人。他

79

的《民主主义与教育》是对教师含义的思考，并能引发读者持续性的思考。下一章将更细致地描述一种间接教学方法，这种方法关注卢梭最初的构想，也重视杜威的重构思想。在这种方法中，我竭尽全力，认真对待我在第三章中提出的成长中的受教育者的形象，以及本章中关于环境重要性的论点。

第五章 营造教与学的环境

在本章描述的课程中,我尝试采用一种教学方法,我称为"焦点讨论"(focused discussion)。顾名思义,这种方法是以讨论为中心的教学方法。限定词"焦点的"可能显得多余,因为如果没有聚焦的焦点,讨论就难以称之为讨论。使用这个限定词是为了强调,我所采取的讨论方法超越了课堂的时空限制。正如我在上一章所述,它包括在办公室、学校的走廊及迎新会上与学生的会面。理想情况下,它应该贯穿我与学生的所有接触。焦点讨论是促进与学生就教学问题进行持续对话的一种尝试,在这种对话中,交谈、倾听、深思和提问构成了主要的条件。

我意欲研究焦点讨论有几个原因。首先,这种方法阐明了间接教学的意义。如果不是全部的,那么大多数课堂讨论的正式方式都是间接教学。无论如何,我相信,焦点讨论是一个关键,能够让我们理解,为什么像杜威(1916/1997)这样经验丰富、学识渊博的教育家会向我们提出"事实上,一个人不可能直接对另一个人产生影响"(p. 28),这也是我在第三章中首次引用的杜威的观点。

其次,正如苏格拉底和孔子等人所证明的,焦点讨论的灵感和形式来自于人类对对话作为学习媒介的长期承诺。这种承诺之所以经久不衰,是因为人们已经意识到,与他人对话而不是对他人说话,可以带来意义、知识,有时甚至是智慧。通过谈话进行教学是一种方式可重新获得我在第三章中所说的"天真"品质：一种崭新的展望和理解，像剥离那些附着在船上的藤壶一样，重构信念和假设的过程。对话可以成为一次又一次的邀请，让我们重新开始，变得"简单"（这是我在第3章中描述的另一种品质），抓住重要的事情，并理解它们为什么重要，这样，也许就能更多地按照它们去生活。尽管正如我们将看到的那样，通过焦点讨论，我和我的学生都体验到了无法预料也难以强迫的结果。

第三，这种方法与近年来关于在课堂中使用对话和讨论的研究相辅相成（参见，例如，Burbules，1993；Dillon，1994；Haroutunian-Gordon，1991）。由于我看重课堂讨论对教育的益处，因此我支持并希望为这一领域的工作作出贡献。我希望以批判的态度来进行，即通过反思我对讨论的偏见，而不仅仅是在这里实施这种偏见。我承认优质出色的讲座、精心规划的小组活动、精心设计的个人项目、组织有序的实地考察等的价值。我也认为讨论作为一种教学策略有其局限性。我认为，对讨论的价值提出质疑非常重要，哪怕只是为了抵制将讨论的用途变为一种教学行为的教条或蓝图。

然而，我已经开发并使用了焦点讨论（或其中的某些方面）多年，对象包括针对儿童、博士生以及中间年龄段的学生。虽然任何教师的证言都是有限的和片面的，但我认为有必要提及我自己的工作，因为我在前几章中介绍的杜威关于控制和调节课堂环境的论述，乍一看可能会显得很严厉，甚至有些威权主义。根据我的经验，焦点讨论并不意味着自上而下或威权主义的教学方法。按照我的理解，规范学习环境与在其中进行寓教于乐的对话并不矛盾。除非教师采取措施营造环境，包括尽量不扼杀参与者之间的交流，否则就不可能出现有意义、有教育性的讨论。下文将概述我所采取的步骤，其中一些是我亲眼目睹校本教师在课堂上实施的。

最后，我将以自己教授的一门课程为案例，介绍焦点讨论的方法。在这门课程中，我和学生们花了大量时间和精力研读杜威的《民主主义与教育》一书。我希望这个实例能说明，间接教学是一个可行的想法，而且没有最初看起来那么新颖。

第一节　焦点讨论的背景

最近的几项研究支持了我刚才表达的希望。例如，哈丽雅特·库法罗（Harriet Cuffaro, 1995）对幼儿课堂进行的详细研究。她将具体的课堂活动，包括师生之间的互动，与对杜威的学习概念的探究结合在一起。她对杜威提出的"社会人"尤其感兴趣，即人如何通过与他人的合作和交流成为社会人。在分析过程中，库法罗广泛运用了杜威关于环境重要性的论点，也就是她通常所说的教育"配置"（setting）。她也研究了卢梭提请我们注意的各种因素，包括环境的物理方面、使用的材料和资源种类以及教学的时间方面（另见 Yamamoto, 1979）。她还进一步补充了教学的时间安排等因素，其中包括初中和高中阶段的备课工作。虽然库法罗没有讨论间接教学本身，但她的研究揭示了教室环境对其使用者的影响。例如，她说明了物理空间如何"创造条件，唤起每个学生的潜能和能力，并进一步促进互动，促进和鼓励必要的交流，以创建社群"（pp. 32-33）。

库法罗和杜威强调，课堂上的教与学是一项社会性事业。这并不是孤立的思维与其他思维相互隔离的过程。从这一角度看，课堂中的教学和学习构成了一种智识和道德的体验。教与学通过参与者相互之间以及参与者与人们创造的材料和物体（如书籍、思想、艺术和实验）的相互作用，来揭示并影响人的思维和人格。

然而,如果思维与世界相连,那么它并不一定总是公开的。库法罗和杜威的视角即使没有强调,但并没有贬低个人的沉思、反省或惊奇。他们也没有贬低伊里斯·默多克(Iris Murdoch, 1970)所认为的,这些"内在"活动有其独立的完整性。默多克认为,这些内在的活动既不是由公共事件和实践决定的,也不仅仅是公共事件和实践的影子。它们可以极大地影响一个人的行为方式。此外,人们可以传达或试图传达他们所思考、反省和疑惑的许多东西。内心可以外化,私下可以公开,反之亦然。杜威(1916/1997)认为,这一过程意味着转变(transformation):

> 作为沟通的接受者,意味着经历的扩展和改变。一个人分享另一个人的所思所感,从而或多或少地改变了自己的态度。沟通的人也不会不受影响。试着向他人完整而准确地传达一些经验,尤其是当这些经验有些复杂时,你会发现自己对经验的态度发生了变化;否则,就会诉诸谩骂和失声感慨。经验必须经过提炼才能进行沟通。表述经验需要跳出经验,以他人的眼光看待经验,考虑经验与他人的生活有哪些接触点,以便将经验转化为他人能够理解其含义的形式。除了在处理俗语和套话时,我们必须想象性地吸收他人的某些经验,以便明智地向他人讲述自己的经验。所有的沟通都是艺术。(pp. 5 – 6)

焦点讨论有助于营造一个有利于交流的环境。它促使参与者提出、发展和倾听各种想法、解释、知识、情感、见解、问题等。

斯蒂芬·菲什曼和露西尔·麦卡锡(Fishman & McCarthy, 1998)的项目补充了库法罗精致的课堂研究。他们以菲什曼在一所大型公立大学为本科生开设的哲学导论课程为背景,介绍了间接教学的一个版本。他们认为,间接教学不同于讲授,或其他直接教学方法那样"呈现"已经确立的真理。相反,间接教学是指"在课堂上,(教师)和他们的学生能够发现真正的问题,利用课程调查和发现这些问题的解决方案,并以此与学习内容建立联系"(p. 20)。这种方法是间接的,因为教师和学生首先提出他们关心的问题和关注的事项,然后通过运用课程的思想、逻辑、方法和材料来研究和解决这些问题,而不是将注意力集中在课程内容上。作者对菲什曼教学的深入研究表明,这种教学方法使杜威所说的学生与世界之间的"连续性和联系"成为可能。它以个人兴趣和经验为起点来拓宽他们的视野,但并不以此为终点,这是通过与课程建立联系实现的。在菲什曼和麦卡锡看来,间接教学使教师能够在过度关注学生的个人兴趣而忽视学科材料,或过度偏重学科材料而忽视学科在学生生活中的地位这两者之间,取得平衡。在他们看来,这两个极端都会削弱有意义的教与学。

84

下文我对自己教学的分析将证实库法罗(1995)、菲什曼和麦卡锡(1998)等人对教育环境有影响力的大部分观点。与此同时,我认为,与这些研究所揭示的相比,在教学中关注环境的重要性要更重要。我还希望说明,为什么教师不必假定学生的兴趣与学科之间存在固有的鸿沟。约翰·扎霍里克(John Zahorik, 1996)指出,有些教师认为这种鸿沟是必然的,他们想方设法让自己的学科变得"有趣"。扎霍里克指出,这些所采用的许多方法并非植根于所教的学科,而是噱头、技巧或游戏。在他的研究中,有些教师认为自己教的学科本来就不有趣(!),从而给自己制造了一些原本不存在的问题。然而,教师不必将学生视为具有固定或凝固的"兴趣"的固定或凝固的自我,他们必须以某种方式参与其中。杜威(1916/1997, p. 126)认为,兴趣是动态的、不断发展的。

此外,教师还可以基于更广泛的角度考虑学科材料中受益。例如,学科材料可以理解为奥克肖特（1989）所说的“语言”——诗歌、历史、科学、文学和其他语言——通过这些语言，人们世世代代都在思考和质疑自己是谁、知道什么、做了什么、如何过上人道和繁荣的生活等等。对奥克肖特来说，教育在某种程度上意味着进入这些语言，拓展视野，并参与他所设想的持续不断的人类对话。焦点讨论作为教授学科材料的一种方法，与奥克肖特的想法不谋而合。

这种方法还与所谓“教学内容交易理论”（transactional theories of subject matter）有共同之处。例如，路易丝·罗森布拉特（Rosenblatt，1978）认为，像诗歌、短篇小说、长篇故事这样的文本，它们的意义在于读者和文本的交易互动中，“在对文学性体验的个人亲身经历中”（Connell，1996，p.395）。根据我对这种方法的理解，读者自己并不发明、创造或建构意义，而文本自身也不包含单一的、预先确定的意义。相反，意义是在读者和文本的“交易互动”中产生的。在“交易互动”中，没有生气的文本实际上是在读者的手中和声音中，用罗森布拉特的话说是“焕发了生机”，正如文本影响或“证实”了读者的观点、理解、情感，而实际上，文本是赋予了读者所思所感的实质内容。根据罗森布拉特的观点，读者和文本一旦相遇后，双方都不再是原初的模样。

罗森布拉特的方法有一部分源于杜威关于经验与生长的观点。她认 85 为，文学“作品”不仅仅是印刷品上的文字，还反映了作者和读者的努力。杜威（1934/1980）认为，艺术“作品”既包括艺术家的努力，也包括欣赏者（更确切地说，是参与者）对作品的解释性反应。换句话说，艺术作品是一个始终鲜活的过程，而不是挂在墙上或夹在书本封面中一动不动的东西。

这种观点并不假定读者和文本之间的洞察力或理解力是教条式的平等（dogmatic equality）。恰恰相反，这与哈罗德·布鲁姆（Bloom，1998）对莎士比亚戏剧的评论不谋而合,他认为,莎士比亚戏剧比任何读者或听众都"更了解"人类的境况(p. 719)。"交易"的概念强调,读者如果不投入莎士比亚戏剧,就无法获得其中的洞察力和敏感性,并且,读者的洞察力可以使我们对戏剧的力量和意义有更深刻的认识,并使这种认识得以延续和扩展。换个角度看,用布鲁姆的话说,这些戏剧的"所知"在范围或内容上并不稳定,正如一个有思想的莎士比亚戏剧的读者对人类事务的理解,并非凝固在一个固定的自我中一样。莎士比亚的戏剧因读者而焕发活力,反之亦然。

杜威认为,就课堂里的世界而言,教与学的学科材料描述了一个互动或交易的过程。它的特点并不是一边是静态的教材,另一边是必须以某种方式接触到的最终培养成的人。尽管在教育学的文献中常常分列学科材料和教学方法,但是它们并不一定是相互分离的。学科材料可以是教师和学生所做的事情。"做"这一术语描述了旨在培养学习和成长的*活动*的各个方面。这种活动在很大程度上取决于环境,这也是环境在我所阐述的间接教学中占据中心地位的另一个原因。下文将对这些观点进行澄清和说明。

首先,我将描述最初的行动,所有这些行动都包含在我所说的焦点讨论中,这些行动有利于在我的课堂上营造一种环境。之后,我将谈到本课程的主要任务,即帮助学生开始或继续学习掌握一种合理的教学哲学的漫漫长征。考虑到目的,我会更多地强调我作为教师设计的目标和意图,而不是学生,不过在最后我也会介绍学生的看法。我希望,本章对我作为教师的目的和行动的关注不会导致片面的、以教师为中心的教学形象。如果结果真的如此,鉴于迄今为止有关环境对教育影响的分析,鉴于我所坚持的焦点讨论可以转化为真正的、持续地关注学生的形式的观点,至少可以说,那真是一种讽刺。我也希望此文不仅面向教师教育工作者,也面向中小学和大学的广大教师。焦点讨论的未来并不局限于教育系统中教师的任一层级。

第二节　于教室之内

一、开始

我要描绘的是一门有关教学与课程的入门课程,面向准备当高中教师的硕士生开设。我已经连续 5 年教授这门课程。除了少数案例会作特殊说明,下文的案例都来自我在 1997 年秋季教授这门课的经历。我所指的焦点讨论在课程开始之前便成型。它始于课程建设过程中的所有讨论。这些讨论也包括了内部的对话,我会考量学生对阅读材料和活动将会有的反应,对往年课程的系统回顾,包括以往学生对课程的评论。当我担任中学教师教育项目招生委员会主席和项目顾问时,焦点讨论始于在招生时我与一些学生进行的面谈,当我与学生第一次在办公室见面,我请他们谈谈自己、自己的背景、为何想教书的那一刻,焦点讨论便开始了。我尝试回应他们的问题、担忧和期待。我有意识地延续与他们交谈的方式到课堂上。我向他们和所有新入学的学生介绍我将教授的这门教学与课程入门课程。此外,我认为这也是一个机会,可以让他们与其他从事教学工作的人一起,开始构建自己的教学理念。

第一节课的开始,我试图引导学生谈论特定的问题,并要求有特定的讨论精神。我要求每个学生与另一个不认识的学生结成对子。之后,我先给他们 5 分钟左右的时间,请他们询问同伴的教育背景、工作经历、想当高中教师的原因,以及想教特定学科的原因等问题。5 分钟后,问答的角色互换。这一环节结束,我们围坐一圈,请每个学生介绍自己的同伴,向大家分享刚刚了解到的信息。但在此之前,我让学生们上课时用一张大纸,做一个

87

座位表,方便彼此熟知名讳。要补充一点,修这门课的通常有大约 30 名学生,我总是在课前一个小时左右到教室,把桌椅摆放成一个长方形,以便每个人都能相互看到和确认位置。在接下来的五六周时间里,我们每周上一次课,每次 3 个小时,而每次上课前,我们都会在教室里转一圈,重复彼此的姓名,制作座位表,直到我和学生都相互熟知彼此的姓名。这样做有利于全班讨论和小组讨论。我还认为,在课堂谈话中经常叫出对方的姓名有助于形成一种有人情味的环境,或者说,更加人性化。

提前布置教室这一行为看似平凡而又再熟悉不过,却是间接教学的一部分,尽管它发生在学生到教室之前。当学生走进教室大门时,他们会看到一个经过精心布置的环境。我认为这对学习有两种助益。一是,教室的布置充满教育的意图,这个环境并不偶然随意,我也希望它不会导致随意的思考。二是在于教室布局所传递的信息。我希望教室的布置能表达出对即将发生的事情的重视,即对教学实践的共同探究,而不是在横梁上方散发教学信息。我希望,当学生们进入教室,并在座位上就座时,无论多么微妙或不自觉,他们都会将自己朝向我们相聚的初衷上。库法罗(1995)认为,对物理环境进行提前安排会对教师产生间接的影响。她指出,对教师而言,"向使用空间的人阐明如何使用空间,即阐明空间鼓励的生活方式,可以将思想和情感锚定于现实之中"(p. 32)。调整物理环境的行为使教师的思想和情感朝着特定的方向发展。它将教师"锚定"在一个目的、一个目标和一种正在进行的教育实践中。把教室空间布置得让学生能够看到彼此并交谈,会促使教师更认真地思考学生在教室里究竟会说些什么、做些什么。这有助于教师更好地关注学生。因此,改善环境就是改善教师个体的潜在自我或敏感性(参见 Garrison, 1997, p.73)。

我用上述这种方式来开始这门课,目的不仅是促使学生互相交流了解,更是邀请他们能开始公开讨论有关教学和成为教师等话题。我的经验表明，每个学生对教学的投入程度和理解程度都不同。有的学生有教学经验，并已经对参加像我们这样的课程计划了一段时间。出于他们极强的目标意识，他们往往格外热情，且兴致勃勃。有的学生对教学的感觉模糊，他们可能从来没有教过书，申请这个教师教育项目，可能是因为既有对教学实践的好奇，还有试图探索和检验自己对教学承诺的意愿等的混杂。这些学生有时会持观望态度，而且常常因为不知道该说些什么，或不知该如何作出贡献，而不敢参与。他们不知道自己有什么可说的。还有极少数学生似乎还被其他人的教学经验或者课程的设置所吓倒。因此，他们发现自己很难做到第三章中所说的天真和有自发性。

我不愿意让学生一直作壁上观，一部分原因是因为我们的教师教育项目时间只有两年，更普遍的原因是担任教师的角色意义重大。因此，学生没有很多时间用来下决心和作出承诺。然而，我所期待的决心并不是让他们抛掉保守，扛起教师的大旗冲锋陷阵。相反，我鼓励他们认真思考教学本身：对那个目标或目的作出承诺，以"试一试"的精神，全心全意地投入到教学研究中去，用"试一试"来检验自己的承诺和理解。对于一些学生来说，他们需要相当长的时间才能开始解除自身桎梏。我之后将呈现，课程的阅读、讨论以及同学们的热情和洞察力均可以营造一种环境，使学生能够改变。（这些相同的因素也许会使每年退出该计划的少数学生相信教学并不适合他们，反之亦然。）

与没有正式教学经验的学生相比，一些曾经教过书的学生在观念上更加武断和急躁。在少数情况下，上课一开始他们就急于拿到州政府颁布的教师资格证书，认为自己在教学法方面已经没有什么可学的了。我敦促那些曾经教过书或正在教书的学生先悬置他们的经验。我请他们把自己的背景放在一边，打个比方说，敞开胸怀，去拥抱潜在的新观点和新知识。这些理解可以帮助他们批判自身经验中学到的东西。我们教学中经常出现的一个主题是"教学是教师终身学习的过程"，这个主题有助于将有正式教学经验和无经验的教师置于共同的基础之上。

自第一堂课我们就开始培养这种共同基础。第一节课过半，在自我介绍和课程导入环节结束后，我向学生们提出一系列问题，并在每个问题结束都给他们几分钟时间写答案。最近的几次授课中，我问的问题是：（1）什么是教学？（2）教学和养育有什么不同（如果有的话）？（3）当老师与当医生有什么不同（如果有的话）？（4）教书与从政有什么不同（如果有的话）？最后，我会再次重复"什么是教学？"这个问题，并要求学生写下在经历了将教学与其他实践进行比较的考验之后，对最初回答的任何补充或修改。之后的讨论会持续到课程结束。在讨论过程中，我会使用座位表，尽量点到每个学生至少一次。这样做的目的并非是要让相对安静的学生当堂发言（因为每个同学在介绍同伴环节都已经发过言），而是要让他们的声音进一步融入对话里，为了帮助那些比较拘谨和不确定的学生不再观望。

前文引用过杜威（1916/1997）的话，他说"成年人有意识地控制未成熟者所接受的教育的唯一方式，就是控制他们行动的环境，从而控制他们的思维和感觉"（pp. 18‐19）。我的假设是，我的学生本身就是"未成熟"的，理想情况下，至少在杜威的意义上所有人都是"未成熟"的。杜威认为，"未成熟"并不意味着缺乏、差距或不足，而是一种潜在的终身力量，他称之为"发展的能力"或"生长的力量"（p. 42）。它是一种积极的"潜能"和能力，体现了他所说的"可塑性"或从经验中学习的力量（p. 44）。它包含了我在第三章中描绘的简单、天真和自发性等概念。我假设我的学生在这些方面还不成熟。我假定他们的观点或他们的人格还没有固化。即使我的这一假设被消解了，但为了尽可能避免我对学生的看法变得僵化,我也会努力把它作为一种信念来坚持。因此,为了践行我所重复引用的杜威原话,我试图让学生和我自己在第一次见面时就参与到公开地大声地讨论教学和成为一名教师中去,希望这些行动确实会在思想和感情上引发有关"什么是成为一名教师的意义"的某种方向。

二、 上半学期的课程

焦点讨论仍然是整个课程的运作方式。这门学期课程为期 15 周,如前所述,我们每周上一次课,每次 3 小时。在前八九节课中,我们会阅读各种书籍和文章,从哲学和实证的角度探讨教学问题。我之所以选择这些阅读材料,是因为它们有可能对我们的教学产生影响,有可能引发有意义的讨论,同时也能揭示城镇高中课堂的现实世界,以及构成这个世界的诸多因素,包括教师、学生、管理者、课程、教育政策、社区环境、社会和文化因素等等。在课程的最后六七节课中,我们将专门讨论杜威的《民主主义与教育》。我采用这样的课程计划顺序,一部分原因是当我们讲到杜威时,学生们将会形成理解杜威关于教育观点的背景和基础。他们发展出共同合作的方式将有助于他们理解杜威这本难读的著作,更重要的是,他们能够从中获益。他们还详细讨论自己不断发展的教育哲学,还撰写相关文章,这也是本课程的一个重要主题——阐明教学哲学,让学生对教学的初步构想走出阴影,并开启这个具有挑战性的、贯穿整个职业生涯的任务。如此课程安排也使我自己作为教师,能够更好地理解学生对杜威、对我们探讨时产生的教育问题等可能的想法和反应。

焦点讨论不仅始于课程前的会面和开课第一天的互动,它也形成于我的课程大纲中,其中涉及如何准备、如何参与和如何评估讨论以及个人贡献。我们在最初几周阅读的一些文章和书籍章节就提出了有关讨论的问题，尤其是针对高中生的讨论（例如，Grant，1996；Haroutunian-Gordon，1991）。在最初的几周里，我要求学生谈谈他们过往经历中或好或坏的课堂讨论。我也提出自己的观点，认为学生和教师都能从阅读资料的方法中获益，对象可以是书籍、文章、绘画、音乐作品等，但都可以作为问题和观点的来源进行研究。

　　这种阅读和讨论的方法可以描述为围绕着三个核心问题展开：它（阅读材料）说了什么？它意味着什么？这些问题要求全班同学认真阅读和解释文献，并从中汲取经验教训，为自己的人生观和行动提供借鉴。这些问题假定阅读材料所提供的不仅仅是信息（至少在一开始，一些学生可能只期望从中获取信息）。相反，文献与我们进行交流。它们提出问题，并邀请我们以更广泛的方式思考和行动。这些问题的顺序自有其逻辑，因为在学习和解读杜威的《民主主义与教育》一书之前，我们很难知道这本书能给教学带来

91　什么不同。我和我的学生并不会僵化、机械地按部就班。但在整个学期中，我会不时提醒学生注意，如将讨论的理论与实践联系起来。在我看来，这种教学顺序能让学生形成一种开明的立场。在理解了"它说了什么？"和"它意味着什么？"这两个问题之后，学生可以转向"我愿意这样做吗？我相信吗？"。伊娃·布兰（Brann，1999）补充，"我相信或拒绝它，是因为我愿意还是因为外物迫使我这样做？"（p. 162）布兰的意思是，共同探究可以引导人们超越不加批判的观点，包括超越那些自认为有效或真理的观点。

　　在此过程中，我向学生明确表示我欢迎他们分享个人经历，但我对他们的要求是，要尽量将个人经历与文献还有我们的讨论联系起来（我自己也同意这一要求）。在这些初始环节中，我们也会讨论一些基本问题，比如为什么举手发言会有用（即使有时感觉很生硬）；如果有一个迫不及待要分享的

想法,要如何巧妙插入谈话;如何巧妙地把自己的言论与之前讨论的话题相衔接连贯等等。这些促使讨论发生,而非流于简单的独白。我们讨论"每次课前至少读两遍指定文献"的价值,认为第一次是为了了解内容要点,第二次是为了更深入地挖掘其意义,同时记录下学生在我鼓励下带到课堂上的问题和关切。我与学生讨论时,强调要能够定期抽出时间进行不受干扰地阅读和思考的重要性,这也是我个人的重要经验。有些学生既要做兼职或全职工作,又要为人父母,有些学生已经忘记了如何学习,或者从他们的证词和我自己的观察来看,他们可能从未真正学会学习。我强调出勤和守时的价值,不仅仅是为了礼仪,更是为了在我们的课堂上建立一个学习共同体,在这个共同体中,不仅仅是教师,每个人都发挥了构建性的角色。此外,有的课堂活动会让一些学生扮演领导角色(下文将详述),这也是我要提前确认他们是否能够参加活动的原因。我要求学生如果不能出席或迟到就提前告知,也会在课前宣布哪些人会因故缺席或迟到。

　　简而言之,本学期前八到九周的具体讨论过程如下。上半节课,我会带领全班围绕某篇文章进行讨论。我可能会把整个讨论建立在某一个问题的基础上,比如"为什么杰克逊(Jackson, 1986)认为,教学既意味着传授技能和信息,也意味着改变个人?"或者"佩什金(Peshkin, 1991)关于青少年如何看待家庭、文化、政治和社会的论述,对城镇中学教学方法意味着什么?"下半节课,我就可能会带大家继续讨论文献,可能是同一份也可能是别的。但也有其他的上课情形,比如上半节是小组活动,比如,让四名学生为一组,分组讨论文献中提出的问题。在首次开展小组活动之前,我会请学生分享他们在分组讨论中积极或消极的经验。这场讨论旨在形成如何使活动富有成效的草案,该草案还需继续修订;比如让四人中的一人担任主持人,以确保所有人都有机会参与(并且保证其实际的参与),并让另一人担任正式的记

92

录员或记事员。下半节课，我们会进行全组讨论，每个记录员都要分享自己小组就指导性议题或问题讨论所得出的结论。每个小组的结论都是一种开放的可供提问和评论的文本。最后，在某些课上，我混合全班讨论和小组讨论。

我限制自己的授课时间，只在每次讨论结束时的简要总结，以及每次课开始时对上堂课的回顾性评论，回顾时长是通常 15 到 20 分钟。我花了大量时间准备这些评论，以确保我能在课堂上讲清楚。学生们告诉我，考虑到我们花了这么多时间进行讨论，他们认为这些评论很有帮助。我将在适当的时候阐明，焦点讨论是难以驾驭和难以预测的。它需要参与者智识上和道德上的毅力，教师的毅力至关重要，也是首要矛盾，但学生的耐力也是讨论中必要的，尤其是那些很少有讨论经验的学生。认真倾听他人的意见或给予他人应有的评价并不容易，而抓住探究的主线也并不总是易事。因此，我在评论中特别强调要注重对过程的评论，而不仅仅是对其结果的评论：如"我认为，上周你们开始在讨论中叫出对方的名字是件好事"，"我想强调的是，你们似乎经常查阅文本来支持自己的观点"，"我认为我们上次已经看到了在讨论中等待轮到自己时可能有多么困难，所以让我再次敦促你们边讨论边记笔记，包括记录自己的想法"，等等。我鼓励学生不要因为认为别人已经说过了而放弃自己的。我尽量指出一些例子，在这些例子里，与会者认为自己是多余的，但事实上却补充了一个有价值的细微差别，甚至提出了一个完全不同的观点。

三、 自我与兴趣

我与大家分享这些细节，其中许多是教师们所熟悉的，因为我相信，杜威在谈到"控制"和"调节"环境时，考虑的就是这些因素。这些因素使特定

93

类型的互动(比如全组讨论)成为可能,同时排除或阻止了其他类型的互动(比如我或学生不加批判的独白)。我省略了很多细节,而这些细节也构成了环境的一部分:整个学期中,我和学生有很多单独的交流,这些交流涉及一些重要的思想、道德和情感问题,它们有时会得到解决(下文将详述);也会涉及学生来自其他课程和总体经验中的观点等等。根据杜威的观点,所有这些行动都会引发某种思考和情感,因此,当我们在第八周(或第九周)学习杜威的《民主主义与教育》时,已经形成了一种环境,通过这种环境,学生们理解了教学,理解了"参与"行为是能够产生和推动教学主题的引擎,了解了自己的同学,也了解作为教师的我。

最后需要注意的一点是,我们之间相互了解和认识的并不局限于课程开始前的状态。相反,我们在同一个环境中每周度过 3 个小时,如果包括课外时间,甚至可能更长。我们共同处在一个环境中,我希望这个环境能够促使学生和我自己以一种特定的方式来塑造自己。我希望这种方式围绕着对教学的兴趣或者包含着对教学的热情。我希望学生们能够成为那些有准备、沉着冷静、有能力表达这种兴趣的人,这将使他们未来的学生受益匪浅。用第三章中探讨的术语来说,我希望我们的工作能够培养直率、开明、正直和负责任的品质。我在一开始没有明确提出这样的期望,因为我担心学生们会变得过度自我意识,而不是获得客体意识。换个角度看,变得对教学开明并不等同于把开明看作为一个要在课程中获得或研究的教训或事实。开明是一种心态,它的形成过程是缓慢的、断断续续的、不均匀的,而且很大程度上需要不断培养。恳求学生要保持开明的要求,往往达不到预期效果,与促使学生形成这种心态的活动相比,听起来似乎有些自相矛盾(Dewey,1909/1975, pp.1-4;1916/1997, p.354)。我会鼓励学生自己形成这些想法,一旦他们自行发现,我会尽量强调这些想法。

学生们经常就我们的阅读和讨论如何反映我们的实际行动发表评论。我们一起阅读和讨论有关"如何讨论材料"的文献。这个过程让我想起之前提到的"学科材料",杜威敦促我们将其视为一个整体概念。对于文本、人和整个世界而言,我们不仅成为了我们阅读的*内容*,也成为了阅读的*方式*。这种说法反映了第二章中的一个核心观点,即教师的道德敏感性不仅体现在她的言论,还体现在她对问题的思考方式、对他人的看法以及为人处世的态度上。

在这里,我使用"自我"一词来表明环境调节或控制的一部分是"自我调节"和"自我控制"。换句话说,在某种程度上,环境和自我是以一种互惠、动态的方式相互作用。这是一个深层次的社会过程,依赖课堂上每个人的精力和参与,尽管教师仍然是其中的核心催化剂。教师必须启动环境形成的过程,并持续不断地支持环境。除其他事项外,这往往意味着教师要学会如何走到一旁,提供机会让学生发挥领导作用(Nicholls & Hazzard, 1993; Oyler, 1996)。从撰写课程计划到批改学生作业,教学过程中有各种任务需要教师要全身心投入。至少在我看来,教师是这样做的。就像学生(在理想情况下)在他们所面对的问题中发现自己一样,教师在面对学生时,也会把自己融入到教学工作中,从而使自己有所变化。

四、融合写作与焦点讨论

上半学期,学生需完成几篇论文写作。这些作业以及我对它们的评价展示了我对自我的变化和成长的观点。在第二或第三次课上,我要求学生根据一条关于教学的引文写一篇 2 至 3 页、双倍行距的文章。第一个写作任务在某种程度上要求学生敞开心扉,展示自己的内心想法,因此我也尽量以同样的方式回应。我会用铅笔在边缘和结尾段落中写上评语和问题,并在下一周把论文返还给学生。我通常会附上个性化的注释,比如,"你在这里揭示的思考方式将有助于你形成扎实的教学理念","你在正式准备阶段提出的这些问题是正确的",以及"你在课堂讨论中提出的意见很有帮助;我希望你能继续提出这些意见"等。第二篇是期中作业,要求写一篇 8 至 10 页的文章,在开始学习杜威之前提交。学生可以自行选择感兴趣的教学主题;但我要求他们参考我们的阅读和讨论。我提供了一份可能的主题列表,有些学生选择在深思熟虑之后再查看。学生们还需要撰写一篇 10 到 12 页的期末论文,他们可以再次选择主题,但要用上对杜威的阅读和讨论。对于这两篇论文,我都会写一两页的评语,再将它们装订在学生的论文上。我在学生期末作业上的唯一改动,就是标注拼写和语法错误。

　　总体而言,我的书面评价始于在学生的论文上写下的一种个性化笔记,但逐渐变得更加正式(这不应该等同于疏远)。这种方法符合我的期待,我希望随课程深入,学生和我将变得以客体为中心,加深了我们对教学的理解,拓宽了自我而不仅仅是复刻自我。这个过程是动态且不可预测的。例如,每次教授这门课程时,我都会深化简单和天真等品质在教学中的意义的认识;而焦点讨论的方式尽管一直是教学方法,但具体实施的过程也不断进化。

　　这个进化过程涉及对学生作业评分的困难,而这个评分工作是以焦点讨论为基础的。本课程的教学大纲包含了一页纸的评分准则,概述了书面作业的评价标准。这些标准会根据我们的课堂讨论进行调整。我要求学生分享他们有关学生课业评价的经验,特别是他们认为有效和公平的方法。我采用的评分标准围绕着"为教学做好准备"这一理念。这一理念强调,教师候选人必须积极主动地学习,而不是指望教师、文献或其他来源来告诉他们需要知道什么。因此,参与课堂讨论是必要的。我向学生解释,就评价而言,参与的质量比次数更重要。参与的质量与学生是否能够正确理解文献有关,也涉及学生是否能理解课堂上提及的有关教学的观点和议题。参与可以表现为提出问题和分享疑惑,也可以表现为提供解释或背景信息。它反映了学生在正式主导课堂活动时所投入的精力和准备。本章后面将会谈到,这种评价方法引发了一个问题,即如何向学生提供课堂发言以外的参与机会以及是否要提供。评价的所有这些方面构成了我每年都要努力应对的持久挑战。

五、 下半学期的课程

结束前八九周的课程后,我和学生们将在本学期的剩余时间里学习杜威的《民主主义与教育》。虽然迄今为止所讨论的行动,为理解这本书奠定了基础,但这并不意味着课堂环境已经设定良好、完成或完整了。我感受到在教学中最大的挑战之一,是学习如何与一群学生一起进化和成长,这是库法罗(1995)、菲什曼和麦卡锡(1998)以及其他许多人都在探讨的问题,也是教师们非常熟悉的问题。对我来说,问题是,教师如何才能促进一种能够自我改善的环境?

在继续坚持焦点讨论的同时,我又增添了一些新的内容。首先,在讨论杜威著作第一章的前一周,我进行了一个讲座,这是整个学期中唯一一个真正意义上的讲座,讲座由两部分组成。第一部分涵盖了对序言的逐行讨论,我解读了杜威的观点,并详细阐述了他在具体章节中的论述。我讨论了本书的副标题"教育哲学导论",这也是该书的原标题。我提醒全班同学,自从我们在开学伊始讨论"什么是教学"这个问题以来,便一直在研究教育哲学,或者至少是某种形式的教育哲学。我评论了前几章的标题,并试图推测杜威为何决定在这些标题中使用连词"As"而不是动词"is",例如,教育作为生活的需要(Education as a Necessity of Life)。

讲座的第二部分侧重于如何阅读杜威。这些评论重复开课以来全班同学一直在进行的一些活动。此外，在此之前，我们还阅读讨论了几篇主题为"将阅读作为一种人类经验"的文章(如 A. O. Rorty, 1997)，我提醒全班同学注意我们对这些文章的讨论。为了帮助学生掌握这几章节，我提出了一系列引导性问题：杜威有什么观点？他为什么要提出这些论点？为什么他以这样的顺序或次序提出这些论点？他的论点对教学有何启示？我提请学生们不要一开始就对这本书持怀疑态度，因为它写于本世纪初，比我们现在的教师国家标准、建构主义、多元文化主义、整体语言(whole language)等惯用语都要早。我认为，通过对这本书的探究和历险，我们可以获得宝贵的启示，了解如何识别和批判那些支撑当代教育激情的教学假设，包括我们此前一直在讨论的，并可能已经接受的那些假设。我延伸了我在课程开始时介绍文献时的一些评论，大意是我们研究杜威的著作，并不因为他是"正确的"或无懈可击的缘故，而是因为他提供了一种异常全面和深思熟虑的教育观点。我敦促学生将他们在杜威身上学到的，与我们之前阅读的教学理论，以及他们可能在其他地方遇到的理论，进行比较或对比。

最后，我还对杜威的写作风格进行了评论。例如，我指出，要适应他的写作风格可能需要一些时间。这么说是因为他用陌生的方式使用了人们熟悉的术语，如*"控制""调节""经验""兴趣""学科材料"*，学生需要准备好重新审思自己对它们的最初印象。此外，我还提到，他的一些用词乍一看可能会刺激或冒犯我们的敏感神经。例如，他在多处使用了"野蛮"(savages)一词。我也再一次敦促学生们小心留意杜威使用这些术语的语境，而不是仅仅用我们当下的意义和关切理解他的概念。我鼓励他们对这些概念或术语，既不要毫无批判地拒绝，也不要毫无批判地赞同。

97

在随后的讨论中,几位学生认为"野蛮"一词反映了杜威的种族主义态度。他们反对杜威将"野蛮"一词与"文明"一词进行对比。我们探究了他使用这两个词的几种语境。最终,提出这个问题的同学在和其他同学讨论中,改变了看法,他们认识到杜威使用"野蛮"一词是试图描述一种心态,而不是人类的实际或历史的一部分。而且,他同样迅速而有力地将这种心态应用于当今据称是文明的境况和展望,就像他应用于过去的情境一样。下半学期有一次讨论,是对杜威乐观主义和对人类进步的明显信心的思考,这与某些当代的取向背道而驰。在我看来,讨论这本书的最大价值之一是,讨论的过程可以帮助我们挖掘出自己的疑虑和困扰,甚至是我们可能未察觉的愤世嫉俗和厌倦情绪。我开始认为这些心态是今天教学中一个非常真实的挑战。这一挑战再次证明了一个成长的人所需的品质的重要性,比如我在第三章中试图详细阐述的天真。

以讲座的结束为标志,调节环境工作的所有阶段也告一段落。现在我们进入了以杜威的书为中心的第一周。上半节课在我主持的全体讨论中度过,比如"为什么杜威认为生长没有别的目的,生长本身就是目的?"我在主持讨论时准备了笔记,其中包括几个小问题,对这些问题的探究可能会对主要议题有所启发(例如,为什么杜威强调生长既适用于儿童,也适用于成人?为什么杜威更强调"生长"而不是"学习"的概念?)我还在课堂笔记上罗列各个章节的关键术语和观点,我认为可以启示学生思考这些问题。每个术语或观点都有出处和页码,以便在上课时快速查阅原文。随着解读进行,当我认为杜威的观点有助于推动或挑战讨论时,我就会带学生去找一段话,并请人朗读。我的许多笔记和参考书目仍未得到利用。它们的使用取决于课堂对话的转折点。

98　　开始讨论时,我要求学生写下中心问题,并花几分钟时间作答。学生这时候有时间静下心整理思绪，也能让我在讨论时适时地点名所有学生，因为每个人都会对引导性问题有自己的想法。每当我觉得讨论陷入无谓的徘徊，或者已经获得对问题的深刻回应时，我就会把讨论拉回到问题本身，紧紧围绕问题开展讨论。然而，这并不意味着我们有一份详细的蓝图，因为讨论总会出现令人惊讶和意外的转折。部分原因在于我们前八九周的努力，大多数学生都相当擅长讨论。他们会查阅书籍寻找论据，经常主动朗读段落，互相询问特定观点的原文出处，会在形成自己观点时彼此参考，会利用个人经验自证观点，有时会插话表示自己有了对小组的贡献。而当他们看到其他人一直在等待发言时，也会忍住表达欲。他们已经彼此熟悉，也常有善意的调侃和欢笑。

学生之间有时会有强烈的意见分歧。刚开课时，这种分歧可能会令人不快。例如，我曾目睹学生用轻蔑或否定的语气批评同学的评论。这种行为给我和学生们都造成了困扰。应该如何应对呢？每当我认为有必要时，特别是在课程初期，那时我们还没有了解对话在环境中意味着什么时，我会进行干预，询问全班同学想要如何处理彼此在观点和看法上的分歧。根据具体情况，我会当场暂时中止讨论，或者在下课时或下一堂课开始时提出问题。我可能会要学生分享以前的课堂冲突经历以及处理方法。在其他情况下，我会要求一名(或多名)学生与我私下会面，讨论造成伤害或愤怒的特定事件。

此外，当我认为时机合适时，我会与学生讨论理查德·罗蒂(Richard Rorty, 1983, pp.165-170)所说的道德上和认识论上(epistemic)的特权。罗蒂认为，每个人都有谈论和解释自己的生活和人生观的道德特权。这种特权来自于个体作为一个人，而非物件，或者如康德所说，不是仅为了达到他人目的的一种手段。但罗蒂接着说，道德的特权并不意味着认识论上的特权。例如,我对一篇阅读材料的解释并不会单单因为是我的解释就自动成为真实、合理或值得采取行动的原因。我所具备的知识水平,或者我自认为我的所知,不与我的身份地位等同。作为一个人,我始终值得被尊重(前提是,我没有伤害其他人的行为)。然而,罗蒂告诉我们,我对知识的主张却并不自动获得尊重。这些主张必须公开地讨论,检验或测试和考量。

教师可能会先指出,人们对于自我质疑或重新考虑自己的主张,意愿程度差异很大。当然每个人有充分的理由坚持自己的观点。但是,教师完全有能力帮助学生,从而也帮助自己,来理解约瑟夫·施瓦布(Joseph Schwab, 1978a)所说的"自我衡量自持观点"(p. 131)的局限性和诱惑性。借用罗蒂的论点,我帮助学生认识到,课堂讨论的目的不是攻击他人的人格,也不是固执地坚持己见;讨论是为了阐明观点,认真而深刻地思考它们,耐心倾听他人的想法,并学会如何在智识上和道德上同意或反对。

一般来说,到了期中,学生们已经学会如何在对话里适当地表达自我,他们能够不囿于他人观点,也不会将他人视为不值得对话的伙伴。之前已经提过形成这种状况的一些因素,比如我们讨论的主题就是讨论活动自身,也常阅读有关讨论和对话意义的文章,我还在开课前后与许多学生进行单独碰面,而这些碰面中,我也会营造一种对话的氛围。

这些实践活动并不总是成功的。例如,小组有一位教师候选人很容易长篇大论和打断他人。我在办公室多次与他会面,询问是否有其他方法可以疏导他的精力。我请他考虑多提出问题,而不仅仅是提出观点的方式。我建议他写下自己的观点,我还主动朗读过他的作品。我让他把自己想象成一名教师,扪心自问,是否打算一直滔滔不绝,打断那些正在摸索自己观点的学生。我和班上其他同学的努力以各自的方式提醒他注意他的习惯,才使情况勉强受控。

与此形成鲜明对比的是,在同一学期,班上有几名较为沉默的学生来找我,因为他们对将讨论作为教学方法的想法很感兴趣,他们想学习这种教学方法,第一步打算先学习成为更积极的参与者。其中一名学生解释说,她从小就在课堂上沉默寡言,但她在向我求助时落下泪来,因为她想改变,她想要参与进来。她非常明白教师在公开场合讲话的重要性,无论是在教室还是在学校(这是我们课程的另一个主题)。在接下来的几节课前,我主动约她见面讨论文献,以便我提前感知她会在讨论中分享观点的时机。我还提出了在课上请她朗读段落的想法。我也建议她利用小组合作的机会说出自己的观点。这样做的结果是,尽管与其他多数学生相比,她的发言算不上多,但是她开始在讨论中公开发言,而且能很好地胜任小组讨论的领袖(具体见下文)。

在讨论杜威的第一次课上,经过 1 个半小时的讨论,我邀请了一些学生来回忆一下他们最初对核心问题的回答。之后,我会使用之前讨论时记录的笔记,来补充他们的回答。这样做能向学生展示他们取得的进步。尤其是考虑到阅读杜威著作的挑战性,学生经常会对自己所取得的成绩,自发性地表示惊喜。请学生回忆的第二个原因是,鉴于这本书的难度和价值,不断自我提醒我们已经说过和理解过的内容是很有帮助的。

课间休息后,针对关于已经阅读的章节,我们继续提问并且讨论这些问题——这是我们在整个学期都在进行的实践。这些问题的主题,围绕着如何在当前的城市高中实现或落实杜威和我们自己一直在谈论的教学方法。在这方面,有几位学生起到领头示范作用,我请他们阅读一些近期的文章或章节(例如,Hostetler, 1997; Seixas, 1993; Zahorik, 1996),这些文献有助于阐明相关观点,或帮助我们更好地掌握课上指定章节中涉及的教学的特定方面。这些文献、学生的背景经验、我们之前的阅读和讨论、学生在其他课程中的学习情况等等,都融入到我们发展的案例中,比如,在十年级历史课上创造有意义的讨论条件可能意味着什么。我们通常都能创造出一个现实的、甚至令人兴奋的情境。我们讨论如何将杜威提出的具体观点付诸实践,例如,他关于学科材料和方法出于何种原因有机联系的观点。

一次讨论课上,我们探讨了一个问题:为什么一堂高中的诗歌文学课的内容,不仅包括诗歌本身,还包括老师和学生对诗歌的回应。我们指出,根据杜威的观点,教学的学科材料不是惰性的材料或文本。它包含师生手头可翻阅的材料*和*每个人对材料的反应,是一个动态的整体。因此,高中课堂所要遵循的方法就蕴含在学科中,就是说,*讨论诗歌*,也*讨论彼此对诗歌的回应*,这是一种载体和方法,它能让学科变得生动和活泼。诸如"诗人为什么使用这个词? 为什么它会出现在诗中的这个位置? 你认为他在这里传达一种失落感的意图是什么?"等等,这些问题融入到与诗歌的互动中。这些例子中诗歌是如何呼唤着人们来阅读、聆听、接纳和沉思。这些问题并不构成一种脱离诗歌本身的方法,就像诗歌脱离人类对它的回应一样。理论上说,如果没有教师和学生的参与,诗歌对于老师和学生来说就毫无意义,它是没有生命的。同样从理论上说,如果没有诗歌,教师和学生就无法延展他们的思想、情感、知识和疑问的视野,更不用说还有构成课程的更多内容了。从杜威的观点来看,学科材料是教师和学生共同完成的事情,而不是一个"教"一个"学"的惰性的东西。

六、 学生的领导力

在随后的几周里,我又把教学程序稍作变化。首先,从阅读杜威的第 2 周课程开始,原来由我来带领大家就书中的章节讨论,变化为由学生来带领进行 1.5 个小时的讨论。为了迎接这个变化,我在学期初发给学生一份书面表格,表格上列有讨论课上的一些正式角色,并要求学生按自己的想法和期待进行排序填写,这些教学相关的角色包括:小组主持人、记录员、根据课外其他的文献向全班合作展示的汇报人,还是全班讨论的共同主持人。通过收集表格的数据,我就立刻将所有学生都分配到课程活动中的特定角色和时间段,并让每个学生都至少有一次正式的机会领导全班讨论。我会特别关注那些学生将"全班讨论的共同主持人"列为首选(或至少第二选)的学生,我也会选择 10 到 12 名学生组成结对小组,为我们讨论杜威的书时做好准备。

如何让学生带领讨论,有一套具体的教学过程。上课前几天,我会约上即将负责带领全班讨论的两名学生,碰面讨论大约 2 个小时。我要求他们带着阅读中的问题参加讨论,问题可以是关于单词、短语、思想或关于一两章的主旨等。学生将主持开始这场对话和对话,他们会讨论章节的反应,我则边听边做笔记。我会问学生很多问题帮助他们澄清,也会插话说出我的猜测,与此同时,和学生一起引导讨论主题回到书本中的段落。随着讨论深入,我协助他们形成一个整体性问题,这个问题既能够充分表达他们对杜威的兴趣点和困惑,又能引发广泛而持续的讨论。我们这些讨论有一个共同的目的,便是帮助学生为了即将主持的全班讨论,创造一个中心的问题,这也是学生来我办公室所期待达到的。通常,讨论结束时会形成一个学生满意的问题。但有时,还需要通过电话、电子邮件或另一次会面,才能达到目的。另外,我们还会聊焦点讨论的策略,如有关应如何引导一场时长超过一小时的讨论。大多数学生都对课堂讨论胸有成竹,因为一直以来的课程内容,我们既在课堂上进行讨论,也把讨论活动本身作为对象进行主题化学习。每一组学生领导者都能从之前小组的成败中学到经验;我也会特别强调前一组领导者的做法。我们共同回顾了一些有效方法,比如记得给还没有发言机会的人发言。（在课堂上，我会在由学生带领的讨论结束时发表评论，评价他们采取的行动的成效。我强调，所有这些评论都是针对所有人的，而不仅仅是针对当时的领导者的。）每次上课开始，通常由我先回顾上次课，再由学生讨论领导者们接手。学生领导者会在黑板上写下问题，给全班同学时间写下回答。这个行为之后，大家就进入了未知的领域。

这里罗列一些范例，是由学生们提出应用过的引导性问题：

- 杜威在论述民主之前，为什么要研究包括他自己在内的学习理论？
- 杜威认为教师可以如何帮助学生培养思考能力？
- 杜威希望教师成为什么样的人？
- 为什么杜威认为教师应该把学科材料和方法视为不可分割的？
- 在全书的最后，为什么杜威关注教育的道德维度？

这几周里充满了挑战，课堂讨论的进行并不总是顺利的。讨论的节奏和内容有时会变得僵硬呆板。领导者的自我意识开始过强，缺乏客体意识，他们会陷入短暂的独白，而不是向全班征求意见，他们忘了应该致力于让同学们澄清自己的观点，忘了要让同学们将观点与阅读，以及不断发展的自身的教育哲学联系起来。每一年的学生领导者都会和我遇到相同的问题，那就是如何平衡参与讨论的公平性和具体的段落或论点阐释的充分性。有时，学生领导者会放弃去发展特定的思考路径，仅仅是想让更多声音参与讨论，但这些声音却不一定适合当下的问题诠释。学生领导者有时忽视了应帮助全班获得批判性的认识，应帮助同学们理解一些站不住脚或者完全错误的观点。他们有时会允许最善辩的参与者来主导讨论。

此外，学生领导者和我一样，有时会被其他学生影响，学生们常常插话表达内心的担忧，我们在课上所解读的精神和术语，是否能真正落实到当今公立学校老师的教学。每当这时，我和学生领导者不知该如何回应。一方面,对于教师是否能够"真正"做到这个问题,在我们理解了我们所描述的事物本身之前,无法真正地解决。而这种理解只能来自严肃认真的阅读、写作、倾听、思考、说话、想象等等。另一方面,这些迫切的问题构成了本课程的存在理由,即帮助教师候选人阐述可在课堂实践中实现的教学理念。有一些学生领导者非常重视这些问题,并试图将这些问题与当前讨论和阅读(包括课程前几周的讨论和阅读)直接联系起来。他们借鉴学生课外学到的关于城市环境下教学的知识,包括他人的真实经验。他们也许没有用太多语言,但一旦有机会,便会帮助全班结合理想主义与现实感(我将在第八章中再次谈到这个问题)。其他的领导者则可能会束手无策,任由同学们自行决定行动方向,但结果并不尽如人意。例如,课堂可能会突然陷入一场关于当今教育的大讨论,把我们所研究的一切抛到了九霄云外。除非领导者表现出一定的魄力,否则讨论会演变成一场无效的喧哗,而不是一场真正的探讨。

在后半节课,或者在随后的课程中,如果学生自己没有采取有效行动,为了帮助学生们为将来授课做好准备,我会站出来强调其中的一些困境,并引导学生讨论这些困境。我提到我们以前在课上探讨过的相似问题。我分享自己的个人认识,以及我在大学和中小学同事们对当地高中的了解。我提醒学生,他们才刚刚开始在教师教育项目中的学习,未来将有更多的时间、更多的机会来思考这些问题和关切,我很庆幸的是,他们至少有机会把这些问题和担忧表达出来。

总的来说,在许多同伴的协助下,领导讨论的学生们表现出色,因为在课程的这个阶段,同学们已经知道如何阅读,以及如何在公共场合讨论观点。换句话说,领导者是间接地在教学。他们领导的讨论结果,对所有人来说,都是不确定和不可预测的。但这是一次有焦点的讨论,目的是尽我们所

104

能,围绕教育问题展开最深刻的思考。领导者努力坚持这种方法。他们大多数都会尽量避免说教。一旦讨论陷入僵局,他们会记起可以重复的开放性问题,或者邀请还没发言的人分享他们的观点。他们学会了如何表达对观点的尊重,这种尊重不是平淡地评论"很好"或"我同意",而是对观点提出质疑,并将其与阅读内容和迄今为止的发言联系起来。有一回讨论持续了一个多小时,我全程沉默,也不觉得有必要介入。而我也会用举手示意的方式,试图分享我自己对杜威和教育的看法。

有一节课的中心议题是:杜威在介绍他有关民主的观点之前,为什么要先考察杜威已有有关学习的概念(考察范围也包括杜威自己的学习概念)。在我没有插手的情况下,这堂课形成了许多解释,其中包括以下几点:(1)杜威首先从学习的本质问题入手,是因为他将政治生活置于促进人类成长的愿景之中;(2)对于民主的讨论,杜威通过让读者自己思考,而不是试图告诉读者应该思考什么(这不是民主行为)的方式,充分展示了民主的观点;(3)杜威的民主在他看来,是人类成长必要条件的另一种表述,可以理解为是"在能力和倾向上的增长"(一些学生补充说,这说明杜威一次又一次地在同一个观点上做文章,不断发展自己的论点);(4)杜威并不直接追求政治,而是希望激发我们思考自己是什么样的人,应如何成为能够塑造教育生活和政治生活的人,而不仅仅是被教育和政治生活所塑造。

"理想化的完美知识,"杜威(1916/1997)写道,"将代表这样一个相互连接的网络,即任何过去的经验都会提供一个优势点,从这个优势点出发能够解决新经验中出现的问题"(p. 340)。在这门课程中,学生学会了联系以往经验与当前经验,学会了比较以前的读书讨论和我们当前对杜威的阅读和研讨。然而,我认为学生们学到的,不仅是建立观点间的联系,或是建立理论和实践之间的联系,尽管这两个过程都很重要。他们可以从学生的观点中获益,有一位同学在讨论中提出一句话,一旦"深入其中",《民主主义与教育》中的任何一句话都几乎能成为一个跳板,帮助理解杜威教育哲学,以及形成自己的教育哲学。杜威(1916/1997)与这位学生的观点不谋而合,他写道:"一种经验,甚至是非常微渺的经验,能够产生和承载无数的理论(或知识内容),但要是一种理论脱离了经验,那么,就算它本身是理论性的,人们也无法准确掌握"(p. 144)。

欣赏从如此"微渺"经验中蕴含的教育潜能说明,学生不仅学会了建立联系,还学到了更多。这是理解建立联系的原初事实:我们之所以成人,其中一部分是建立了与他人和世界的联系(例如在课程中的表现)。这些对教师候选人来说,是非常重要的一课,即使这种知识在他们现阶段的发展中仅是间接地获得,并且只有当他们在教学实践后,才能真正领悟。杜威所言也证明了为什么进行上述的环境调整是值得的。调整教学环境,有助于学生掌握杜威的教育哲学,有助于奠定学生自身的基础。我相信,学生能够因此不停留于肤浅的了解,而是能真正了解和相信某些观点的真正内涵。共同课堂探究中可能存在的简单性、天真、自发性和开明,学生能因此适应他们,或者至少确认这些特质。

七、学生的观点

学生对课堂的正式评价和非正式评论中指出,尽管我和同学们做了很多努力,但似乎总有一些学生仍然置身事外,这也是我自己的判断。在此特意提出这一点,是因为学生们往往会关心同学的表现,例如,当同学因身体原因不得不退学时,他们在公开的场合也会忍不住流泪。我无法事先预料学生会继续作壁上观。我的大多数学生都是 25 到 30 岁左右的白人女性,都在努力思考教学问题。剩余的少数族裔学生、移民学生男性学生也多数倾向于融入到教学过程。我总在课外辅导学生阅读、写作以及参与等部分活动或所有活动，但辅导的学生不分性别、民族、种族和年龄差异，也跨越了他们所授学科的界限。

我难以预料哪些同学会不喜欢讨论。虽然最终几乎所有学生都或多或少参与了讨论，但有同学抱怨讨论太多，想要更多教师主讲、小组项目、外部访问等机会。近年来，我试图在课上更明确地强调与高中生进行沟通的价值，这种价值无论其学科是艺术、体育或物理。我不断重申，虽然我们在本课程中强调谈话和讨论，但这只是他们培养项目中的其中一门。我会采取一切恰当的时机强调，参与讨论，尤其是主持讨论，需要智识上和道德上的毅力。我敦促学生现在就培养这种毅力，而不是假定一两年后，当他们发现自己每天要上五节课，要面对一百多名学生时，这种毅力就会神奇地被激发出来。

我也无法预测谁会反感在这门课中运用杜威的理念。有些学生会更倾向于关注当代作家，他们的遣词造句更新潮。还有一些学生会对课程学习的方法有所预期，似乎希望教师至少在一开始应该准备好一切，并且用学生想要的方式上课，比如教授教学和课堂管理的策略和技术等。我向全班同学表明，我们将创建自己的"方法类课程"，比如焦点讨论、小组合作这类一直在课上强调和实践的活动方式。这样做有一个更重要的基本前提：如果没有合理的教学理念作为指导思想，那么方法本身可能是无效的，甚至可能是有害的。

但是，一些学生似乎并不接受或者理解这些前提，在少数情况下，他们反对在学习杜威上花费"太多时间"。当我第一次教授《民主主义与教育》时，我对学生的这种反应感到失望，就像任何一位教师也许会失望，当自己的教学热诚不能得到所有学生的回应。施瓦布（1978a）写道，教师渴望自己的学生"像自己一样,把对于某种知识或技能的掌握,作为最珍爱的自我的一部分"(p.124)。但是,学生的抱怨迫使我进一步审视我将《民主主义与教育》纳入教师教育课程的动机,使我克服我对杜威作品的偏好,而不只是蛮干般推行。这也促使我对杜威的一些观点进行批判性的质疑(见第七章)。

我采取的间接教学方法并不是吸引所有学生的万全之策,菲什曼和麦卡锡(1998)的研究中也有此发现。这种方法必须不断被评估和持续改善。不过,我相信这种方法确实有实用价值。上文所述的这门课程中,大多数学生都在认真地思考"教学意味着什么"这个问题。他们在教学过程中发挥了积极的领导作用。他们回应着阅读材料、课堂讨论中的问题和其他同学的观点,为我们的讨论提供了轨迹。以下是学生的一些书面证言:"因为每个学生的贡献,我的很多想法都受到了挑战,我喜欢这样。……这堂课对我的思考、发展和完善我的教学理念很有帮助。……我们通过相互联系来学习。……我特别喜欢读杜威的书。我觉得这是一次令人兴奋的旅程,让我们深入到教育的世界。……课程中最精彩的部分是真正去思考作为一名教师意味着什么。这是整个课程中反复出现的主题。……我学到了很多知识,关于课堂教学和教师应努力实现的目标。它帮助我明确了自己作为教师的角色。它还帮助我理解了学生的重要角色。……我喜欢针对实践经验的哲学探究。……每堂课后,我都感到深受鼓舞,信念焕然一新,我的同伴表现出的热情让我倍感振奋。……我学会了如何讨论、如何阅读、如何倾听。"

这些评论印证了我的观点:在这门课上发生的不仅仅是学生的行为变化,而是学生们发展出了教育者的思维方式和行为方式。在我看来,大多数学生在结课时,都认为自己对教学工作准备更充分,也更感兴趣,对教学的挑战性和回报有了更深刻的认识。他们获得了一种眼界、一种视角、一种哲学的雏形,这些可以帮助他们在教学的困难中坚持到底。

第三节　结论：间接教学的前景

第三章里我引用了杜威（1916/1997）的说法："事实上，一个人对另一个人的直接影响是不存在的。"（p. 28）根据本章的分析，我们应重申它的下半句话："除非是利用物理环境作为中介。"杜威认为师生之间不存在无环境的交互。他们总是处于各种各样的环境之中。教育学的问题是：什么样的环境？如杜威所言，教师可以采取塑造环境的行动，来促进教学。他们可以尝试控制、调节和设计环境。这些术语证明了人类的影响力和能动性，而不是非人类的机械性。杜威所呼吁的"控制"理念既不是独裁的，也不通过命令来实施，并且从任何意义上讲都不是彻底完善的。相反，"控制"描述的是以教育目的为中心的参与和关系的动态性质量。教育的目的是控制的磁石。

就焦点讨论而言，权威和控制在一定程度上内蕴在活动本身，通过阅读、倾听、发言、形成和改变思想、处理情绪等这些复杂而不断发展的过程体现。理想情况下，焦点讨论让人们提出更好的论点，形成更广泛的理解，但不会受任何一种观点专制，包括老师的在内。但是，教师必须发挥主导作用，使这种权威转移成为可能。从某种意义上说，教师从未放弃自己的权威。恰恰相反，教师利用自己的权威，试图营造有助于教与学的环境。在此过程中，教师必须关注学生的想法、猜想、情感、不确定性和人际互动。教师的角色多样，包括引导者、促进者、指导者、传声筒、榜样、仲裁者、知识的来源、安慰的来源、不安的来源等。这些术语若是分别考虑会相互矛盾，但它们却在复杂的、不可预测的讨论和探究中各得其位。

本章节试阐明教育者通过环境来进行间接教学的原则。这一原则通过以焦点讨论为中心的教学工作来实现。我允许我们每周的讨论自行运转，尽管大多数时候都是围绕着一个指导性的问题或主题展开的。我并不忧虑要囊括所有文献，例如，我并不要求学生要将对杜威的所有核心概念，或其他作者提出的所有论点都一视同仁，赋予同等重视程度。若是如此，课程所需的时间远远超过一门每周 3 个小时、为期 15 周的课程时长。并且，杜威和我们所阅读的其他作者，是经验丰富的参与者（或许是经验丰富的长者），而不是教条式的权威。他们提出了有力的问题，提供了适时的见解，迫使我们深入探讨教学的核心问题。他们邀请我们质疑他们的论点，也审视我们自己的论点。

简言之，我承认，在《民主主义与教育》一书和它相关的材料中，也许有许多内容是我们永远不会讨论的，至少不会直接讨论。通常会有学生指出这一事实，他们有时会担心好似错过了什么。这也是事实。但我和我的学生都无法预料，通过阅读这本书和焦点讨论，我们可以完成多么有价值的工作。我希望，以这种方式开展教学精神能够成为学生们未来教学精神的典范或投射。不久的将来，他们就会站上自己的讲台，若是他们不愿听天由命，就必须调节和控制教学环境。

第四节　后记：质询参与

这篇后记将更详细地探讨讨论中的参与问题的复杂性。一些学生反馈说，在他们的教育生涯中，很少有课程以讨论为特色，这个事实发人深省（如果不是令人沮丧的话）。另一些学生则回忆起一些负面的经历，讨论变成了无原则的辩论、喧哗的吹嘘、教师的独白等。考虑到引导有意义的讨论巨大的挑战性，这一事实并不令人讶异，但同样令人不安。还有一些学生似乎在纠结，到底是屈从于保留身份认同的感受，还是按要求参与课堂的公共生活。可见，儿童和成人时而都认为参与是有问题的，甚至会演变为一种威胁。他们认为，参与也许意味着一种顺从，因为参与时，人们会感觉自己在竭力使自己适应特定讨论的气氛、情绪和取向。在这种情况下，要求人们参与，可能会扼杀掉开放的思想、责任感、天真、自发性和简单性，而不是激发它们。

伊丽莎白·埃尔斯沃思（Elizabeth Ellsworth, 1997）对在课堂上使用对话提出了激烈的批评。她不是说要决绝地取消对话，而是试图揭露对话具有胁迫的力量，对话也具有特定政治利益的特权。她认为，对话"不仅仅是一个传递见解、发现、理解、赞同或分歧的中立渠道。它具有一种构成性的力量。它是为了某种目的工具"（p. 15）。埃尔斯沃思认为，对话可能隐藏着"对权力的追求。……如果对话是连续而不间断的，每个人都参与对话，他们就没有在做其他事情。这就是权力（p. 105）"。她还说，"无论其批判意识或政治立场如何，每一个（讨论）的参与者都构成了一种影响力，旨在说服他人参与的愿望（p. 105）"。埃尔斯沃思深信，某些形式的对话，甚至所有形式的对话都掩盖了对权力和非民主控制的渴望，因此她用了"对话主义"（dialogism）（p. 110）这一具有讽刺意味的术语，来描述她所批评的观点。

我想对埃尔斯沃思的批评做出回应，不过篇幅所限会有所删减。从某种角度来看，我所说的焦点讨论显然是"为了"某个目的。本书全篇都在假定，教学是为了培养开明、自发性和质疑精神等品质，这意味着它本质上"反对"封闭的思想、狂热主义和灌输式教育。但是，如果认为这种立场构成了一种"主义"（如对话主义），那就大错特错。"支持"或"反对"这种赤裸裸的两极分化的用词，并不能精准说明教学和对话的更具生成性的其他思维方式。首先，这种用词扭曲了对政治立场、站位或利益的理解。换句话说，如果假定第三章提出的"天真"和"自发性"等品质正在滋生或支持一种政治意识形态(某种"主义"),那么我们就需要创造新的术语来重新描述,诸如民主党的立场、全国步枪协会的行动以及计划生育的目的等。我认为,露丝·格兰特(Ruth Grant, 1996)有力地分析了讨论与辩论的区别。她指出,讨论无须假定参与者的党派或意识形态的立场,即使有些人在进入讨论过程时认为情况确实如此。格兰特认为,假定每次讨论都受到有意或无意地追求权力的影响,或认为讨论受到竞争利益驱使,是一种教条主义,这是完全错误的。

另一方面,尽管我赞同埃尔斯沃思批评对话粗暴或不够批判的观点,但她认为讨论中的"每个参与者"都成为了"说服参与的欲望"的权力的"影响力"(p. 105),这一观点割让了太多的权威给某种理论立场(她对福柯的解释一定程度上影响了她的理论立场)。对话中蕴含的人类活动的广度和多样性远远超出了任何理论观点所能涵盖的范围,并且似乎比本书可能提出的任何观点都更加复杂。此外,将人作为"影响力"的论断,虽然确实是出于对参与对话的质疑,但却毫无道理地,也毫无必要地剥夺了个体的能动性、特性和自发性(或自由)。它产生了将这些品质变成幻想的威胁。这种观点忽视了这样一个事实,即个人可以左右讨论的进程,就像他们可能被讨论左右一样。讨论可以被理解为人的能动性的"影响",反之亦然。奥克肖特指出:"没有什么比我们的言谈方式更符合习惯或习俗的了。没有什么比变化更能不断地侵袭我们。"(1991,p. 471)

埃尔斯沃思的批评在一定程度上反映了人们广泛关注课堂权威和顺从问题。这些说法也佐证了我试图阐明的一些问题。我和学生们在整个课程中都在探究这些问题。我们还将它们与更大的社会力量联系起来,这些社会力量并非个体所造就,但常常影响个体,并限制个体的想象力和行为。探究的结果之一是,我们认识到某些形式的谈话可能对学生和教师都有害,有

111

些形式会导致教师压制自己的知识、洞察力和问题,有的会吓到学生,可能会胁迫他人,导致同质化,封闭了重要的调查和思考的途径。

然而,这些事实并不会使所有的讨论和对话在本质上都值得怀疑。它们反而提出了一个问题:首先,我们是否可以称呼这些有害的实践为"讨论",而不是别的。它们至少指出需要关注具体的本土情境。一些讨论形式并不一定会导致有害的结果,或产生消极"影响"。一些讨论形式也并不是埃尔斯沃思所说是"工具"的对话,这一断言过于草率,某些讨论形式反映了人类生活和发展模式,这些模式,包括在课堂的模式,都会随着时间的推移而产生和演变。"'参与'是一个奇怪的词,"伽达默尔(1984)写道,

> 它的辩证之处在于,参与不是参与某个部分,而是参与到整体。参与某事的每个人并不是拿走了什么,以至于其他人不能拥有。恰恰相反:通过分享,通过参与我们正在参与的事物,我们使它们更加丰富;事物没有变小,而是变大了。整个传统的生活恰恰就在于这种丰富,因此生活就是我们的文化和过去:我们生活的全部内在贮藏总是通过参与而得到扩展。(p. 64)

杜威会说,我们生活的实质取决于与他人的交流和参与。诚然,不公正的强制性的关系的威胁始终存在。但是,杜威和伽达默尔认为,参与的形式构成了尊重人和人类对意义的长期追求的具体媒介。焦点讨论就是这样一种形式。

采用讨论而非单纯讲授或其他的教师可以发现,参与并不一定会威胁到个体性有其原因。参与可以充实个体性。它确实能通过加深洞察力、提高敏感度、拓宽知识面、扩大理解力等形式产生人类的内涵。但不能强求

它,就像不能强制学习一样。这一事实补充了前几章的论点,人类逐渐发展出自发地、整体性地、负责任地采取行动的能力,这是一个缓慢、不均衡、不可预测的过程。

尽管本章重点介绍了讨论,但这只是教学方法之一,并不是唯一具有合法性的方法。虽然发生在课堂等处的真正讨论有助于形成民主的态度、促进民主的行为(参见 Garrison, 1996; Grant, 1996; Green, 1994; Haroutunian-Gordon, 1991),但它并不是解决所有社会弊病的良方。在这方面,埃尔斯沃思(1997)的批评警示教育者,不要过于夸大对话的作用,不要在对话过程中变得道德愚昧。大卫·辛普森(David Simpson, 1997)认为,"当对话模式成为解决社会冲突的典范时,即使是最善意的对话模式辩护者,也有可能自欺:他们有可能认为,因为'我们'可以相互对话,所以那些不能与'我们'对话的人就没有遵守规则,因此没有权利发表意见"(p. 78)。与埃尔斯沃思的结论不谋而合,辛普森(1997)认为对话本身并不能解决不公正、偏执、环境恶化等问题(p. 114)。我也认为,无论是焦点讨论还是其他对话式的教学方法,都无法孤立地解决这些问题。

但这并不是它们的目的。焦点讨论有助于培养人、行为和道德敏感性,可以深化责任心、开明和认真等品质。它可以丰富人们的道德知识,这种知识是在道德意识的光辉下获得的知识,是对知识在人类事务中的意义和影响的敏感性。焦点讨论可以帮助人们掌握尊重、慎思和不持立场的方式,并用这种方式解决问题。换言之,它能够揭示在某个问题上妄图占据道德制高点蕴含的风险,而不是把任务看作是清理道德的阵地。我认为教师完全有能力引导儿童、青少年和其他成年人进行有意义的、持续的讨论,并用讨论助力智育和德育。

教师面临一个紧迫的问题,那就是应该期望学生和他们自己参与什么

样的讨论,参与的具体程度如何? 对于这个问题的回答,将随着教师和学生
的成长和学习而不断变化。在解决这个问题的过程中,可能在一开始,教师
会希望那些不喜欢讨论的学生有机会表达自己的学习成果。例如,让他们
进行演讲、在小组活动中发言、完成个人项目等。教师还可能坚持认为,寓
教于乐的谈话不是达到目的的手段,相反,它本身就是教育目的。换句话
说,有意义的讨论与其说是相互理解和欣赏他人及学科材料的先决条件,不
如说是真正尝试发言、倾听、阅读和思考的奖赏(参见 Simpson, 1997,
p.82)。在本章所描述的课程中,我和我的学生必须努力进行有意义的讨
论。我们最初的成功可能会产生误导。对许多人来说,共同讨论教学的新
鲜感会逐渐消失。参与者们会发现,必须培养自己的严肃性、责任感和目标
的完整性等。再一次强调,焦点讨论需要时间、努力、坚持,还有信念,即相
信有目的、值得信赖的人际关系是可能的。

第六章　教学和传统感

大约四百年前,约翰·多恩(John Donne)写下的这些诗句,如今已耳熟能详:"没有人是一座孤岛,完全独立;每个人都是大陆的一部分,是整体的一部分……任何人的死亡都使我变得更加狭小,因为我与人类共融;因此,永远不要询问丧钟为谁而鸣,它为你而鸣。"(《虔诚之词》[*Devotions*],引自Abrams等人,19623,p. 384)我将多恩心爱的这段文字进行修改,用以引出两章的主题:任何教师都不是一座孤岛。尽管教师在教室里"闭门造车"的形象广为人知,但没有教师能够将自己与世界隔绝。也没有哪位教师要从头开始发明教学。每一位教师的工作都有其传统教学模式,也就是说,充满了前人的经验,无论是来自她曾经的老师,曾接受的正式培训,还是她所在的工作环境中曾有过或仍在采用的教学模式。

然而,仅仅提到教学中的传统可能会引发强烈的、政治化的反应。一方面,它可能吸引思想保守的教育工作者,他们认为我们能够得出或已经获得了教学的最佳定义。从他们的角度来看,如今关于教学实践的大部分文献和言论都带有机会主义、集团政治、跟风主义、政治正确或其他许多当代潮流的痕迹。他们可能会说:足够喧嚣了;传统已经指明了返璞归真的道路。另一方面,谈论教学中的传统可能会惊动那些具有改革思想的进步主义教育工作者,他们认为教育的历史导致了我们难以快速克服的负担。从他们的角度来看,"教学是一种具有悠久历史传统的实践"这个想法可能会倾向于历史,似乎是表明更应向后看而不是向前看。它将昔日的理念、概念和方法赋予了某种神圣性,而我们应该继承并且坚持这些理念、概念和方法。罗伊·拉帕波特(Roy Rappaport, 1971)将神圣性描述为"毫无疑问真实性的品质,被信徒赋予为无法验证的命题"(p. 69)。这一定义反映了,为什么一些教育工作者会将传统等同于"传统主义(traditionalism)"。"传统主义"指的是对过去的不加批判,甚至是奴颜婢膝的顺从,但在许多人看来,过去充满了不公和邪恶。因此,顺从传统会被认为不道德,至少是不开明。面对教学中的传统理念时,具有改革思想的教育工作者可能会说,传统不神圣,不要回归过去,而是要批判传统,对未来充满希望。

相比于这两种观点,我认为,传统感可以加深和强化教师与当下的联系和承诺。传统感不是将教师的目光朝向过去,力图恢复一个失落的世界,而是鼓励教师将自己视为时间中的存在,视为一个有责任的人,负责将确保有价值的事物,如知识、理解、观念等,通过一种动态的方式把它们延续给后代。我将详细探讨这一取向,它解释了为什么传统与传统主义并不相同。教学中的传统可以理解为避免成为"主义"的一种方式,因为"xx 主义"往往意味着两极分化和疏远。传统感使教师对个人化、保守的和进步主义的教学方法保持警惕,这些方法比自我批判更加教条。同时,传统感也为教师提供了一种手段,使他们能够以一种深思熟虑的精神,远离教学的即时性问题,远离关于他们课堂教学的公开辩论。传统感有助于教师形成一种身份认同,有利于教师牢记内嵌在实践中的服务维度,鼓励教师面对教学中的挑战从而坚定自己的立场,应对政治、社会或心理的外力推动他们接受预制化答案带来的挑战,寻找响应式(responsive)的、教育学的答案。

为了证实这些观点,我研究了传统理念的两个方面,并探讨了它们与教学的关系。这两个方面是:(1)什么是"活"的传统;(2)传统如何影响从事教学这类特定实践的人。我将阐明教学中的传统"感"(sense)这一概念。正如我们将看到的那样,传统感(the sense of tradition)的含义并不只是践行传统的特定版本,它勾勒了教学的总体方向和前景。这一前景既吸引教师参与教学实践,同时也为他们与教学工作保持关键距离。它揭示了智识和道德的共同基础,使教师们能够相互交流、相互学习,可以不论他们所在机构、所教学生的年龄层次以及所教学科的差异。

116

第七章将进一步阐释这些观点,并说明教学中的传统感何以不同于仅在认知上了解过去的实践及其发生的条件,尽管这种知识可能很有价值。一个精通历史的人并不一定具有传统感。我以一位教师/学者与历史的邂逅(Bushnell, 1996)为例,来论证这一观点。我还为教师和教师候选人提供了如何培养传统感的建议。

总之,我希望这两章能够说明,为什么我之前提出的主题——"教学中的个人、行为和道德敏感性","能够指导教学工作中的成长中的受过教育的人的形象",以及"对教与学的环境的关注"——能够在人类的进程和传统中,找到其持久的道德和智识的正当性。"活"的传统这一理念为我们理解教学实践的有关术语,提供了一个背景,或者是意义的视域。

第一节   "活"的传统

柯雄文(Anthony Cua, 1998)认为,传统的概念只有在"信奉者共同体"(community of adherents)中才有意义或是"可理解的",仅是个体的集体或集合则不然(pp. 243 - 245)。换句话说,谈论教学中的传统有一个预设,即一群群实践者通过世代的传承,将自己视为教师,并努力践行这项工作的术语。但传统,与传统主义相对立,也预设了要对"传统的现实重要性"进行持续讨论(p. 243)。它意味着对教学的术语,以及如何在实践中实现它们进行持续的对话。因此,"信奉者共同体"同时也是一个"解释的共同体"。柯雄文引用了J·G·A·波科克(J. G. A. Pocock, 1968, p. 210)的话,"我们从传统中形成,并向其反馈了一些概念,这些概念能够修改传统的内容和特性,甚至可以改变它作为传统的程度。"(p. 247)

严肃认真的教师经常思考、描述并质疑他们自己和同事的日常教学工作。即使没有明确言明,他们也在不断地解释教学的意义和术语。并且,他们是从实践内部对工作进行解释的。他们不是教学和学习的简单旁观者。简而言之,他们参与传统。通过践行、反思和与同行讨论如何最好地实现教学,他们继续传承教学中的传统。

117

"活"传统的概念阐明了这些主张。活的传统不断地进行修改和调整。没有任何实践的传统是在社会真空或历史真空中存在,无论是教学实践还是诗歌实践,其实践者永远受到各种广泛社会的影响。例如,教师的工作氛围中充满多样化且常常相互竞争的教学概念。正如我在第一章中概述的,有的教育工作者和社会公众认为教学目标是学术性的,而有的则认为它们是社会性的、文化性的、政治性的、宗教性的或经济性的。活的传统通过其实践者的主观能动性对其作出回应,包括他们相信什么、如何作为以及传承给后人什么(这些都是他们作为"先驱者"产生的,我将在下文中回到这个术语)。在活的传统中,实践者从来不简单地随波逐流。相反,他们制定一条航线,朝向实践中蕴含的最高的可能性前进。要制定这样的航线不能凭空捏造,他们需要传统。所以实践和传统相互依存,携手共进。

麦金泰尔(MacIntyre,1984)指出,是"活动"将某项特定的实践区分于别的实践。例如,"帮助年轻人"不是一种实践。作为父母、牧师、护士、顾问或教师的成人都可以提供帮助。但是教学作为一系列活动，作为有目的性的努力，本身并不同于育儿、布道、护理或咨询。它们之间的区别并不是说，不同的实践之间是密不透风的，仿佛社会生活是互不影响的独立游戏[如国际象棋的规则全然免受篮球规则的相关问题或困境的影响（参见 Hoy，1978，p.78)]。实践之间可能会重叠，在一个领域（例如家庭）中的喜乐与痛苦可能会蔓延到另一个领域。尽管如此，但每一种实践都有其自身独特的活动、目的、满足感和历史。

此外，实践不同于机构或职业的层面。医学或法律相关的实践，不等同于在医院或律师事务所工作。教学也并不等同于在学校、学区或大学受雇任教，尽管大多数教学发生在这些机构中。换句话说，教学并不等同于学校教育。像教学这类的实践具有与机构所不相同的、关注点和活动，使其与机构有所区别。实践构成了个人与机构之间的"中间地带"（intermediate place)（参见 Popper，1963，p.133）。

据麦金泰尔（1984）分析，机构往往将"外部"的奖励优先于"内在"奖赏（pp. 188 - 196）。机构可能会用正式和隐性的方式，追求获得更高的工资、更多的福利、更高的声望和地位、良好的名声等。所有这些奖励都有其价值。但在很多方面，它们是通用的；它们被各个机构所重视。但它们只是偶然性与某一项实践有关联。因为人们可以通过各种努力追求金钱、声誉、安全感和地位，但无须真正参与到任何一项实践中。

相比之下，教学的内在奖赏反映了那些使工作重要、独特和不可复制的东西。帮助学生学会阅读、写作、解读文学和历史事件、理解自然、自主思考、乐于学习等，通过理解这些，并且知道自己有助于实现目标，捕捉到了教学可能带来的成就感。这些内在的奖赏源于对学生成长的积极影响。它们不像外部奖励那样容易衡量或归类。它们没有交换价值。内在奖赏也不像

118

外部奖励那样有限或稀缺，它们具有潜在的无限可能，并且任何认真的教师都可以获得。

个体可以直接追求外在奖励（事实上，他们的追求可能成为全部精力的投入）。但内在奖赏不能直接获得。意义感无法一蹴而就。内在奖赏源于对实践的准则作出全身心的承诺，从某种意义上讲，是将自己全身心投入（到实践中）。那些精心规划课程、倾听学生心声、对评估进行思考、关心教室和学校环境的教师，打开了因帮助学生成长而来的通往圆满和满足的大门。这种圆满可以激励教师付出更多努力和想象力，从而使他们从教学中获得更深层次的内在奖赏。

许多研究表明，多数教师之所以坚守教学领域，正是因为其内在奖赏（参见如 Foster, 1997; Johnson, 1990; Lortie, 1975）。其他研究揭示了为什么可以将教学看作是一种实践（参见如 Arnold, 1997; Buchmann, 1989; W. Carr, 1995; Hansen, 1995, 1998; Hostetler, 1997; Olson, 1992; van Manen, 1991）。总结这些研究得出，教学浸润在描绘丰盈的生活实质的假设中。教学涉及培养学生的思维和精神。教学追求使学生在广度、深度和丰富度发生变化。这些说法表明教学涉及智识的和道德的成长。教学是一种持续的活动，意在不断鼓励和激发形成学生的态度、取向和理解，使学生不断进步而非倒退，使学生的观点和能力越来越宽广、深入，而不是变得狭隘。为了完成这种工作，教师自己必须在智识和道德上不断成长。这一熟悉的主张再次强调了投入实践中产生的内在回报。这些回报可以包括对人类发展的辉煌、模糊和不可知性的日益增长的洞察力。

此时，诸如教学这样的实践具有历史传统的理念开始发挥作用。教学实践比如今的学校机构历史更为久远，尽管现在的教学多是发生在学校。从传统来看，至少可以追溯到苏格拉底和孔子等人，教学的典型形式是一个成人和其他人的子女或其他成年人的公开活动。教师做些什么？他们将学生带入知识、经验和愿景的世界，通常超越家庭或当地社区能提供的范围。教师指导他人能够了解、表达和理解此前未知，能够做之前做不到的事情，能够接纳比之前更好或更有根据的态度和理念。这些理念意味着一种智识上和道德上的提升，意味着思想和行为视野的扩展而不是限制。这些理念通常包括对当代价值观和信仰的质疑，这种质疑不一定是为了否决，而是为了将这些价值观和信仰放在更大背景下审视。这些对工作意味着什么的观点提醒我们，教学中的传统不是一成不变的。传统和它的回响随着每个新教师的出现而稍作变化，每位新教师都带来了独特的、不断发展的智识上和道德上的敏感性。

　　这一论点强调了传统并不是传统主义。传统主义所指涉的内容可以称之为死的传统（a dead tradition），一系列惰性、固化的活动和思想，对鲜活的世界毫不关心，甚至忽视那些最初赋予传统的动力合法性目的。"传统，是死者的活信仰，"佩利坎（1984）指出，而"传统主义，是活人的死信仰"（p. 65）。在活的传统中，思想和行为是在运动不止的。哲学和实践也是动态变化的。后续章节将论述，个体即使在实践的滋养和坚定的影响下，也能够塑造实践的性质和结果。之前提到教学意为扩展、深化和丰富学生的生活。但作为活的传统的体现，教学并不预设这些变化的限制或边界。正因为如此，传统感才能推动教师追求实践中蕴含的最高可能性。成为一名教师，有一部分是要学习识别可能性。教学的传统是帮助学生学习和发展，基于此形成了教学实践，教师作为实践中的一员，构成了一个"希望的社区"（Cua, 1998, p. 244）。

第二节 传统的影响

哈罗德·布鲁姆（1975）通过研究艺术家、作家，尤其是诗人等如何回应前人的问题，阐述了个人与传统之间的相互作用。他的分析有助于解释教师如何通过参与传统而成长为教师角色。

布鲁姆指出，一个诗人无法"选择"是否认真对待之前的诗人，不能选择是否认可诗歌背后有传统支撑。"是我们选择传统，"布鲁姆写道，

> "还是传统选择我们？为什么需要选择，或者被选择？如果一个人在没有传统感的情况下尝试写作、教学、思考，甚至阅读，会发生什么？"（p. 32）

他自问自答：

> "为什么呢？什么都不会发生。你无法在模仿中写作、教学、思考，甚至阅读，你模仿的是其他人所做的事情，写作、教学、思考、阅读。你与这个人的关系就是传统，传统就是超越一代代人的影响的延续。"（p. 32）

布鲁姆认为，如果没有传统和形成传统的前人，个人无法成为诗人——或者教师、思想家、读者等。麦金泰尔（1984）提出了类似的观点："我是谁……在很大程度上是我所继承的从现在回溯的某个特定的过去。我发现自己是历史的一部分，这通常意味着，无论我喜欢与否，无论我是否承认，我

是传统的传承者之一。"(p. 221)

但传统所扮演的角色不仅仅是一个初始的来源。换句话说，传统不仅仅是被模仿的事物。如布鲁姆所说，传统与人（最初）被"提示"去模仿的东西有关。传统包含一系列背景性的承诺、活动、问题、关切和渴望，它们随着世代人对他们的先人在特定实践中的事业和项目的回应而不断演变。朗福德（1985）阐释了这一观点。他写道，"如果没有传统，就没有可改变的，也就没有创造的空间"(p. 9)。他认为，"富有创造性的个体性""是由相关传统促成的，而不是被排除在外的……个人能够决定做什么和做事的方法，但做的机会是由传统提供的。"(pp. 21‐22;另见 Allan, 1993, 27)正如路易丝·普赖尔·麦卡蒂(Luise Prior McCarty, 1997)在讨论绘画艺术时指出的："阴影和晕染是传统的技巧，年轻的艺术家学习它们时必须重现用铅笔作为工具所代表的绘画传统（即使重现是为了违反它）(p. 394)。

创造过程是复杂而艰难的。布鲁姆（1975）将传统的影响描述为"让受赠者饥肠辘辘的给予"(p. 18)。诗歌和诗歌的影响呼唤着人去写作，它们"给予"了他一个轨迹，否则他根本无法开始。但诗歌也让他"饥肠辘辘"，因为当他面对"一片诗歌的海洋"时，他如何创作任何(p. 16)？诗人如何超越简单的模仿？如何才能同一直以来围绕着他的诗海保持批判性距离？如何再去创造"新"的诗歌？

布鲁姆认为，传统感是对这些令人生畏的问题的回应。这部分原因在于，它将诗人转向自己作为读者和倾听者的起源，最初对传统作出回应并使诗歌变得真实的人。用布鲁姆的话说："试着写会让诗人回到诗歌*最初对他的影响*的源头，会让诗人超越快乐原则，回到开始他的决定性最初相遇和回应。"(p. 18)回到起源，"超越"了快乐原则，是因为这些起源驻留在世界本身的交换中，而非个人的某种心理冲动。也就是说，"决定性的初遇"是诗人第一次进入他的轨道,更好的说法是,是诗歌第一次将他吸引到自己的轨道中,从而改变了世界对他的意义。换句话说,诗人并不将诗歌仅仅视为用来消费或满足不安心理的工具。诗人被诗歌深深吸引。传统感使人摆脱了单纯的冲动和自我领域,使人能够在人类的对话中洞察奥克肖特(1991)所说的"诗歌的声音"。诗人之所以写作,是因为想回应那个声音,是因为参与了诗歌创作,也希望说出自己的心声。如果听从这种召唤并坚持下去,他可能会反过来改变传统及其未来,成为后来者的先驱。

传统感既将诗人与已有的浩瀚的诗歌海洋联系起来,*同时*又将诗人与之拉开距离。他正是通过了解传统是如何持续地永恒地影响自己*作为诗人*等方式,从而与已有的诗歌创造出了批判性的距离。正如布鲁姆所说,没有传统就没有诗歌。但如果没有能进入诗歌世界的人,诗歌的传统也会很快消失。传统同时也意味着保护一种生活形式,比如这里讲到的诗歌的阅读、朗诵、思考和写作,在每个新人进入诗歌世界并以自己的方式做出回应时,传统的生活方式也被改变。布鲁姆认为,新来者实际上可能需要"误读"先前的传统。换句话说,"为了避免过分坚持",新来者有时必须"放弃自己珍视的诗歌正确感知",这些诗歌富有磁力,既能约束人,也能激励人(Bloom,1973,71)。但这种可能性本身依赖于传统,同时也推进了传统。爱德华·希尔斯(Edward Shils,1958)强调,"对传统的抵制有助于接受传统受到对它的抵制的帮助"(p. 159)。

总之,用布鲁姆的话来说,没有哪两个人与诗歌有着完全相同的"初遇",也没有人成为诗人的经历会与他人相同。因此,传统并不是保持不变或凝固的事物,也不是那些应该被盲目接受的事物。在此重申,传统并非传统主义。实践中的每个人一开始都是模仿者,但他们模仿的,以及通过努力和运气而发展出来的,始终在不断以或微妙或戏剧性的方式变化着。有鉴于此,传统感支撑人类自由,这种自由是一种能力,对于"在写诗这样的实践中能否创新"的问题,做出了积极的回应。

这一论点同样适用于那些感到自己为教学吸引而选择当老师的人。通过培养传统感,这样的人就更有可能以自己独特的方式,积极地回答这些问题:"教师可以作出新的贡献吗?他们能否超越简单的模仿和复制?教学能否超越仅仅把年轻人社会化并获得习俗和信仰?"传统感要求教师同时也激励教师认真对待自己。诗人里尔克发现,这一点可能会很困难,至少一开始会很难。里尔克写道,传统和历史给人的感觉是如此沉重,以至于人们有时会觉得"在优秀甚至辉煌的传统存在的丰富面前,需要一种巨大的完全成熟的力量,才能创造出独特的东西"(1908/1986,p.7)。里尔克在他自己的诗歌生涯中发现,时间和经验是他形成独特的"个人化"的诗歌创作方式的必要条件。诗人如此,教师也是如此。新教师通常会受到前辈教师(包括他们自己的教师)榜样的启发,又对他们感到畏惧。要塑造自己独特个性的教学风格和特色,需要坚持不懈的努力、实验、自我批评、与同行交流和磨砺。这种风格和特点是在传统教学实践的背景下形成的。

正如我在第一章中提出的,教师可以学会对他们发现蕴含在教学实践中的道德和智识的说法做出富有想象力的回应。这些说法提醒我们,尽管我们可以将教学与诗歌相提并论(我将在下文中提出更多的类比),但它们并不完全相同。教学是一种经过审慎思考的旨在培养知识、洞察力、理解力的通常是公共性的事务。我曾说过,教师通过全身心地投入实践、想象着自己的前辈,并与同行交流,将传统变成了一种生成性互动的合作伙伴。传统为教师提供了教学的机会。反过来,教师履行和塑造教师角色帮助传统生生不息。在教学中,教师与传统的相遇不一定是一场独角戏,既不是教师当一个不穿衣的皇帝在课堂上发号施令,也不是历史的实践向师生发布一道

123

道莫名的圣旨要求他们遵守。恰恰相反,传统感使教师与实践的术语紧密相连,正如他们的努力使传统跟人类的创造力、洞察力、想象力和希望紧密相连。

第三节　传统感的道德轮廓

　　传统感形成了实践取向或对实践的展望。因此,它超越了对特定教学方法或课程材料的固守。传统感证明了一个人对人类历史的感受,以及对自己处于人类历史中的感觉。人会感到自己是人类故事的一部分,并且认为自己也在延续这个人类故事。传统感使得教师产生了对教学本身的情感,以及帮助他人学习的活动的情感。这种情感包含的内容比许多教师都具备的对教学和学生的喜爱之情还要丰富。但是我试图说明这不仅仅是简单的直觉。教学中的传统感统一教育学的知识和承诺,它有助于引导教师的思考和情绪。富有传统感的教师在充满挑战或沮丧之时不会陷入疏离、反常、愤世嫉俗或倦怠,反而会感到振奋,因为他们知道自己并非孤军奋战,自己的前辈和同事都曾面临过这些挑战,而且他们通过教学来应对挑战。他们赋予教学的术语持续的活力。这意味着,他们持续性地拓宽、深化和丰富学生的学习。若非如此,就不会有如今的教学的实践。传统感唤起了教师追随前辈对有意义教育的坚持意识。这种意识使教师与那些已经离去的教师休戚与共。教师会认为自己要努力不辜负前人的遗赠或继承,这些继承也涵盖教师在寻找自我表达方式时对他们的质疑,而这所有的一切,也都是把自己所能留下的一切留给那些教学的后来者。

　　这种取向可以丰富教师的道德敏感性。它可以抵御诱惑,避免创造不可违逆的等级制度,那种等级制度把一部分教师看作天使,把其他教师看作不务正业的人,甚至更糟。尽管我也不情愿,但是传统感让我认同,作为一名教师的我,并非是与糟糕的老师,甚至是邪恶的老师,或者是邪恶的教育体系毫无关联的。我也不能说,我生活在充满善的国度,而坏老师,或腐败的教育者则在另一处。我也想生活在善的国度,但是它并非是孤岛。那些失败的教师,或者说,披着教师的外衣行害人之事的教师,也是我历史的一部分。我的任务是接受这一事实,并根据这一点采取行动,学会在道德上和智识上区分"麦子与糠秕"。传统感源于并支持这种不可预测、不强迫、不断交织的理解和个人转变。在此过程中,我开始理解教学中的希望。我看到了教学实践与无数赝品之间的对比。我认识到教学这个词最广泛的意义,教学的持久承诺是帮助而不是阻碍人类的发展。

据麦金泰尔(1984)对传统分析,这种取向可以说是一种美德。它构成"对自己所属的传统或者所面临的传统有充分认识的美德"(p. 223)。麦金泰尔之所以将意志与传统联系起来看作是一种美德,是因为它使实践者能够在历史的努力的基础上展望未来。"这种美德,"他解释道,

> "不应与任何形式的保守复古主义相混淆……相反,人对传统有适当感知的人表现在他对过去使得当下拥有未来可能性的把握上。活的传统,正是因为它们延续了一段尚未完成的叙事,面对的未来,其确定性和可确定性,若存在的话,源自于过去。"(p. 223)

125

传统感的"美德"构成了教师道德敏感性的一部分,因为它会影响教师如何看待其他人(学生、同事、家长、管理人员等)。在教学中与传统保持批判性团结的感觉,会引发对生活在今天的人的更深切的关注,因为这种关注关系到一个人如何影响人类的繁荣。

由于大多数教师无法选择与谁共事，也无法选择教谁，因此这一主张就显得更加重要。特别是在公立学校，他们必须努力与身边同事和学生合作。这就意味着要与一些人进行教育接触，而这些人有时可能会抵制他们的建议，甚至反对他们的努力。然而，传统感使教师能够保持参与、想象力和平衡的观点。这有助于他们理解何时退缩或等待，何时向前迈进。拉尔夫·瓦尔多·爱默生（Ralph Waldo Emerson, 1844/1990）以诗意的方式呼吁如何在这个常常令人困惑、令人迷惑的人类世界中自处，从而捕捉到了这种姿态："毋庸置疑，在这令人眩晕的表演和政治中，我更加坚定了自己的信条，那就是我们不应该推迟决定、不应该推卸责任、不应该只是空想，而是在我们所处之地，广泛地施展公义，而无论与何人打交道，接纳我们眼前的伙伴和环境，无论它们是多么微末或可厌，因为宇宙已经将我们所有的欢愉都交托给了他们。"(p. 223)

如前一节所述，教师可以通过他们的前辈，并与思想严谨的同行交流，来接近这样的信条。第二章中迈克尔·奥克肖特和苏珊娜·胡佛的例子说明了学生如何理解老师对自己的影响。通过这样的方式考虑前辈和同行，我们很快就会发现，思想严谨的教师在风格、方式和教学特色上大相径庭。教师在如何强调学科中蕴含的思想和意义方面各不相同，就像他们对学生个性发展的关注和关注的方式方法也不同。教学传统是这些标志性差异的基础。换言之，传统赋予了它们作为教学实践共同的特性，为我们欣赏它们的价值提供了意义的背景和视域。可以说，在理想化的世界里，每个教师都会以相等的程度实现本书中所考察的教学术语。每个教师都会努力拓宽、深化和丰富学生的理解、能力和观点。虽然我们不能生活在理想的世界，但我们确实生活在传统之中，这样的传统使我们有可能更接近而不是远离理想。传统感帮助教师坚守这个真理，并在工作中将其付诸实践。

第四节　教学中传统的动态：问题与回答

如诸君所见，传统不像初听之时那样简单，而是一个更为复杂且充满挑战的概念。某个角度上看，传统是人们过去的行为和方式，它只是对昨日世界的一个称呼。传统之于保守主义教育者，会唤起对最珍视且亘古不变且不容辩驳的价值观的想象。传统之于改革心态的教育者，是令人担忧、沉重的、过去的碎片。传统所唤起的可能是一种沉重和停滞的形象，而不是轻盈、进步和自由。

本章试图走向探讨传统的第三条道路。在教学实践中，传统和传统感发挥着核心的动态的作用。它们为掌握教学的术语和重要性提供了背景或者说资源。从技术角度来看，它们产生了一种有原则的"非现在主义"（nonpresentism）和"非传统主义"（nontraditionalism）。一方面，传统感使教师与如本书第一章中的当代教学概念保持了批判性距离。传统感使教师能够权衡他们听到的有关教学的各种主张，并将它们与实践本身所承载的历史相比较。另一方面，传统感推动教师进行自我批判，抵制对过去方法和观念的盲目拥护。传统感像是为教师提供了一个站位，用来审视自己的课堂，用来回应对外界对教师角色充满矛盾的公众诉求。传统感赋能教师尊重合理的公共关切，同时不放弃自身教学实践的完整性。

下一章节将进一步论证为什么传统感不等同于对历史实践的知识，还会探讨教师和教师候选人如何培养传统感。为了做好铺垫，在此先回答已有分析引发的几个问题：（1）是否存在"恶"的传统和做法，如果存在，是否影响现有观点？（2）如何运用实践的传统来批判这个传统本身？难道人们在批判传统时不需要一个超越传统的立场吗？（3）教学中的传统是单数还是

127

复数？

一、"恶"的传统和实践的相关问题

前一小节强调传统感引导作为教师的个人，不该回避，而是应该批判以教育之名行害人和不公之事。传统本身为这种批评提供了依据。换言之，教师并不需要完全放弃或完全超越实践的范围，才能提出正确类型的问题（下文也将展示其他可能有帮助的视角）。

尽管如此，本章的总体论点似乎是，就教学而言，传统和实践的概念往往与真理和善相一致。但是否存在"恶"的传统和实践的问题，需要另一整本书的篇幅才能充分回答。然而，回答这个问题的方法之一是，思考长时间持续存在的"恶"的实践，相比于传统，是否更揭示了何为传统主义。邪恶的实践，比如向他人开战和奴役他人，让我联想到宪法的狭隘性和僵化的思想和灵魂，这与我心中活生生的、勇于质疑的、充满希望的传统相关的术语完全相反。传统当然可能石化成为传统主义，从而成为危害的根源。并且，据我所知，没有什么传统或实践在道德上是绝对纯洁的。也许僧侣教团是一个例外，但没有什么传统或实践可以隔绝社会、文化和政治的影响，而这些影响并不总是良性的。不良的影响则会分裂人类的任何事业。而且，如果传统是活跃的，实践的参与者也不能简单地确定哪些人能维系教学和丰富教学，哪些人则可能会危害它。

然而，正是因为有了认真对待的人，像教学这样具有鲜活传统的实践活动，才能被理解为向真向善的努力。在课堂这个具体的世界中，这些大词代表着支持而不是破坏学生的学习和成长。尽管从学前教育到研究生教育，各地的教师（包括本文作者）经常在工作中磕磕绊绊、迷失方向、遭遇失败和误入歧途，甚至在教学实践中不断受到外在机构和其他力量的威胁，教学仍然是为了学生的学习和成长。教学在经历了所有这些沧桑巨变之后，依然存在，而且常常是奇迹般地存在。我相信这种处理"恶"的传统和实践相关问题的方式，虽然需要论证来支撑，但它超越了规则或高高在上的唯心主义。正如此处探讨的，这种方式更多的是一种历史性的考量、接受和批判性的同情。

二、 应如何批判自己的传统?

让我们开始讨论从内部批判传统的问题。朗福德(1985)提醒我们，"批判的愿望取决于对批判可能性的意识"(p. 33)。传统感可以激发这种愿望和意识。它拓宽了教师思考工作背景的视角，它让教师有力地进行自我批评，并在共同工作和观点的有益对话中找到了坚实的基础。

朗福德(1985)指出，

> 获得个人视野首先是获得传统提供的视角，从而了解并接受绘画或教学等社会实践的整体观点或总体目的。这意味着要获得关于目的的认识和理应如何做的观点。由此使人能够通过参照这一观点来对具体实践中的做法进行辩证或批判。(pp. 41 - 42)

随着经验的积累，思想严谨的教师学会了如何辨别什么是优质的教学，如何区分真实与虚假，洞察新的课程和新的课堂组织和学校生活管理途径。成熟的画家和诗人能够协调形式和实质，或者至少懂得欣赏这种协调的意义，像他们一样，经验丰富、善思的教师则能够洞察教与学的学科材料。即使没有用这么多的话语，他们理解教学既是一种智识上的活动，也是一种道德上的追求的原因。他们能够回答外行人难以回答的问题，比如，何时能知道自己已成为一名教师？怎么知道自己在道德和智识上，已经从新手转变为一个成熟的实践者，能够为提升学生的福祉和实践作出贡献？从职业角度来看，获得适当的学位或资格证，并有一份教学工作时，就成为了一名教师。但这些仅仅是流程，实际上，如何从初入教学实践到突然感觉成为了一名教师，并且开展了真正的教学，这一过程是不可预测的，也无法被职业的流程所代表，另外，感觉自己像个老师的体验，可能会随着成就和挫败来来去去，持续出现在教师的整个职业生涯。出于很多原因，许多教师教育家都有中小学教师的经验，并且长期以来一直主张与领域内的导师教师建立密切的专业关系（参见 McIntyre, Hagger & Wilkin, 1993）。教师可以用独特的方式，成为最好的自我批评家。随着时间和经验的积累，他们学会了如何教学相长，同时学会了如何成熟地回应家长、管理人员和其他公共角色的要求和需求。

然而，批评家可能会指责这种观点过于狭隘。教师可能会问，如果他们仍然局限于传统中，如何使用教学实践的术语来批评和丰富它们呢？换句话说，如果教师仍然被传统所束缚，又如何能对传统做出批判性的回应呢？又或者像朗福德（1985）所言，"（教育者）如何通过诉诸传统来进行对传统的批判？"（p. 37；另见 Will, 1985a, pp. 125 - 126）。我将讨论教育者在教学中批判传统的五种方式。这些方式与本章分析相辅相成，而本章的分析将说明传统是如何限制了教师的同时，也为教师提供了支持。

朗福德（1985）指出，传统中始终有至少两个元素：开展实践的独立性技能和观察理解实践的方式（p. 37）。其中任何一个元素在以期实现实践的整体丰富的前提下，都可以批评另一个元素。它们共同证明了一点，那就是"*植根于公认的实践中，存在具有超越、对抗和其他方式修正自身的能力*"（Will, 1985b, p. 195；着重部分由原作者标明）。例如，历代棒球运动员不断完善个人技能和技巧,从而影响了比赛的整体战略和目标。与此同时,总有参赛者从广阔的视角出发,关注如何打造一个成功的赛季或如何激励球员取得优异的成绩,而不仅仅是如何投给下一个击球手。他们的视野产生了新的见解,从而改进了个人技术和技能。教学也是如此。例如,由于教学实践中传统的不断发展,如今的教师一致认为教会年轻人学会阅读、写作、算术等便是好的。他们赞赏这些目的。但经过数代人,他们对教学中应采用何种适当的技能和技术一直存在分歧(参见 Langford, 1985, pp. 37 – 38)。此外,他们讨论并批评了自己和同行在教学阅读、写作或数学等方面采用的特定技巧。这些不同形式的内部批评充满活力,硕果累累。

130

第二种批判传统的策略是采取其他实践或其它传统的视角。世代相传,诗人通过思考其他艺术形式,如绘画、雕塑、舞蹈等,发现了新的表达形式并深化了自己的思考。教师通过比较和对比他们所参与的其他实践所用的术语,如社会工作和育儿,发现关于他们工作的新方面和细微差别。他们可以通过思考比如校长职位中体现的有关教育领导的传统、有关护理和咨询等领域的传统,来洞察教师的角色。此外,他们还可以通过沉浸在奥克肖特(1989)所说的历史性"语言"——如艺术、文学、科学、历史——等获得实践的视角,而人们正式通过这些语言理解自己和世界。这些不同的视角并不会取代教学中的传统。相反,其他实践的观点可以推动对教学传统和实践的批判。

第三种批判传统的方法是采取全球视角。这种方法意味着利用各种资料来源来思考国内外当前的政治、经济和社会状况。这需要对本地区或整个社会的历史进行研究。艺术家们一次次地试图理解人们的关切、问题、恐惧和希望,来丰富自己的作品,这些努力为其艺术的意义和可能性带来了新的启示。与艺术一样,教学从不是在社会性真空或存在性真空中进行的,通过为教学提供更广阔的背景,可以帮助教师更深刻地了解对如何更好地实现教学的目标。需要再次强调的是,采取全球视角也不是为了取代教学及其术语,也不是要跟教学实践和传统决裂,而是为了提供另一个潜在的富有成效的批判性视角。

第四,如布鲁姆(1975)对诗人成长经历所描绘的,参与一种实践的人会带入有关经历、关切、问题和愿望的个体性历史。教学也不例外。从隐喻的角度讲,教学实践可能召唤了个人从事这项工作。但他们毕竟听从了召唤。出于部分本性,人能够接受召唤,甚至渴望参与教学。但并非每个参与者都会成功。请记住这一点,有许多人被召唤教学,但并非所有人都能成为真正的教师。然而,每一位慎思的教师都可以形成一种独特的工作方式。这种个人化的独特方式能够对教学传统中长久以来被推崇的术语作出公正的评判,创造出崭新的表达方式,扩展了教学的范围,也成为其他人学习的借鉴对象。

最后,批判教学传统的第五种方法,又回到了本章开头的评论。在约翰·多恩"丧钟为谁而鸣"的诗句中,我们听到了一个古老的理念:教师服务于人类对于繁荣的召唤。这是用最宽泛的术语来表达的。教师培养人,培养一个自己和学生能够成为的人。这种观点提醒教师要在道义上与人类休戚与共,从而帮助他们检查自己的工作。历史已经披露了许多类似情况,一个群体否认另一个群体成员的人性或人格的地位,并试图控制、支配甚至摧毁他们。如弗雷德里克·道格拉斯(Frederick Douglass)和 W·E·B·杜·波依斯(W. E. B. Du Bois)等人记录了奴隶制如何缩小了美洲黑人的作为有意义的空间。在这些作品中,奴隶制未能完全剥夺了培养人格的感知(a sense of personhood)的条件。他们生动地展示了人类在面对有组织的压迫时的坚韧和行动力。茨韦坦·托多罗夫(Tzvetan Todorov, 1996)等人的著作展示了纳粹集中营和苏联古拉格集中营中的一些人是如何保持自身人格的。他们开辟了一方空间，能够采取道德的行动，而不仅仅是对环境做出反射性反应。尽管这个空间狭窄并且受到威胁，但它充分说明了人类对尊严和意义矢志不渝。也有作家关注战争及其影响，例如西奥多·普利韦耶(Theodor Plievier)关于二战的"三部曲"和西蒙娜·魏尔(Simone Weil)关于《伊利亚特》(*Iliad*)的论文，这些作品进一步揭示了战争中具体的事件和情境是如何削弱或蚕食个体的人格和道德能动性的。士兵和平民在战争中遭受的苦难是极其可怕的。战争毁灭了人类，而如果世界的道德轴心稍稍偏移一下，这些人本可以相互嬉戏、相互合作。

这些回顾深化了有关教学的术语，以及"个人""行为"和"道德敏感性"等概念在教学中的持久意义。这些术语和概念抓住了培养人性和为人类的丰盈作出贡献的核心特征。人们在描述自己的目标和事务时，可能不会使用这些术语，他们也无须这样做，因为关键不是摆出姿态，而是尽可能充分地、人性化地生活。教师可能不会将自己看作是"为人类的丰盈作出贡献"的人，正如奥克肖特(1989, p.62)所警告的，谨慎使用这样的话语是明智之举。这样的话语可能感情用事，而将教学描绘成一项宣教工作。但教学中的传统表明，促进人类的学习和成长一直是教学实践的核心目标。教师教会他人阅读、写作、数学、绘画、舞蹈、修理机器、公开演讲，以及思考他人的思想、情感和愿望等。他们赋予了这些目标生命力。如此，教师帮助他人扩展自己的活动和能力范围，扩展他人的世界视野，而不是收缩它们，让个体定位在令世界更加充盈的位置上。个体的学习反过来又使他或她能够更深入地参与他人和世界。人们可能不会形容教授汽车维修的教师帮助他人"进入更广阔的体验视野"。但我知道没有其他说法更能概括教学行为的意义了。

简而言之,教师改变人类生活。无论是在三年级的阅读小组中,还是在十年级的历史讨论中,抑或是在大学的生物实验室中,教师的道德敏感性和对教学术语的把握——也许未能诉诸语言,但始终存在——它们都是其教学实践的基础。实践和敏感性的概念证明了道德的基础或源泉,由此教学的日常活动获得了长期存在的理由。教师可以通过记住与他人在道义上的广泛团结,获得对这些理由更多批判性的洞察。要谨慎的是,对教学中传统的回忆,并不意味着取代传统。正如我在第八章中所讨论的,服务和使命的理想,尽管听起来很高尚,却可能让教师忽视人类的现实和自己的责任。

我希望这些观点能够在思想上和行为上助力澄清,为何在一个富有历史传统的教学中实施教学不会束缚和桎梏教师。如本章所述,传统感不但不限制教师的批判性视角,反而是证实它。

三、 教学中的"传统"是单数还是复数?

本章要讨论的第三个也是最后一个问题是,应该用单数还是复数来谈论教学的传统。关于传统的讨论可能会引起道德上的争议,因为这可能被认为教学的定义和实施教学的方法只有一种正确和真实的方法。第一章已经提出了这个问题,即教学作为一个单数是否意味着一个单一的含义。我希望已有的论述已经充分表明,单独采取这种立场更接近传统主义而非传统。在活的传统中,人们阐明教学的特点、术语、挑战等,来描绘自己从事的教学工作,但他们并不用某种终结的、封闭的方式来"定义"或"解释"教学。教学实践者可以从反思和质疑自身的所作所为,使得传统保持活力和发展。

批评者可能会据理力争教学因深受特定文化的习俗和信仰的影响,有许多种不同的传统(traditions)。在中国、印度、非洲、欧洲、巴西等不同地方都有教学的传统,简言之,可以说在世界各地的人民中都有教学传统(参考

133

Reagan, 1996)。另一方面，批评者可能采取更广泛、更普遍的视角。例如，菲利普·杰克逊(Philip Jackson, 1986)描述了两种根植于人类历史深处的教学传统，分别是"模仿的传统"(mimetic traditions)和"变革的传统"(transformative traditions)。模仿的传统是长期以来的观点，即教学意为向年轻人传授知识，意味着传递社群所掌握的知识。这也是多数人的观点，教学是传授数学、历史、科学等知识，还有阅读、写作、游泳、跳舞等技能的过程。杰克逊认为，在这种传统中，方法变得至关重要，因为教师必须弄清楚如何传授知识，以及如何确保年轻人吸收了这些知识。相比之下，变革的传统中，教师希望除了传授知识，还希望将学生转变为有思想的人(杰克逊指出，他们可能也会将自己转化)。与将学生的头脑填满教学内容的方式不同，变革性的教师希望帮助学生发展自己的头脑。他们眼中的学生不是策略性规划的对象，不是为了有条不紊的知识传授。相反，他们将学生视为道德的存在。教师理当提出问题，表达惊奇和怀疑，并将自己作为学生的榜样，教会他们在人生变迁中如何道德和理性地行事。杰克逊认为，这两种传统如今仍然富有解释力，尽管它们各被推崇的程度时高时低，并且，它们的共存会给试图对两者都保持警觉的教师带来紧张和困难。

为回应多元主义的视角，我们可以谈论那些因为不同文化、学科和教育阶段而不同的教学传统。诗歌也类似。人们谈论美国的诗歌、乌尔都的诗歌、冰岛的诗歌、中世纪的诗歌，还有女性主义诗歌、后现代主义诗歌、工人阶级诗歌、同性诗歌、战争诗歌等。我们不可能一一列举他们从跨越时空的同行那里发展出新思想和风格可能性的所有事例。然而，从古至今，诗人们相互学习，跨越了地域、文化和时间的界限。他们跨越时空从的同行那里发展出新思想和风格可能性是如此丰富，难以一一列举。而且，诗人之间沟通的方式植根于写诗的实践。就像经验丰富的教师最适合回答"怎么知道自己已经成为一名教师?",诗人也是如此,他们是最了解诗歌的人。诗人的知识不仅包含关于诗歌的定义和理论,或者诗歌的不同表达方式及其结构特性。这些知识更多地与他们置身于诗歌实践的局内紧密相关,占有实践并被实践所占有,尽管这种关联性并非是以束缚的方式。从广义上说,诗人通过形式、内容和呼唤共同连接。换句话说,诗歌不仅仅是散文、舞蹈或其他艺术的替代品。相反,它创造了自己独特的机会和要求。这些事实阐明了诗人为何通过与他人交谈以及研究过去和现在的诗歌来提升写诗能力的原因。诗人并不完全依赖于并非是诗人的同邻、从事其他媒体艺术的艺术家等对诗歌的看法。

显而易见,我从南非或印度的一位严肃认真的同行那里学到的教学知识,很可能比我从美国的非教师的亲人和近邻朋友那里学到的还要多(我从他们那里学到的东西是我从同事那里学不到的)。我和同为教师的同事们都有来自教学实践中获得的概念、想法、形象和经验,这些使我们能够进行具有批判性和富有成效的交流。而且,我们还可以互相交流,因为正如我在本书中所主张的,教学并不等同于社会化或文化适应,也不等同于灌输。全世界的教育工作者都在称其为教师教育项目而不是社会化或文化适应准备项目,这是有正当理由的,而不是出于敬意。事实上,有的教师教育工作可能仅是社会化,但这并不能抹消教师教育和社会化的差异。这不是说这些术语是对立的,因为参见下文可知,教学和学生社会化往往是重叠的过程。但这些概念并不能互换。它们所描述的事物并不相同。奥克肖特(1989)认为,社会化是"成年生活的学徒制……受到外在目标支配"(p. 84)。我认为,教学的特性在很大程度上来自其内在的目的和特征,是作为一种具有活传统的实践。在这些术语下,教学可能不像人类文化一样古老,因此也不像社会化和文化适应过程那么历史悠久。正如本书所主张,教学(以及我想补充的教师教育)是对一种具有丰富的、历史悠久的道德上和智识上的意义的实践的邀请。

与教学作为社会化功能相比,教学作为实践,强调了人们可以成为什么样的人,而不仅仅是他们已经成为了什么样的人。教学邀请人们参与到他们未来成为什么样的人的可能性中去,而不仅仅是参与到他们的现状,或者是其他人的既有认知和外在期待中。这一实践吸引教师和学生充分发挥自身最杰出的想象力(他们最糟糕的想象力也能创造出我们尚未成为的状态)。我指的是一种状态,例如知识更渊博而不是更贫瘠,对其他观点和看法的思考更充分而不是更浅薄,参与追求意义和目标的能力更强而不是更弱。

教学作为一种实践,而不仅仅是一种社会化的工具,是在人们对自身重视的东西以及他们如何将年轻一代社会化形成价值观等产生疑问时出现的。当人们对道德和政治体制的适当性提出疑问,对自己的知识和理解感到疑惑时,并寻求比现有信仰和价值观更广阔的背景来回答这些问题时,教学就产生了。这并不是说,教学作为一种实践的出现是为了让人们谴责,更不是为了推翻现行的习俗、价值观和年轻人的社会化方式。相反,教学之所以形成,有一部分原因恰恰是这些习俗、价值观和模式本身无法为判断其自身性质和价值提供足够的视角。换言之,教学有助于人们获得批判性的距离,同时又在与世界建立具体的关系。教学也许不是诗歌,但它是一种创造性的行为,而不仅仅是复制性行为或社会化行为。

杰克逊(1986)的分析帮助我们认识到,工作的创造性和复制性有时会在矛盾中共存。但这并不意味着我们应该谈论教学中的两种传统,即杰克逊所称的模仿的传统和变革的传统。模仿的教学方法可能最好被理解为所有教学,或至少是大部分教学,不可或缺的一个阶段,但其本身并不是一种教学传统。所有年龄段的人在初次接触新学科时，都会模仿和吸收老师所讲的内容。大量的学习就是这样发生的，也应该是如此。例如，如果没有经验丰富的人在我身边指点迷津，提出建议和见解，我会讨厌学习园艺。新教师也一样，他们不由自主地模仿从别人，学到许多东西。这些老师的学生也会在课堂上模仿自己的所见所闻。简言之，传授信息和做事的方法构成教学的核心方面。但作为一种独特的实践，教学的意义远不止于此。当教师帮助学生不做仅是因吸收知识而膨胀了的海绵时，教学就发生了。当教师帮助学生思考他们正在做的和正在学习的事情时，教学就发生了。当教师鼓励学生提出问题、考虑新的可能性、认真对待他们自己的成长和学习能力，以及正如奥克肖特（1989）强调，培养判断力时，教学就发生了。这过程远远超过模仿的过程。教学必然会包含帮助个体在生活中开辟新的领域，即使这种开辟和耕耘，就像写诗一样，大部分是不引人注目的，而且经常是困难的。

教学构成一种活动的模式，这是我在第二章中探讨教师的行为含义时提到的一个观点。如果将一个特定的课堂行为脱离它的情境，我们将无法确定它是否构成教学。任何教育系统的任何级别上，课堂教学都是非常复杂的，不能允许断章取义。它总是有着社会化、文化适应和模仿的阶段性或即时性的特征，这些特性以不可预知且通常是隐含的方式混合交织。整体的工作模式以及本书一直试图阐明的更广泛的成长和学习的目标仍然是关键，实践的概念，以及与之相关的传统感，有助于把握这种模式及其意义。

从传统中产生的教学术语为教师提供了一种思想、情感和行为的形式或方向。它们不会，也不可能预先规定思维、情感和行为的内容。有鉴于此，教学术语反映了我在第三章中提到的成长中的受过教育的人的品质。这些品质也提供了一种形式，而不是预先规定的内容，允许教师确定并谈论开明、简单等品质的含义，这也说明了一种形式的价值和力量，但它们不提供关于思考内容的具体蓝图。同样，我也不知道有什么公式可以确保教师能够帮助学生拓宽、加深和丰富他们的理解和视野。然而，这种形式本身，即强调拓宽和深化学生理解的形式，有助于我们觉知自己是在谈论教学，而不是在谈论以教学为名进行的其他事务。

因此，传统感并不依赖于对特定做事方式的严格遵循。它超越了任何单一运作的传统实践。我们是教师这一事实，而不仅仅是我们在某个特定时刻所做的具体事务，这构成了教学。传统感使我们洞察到，也许是诗人华兹华斯所称的爱，洞察到伴随教师身份而来的一种机会、一种特权、一种冒险，以及在道德和智识上的责任。这种立场使教师能够跨越不同的教学传统，跨越实践中的手段和目的的差异，进行卓有成效的对话。它为教师提供了相互学习的基础，不限制于机构设置、学生年龄、所学科目等方面的差异。它还为有价值的批评开辟了道路，使实践得以长期健康发展。再次采用库亚（1998）的说法，传统感有助于教师形成一个解释的共同体和希望的共同体。

第七章 在教学中培育传统感

化汝之传承

为汝之责任，

唯如此，方成汝之本心！

——歌德

尽管历史知识很重要，但是传统感与之不同，本章试图分析两者差异的原因进一步说明传统感的动态变化。这一分析将补充上一章对培养传统感，以及对传统特定形式的遵守之间的区分。我认为，人可以与历史建立一种关系，但这种关系不等同于仅仅了解前人的言语、思考和行为。仅是了解既有的所言所思所行，很可能会导致工具性的历史观，只是将历史看作是对事情成败的提示，而不是将历史视为疑问、洞察力和渴望的来源，而这些疑问、洞察力和渴望可能与人们如何构想当下的关切和事务同样重要，甚至更为重要。工具性的历史观把过去变成了一本百科全书；反之，传统感则揭示了在人类寻求理解、意义和丰盈的过程中，历史如何成为对话的"伙伴"。

为了提出这一论点，我对约翰·杜威和汉斯·格奥尔格·伽达默尔有关过去的证言（testimony）进行了研究，也进行了批驳。我深入研究了一位学者型教师在教学中与传统的接触（Bushnell, 1996），以作具体说明。本章最后,我将进一步说明教师如何在教学中培养和深化传统感。随着分析进程,我试图提供足够多的路标和评论,引导我们不断回到前一章的论点:教师角色中的人,应将自己看作是人类历史中的存在,不仅是单一地存在于当下、过去或者未来,更是在它们连续性中存在。

第一节　与传统对话

在杜威的著作中,他对谈论传统的智慧的问题表现出实用主义的疑虑。他并不把过去看作是一长串人类的愚蠢行为,而这些愚蠢——万岁!——在美妙的现在被克服了。杜威既批判对现在自鸣得意和教条式的吹嘘,也批判极端保守地固守过去。他反对那些偏向于研究过去的教育实践,更反对推崇历史多过于推崇现在。杜威承认人们可以从过去的文献、方法、信仰等获益,但是"把它们作为*现在*的资源,还是当做可追溯的标准和模式,这两者之间存在着巨大的差异"(1916/1997,p.74)。杜威指出,"当且仅当融入现在时,对历史的了解才具有重要意义。把历史的留存作为教育的主要教材,切断了现在与过去的紧密联系,误把过去当作现在的对手,使现在变为对历史多少算是徒劳的模仿"(1916/1997,p.75)。

只有食古不化的人才会认为教育应该只关注过去,而忽视现在。我赞同杜威的实用主义关切。然而,杜威暗示,历史仅在于其帮助人们解决现在的问题和困境时才是"有用的",这个观点并没有帮助到教师。这种立场容易把历史和传统本身看作纯粹的工具,而不是看作对批判我们现在使用的工具和使用方式的来源。这里所说的工具,包括教学方法、课程材料到教师组织课堂的方式等。杜威的立场可能会在不经意间导致工具史观,削弱传统的批判力量。这种历史观削弱了传统从当代看法、关切和目标中获取批判距离的趋势。这种立场倾向于把历史仅仅视为当代人可以借鉴的经验教训的宝库。历史确实在这一点上起到非常重要的作用。但首先,根据*现在*对于所谓教训的标准来求助历史是一回事,从*历史中学*到什么构成了教训又是另一回事(Mounce, 1973; D. Z. Philips, 1979)。前一种立场意味着当前的信仰、假设和目的将保持不变,或许甚至根本不会受任何质疑。这意味着,如果我们照抄所谓的"历史教训",只会证实已有的认识和信念,但并非获得真正的*教训*。这些"历史教训"并不会动摇或挑战目前的任何信仰,无论这些信仰是保守的、激进的、民主的、自由的还是其他面貌。这些"教训"也不会帮助人们重新构思、重新发现或重新确认可能重要的问题和思想。

从教学实践的立场来看,杜威对于不加批判地抱持过去的信仰和习俗的担忧,是正确的。然而,若要从*历史传统中*学习,以史为鉴,就必须把过去种种当作解决当前问题的工具。以史为鉴要求人们批判性地审视自己的信仰和假设,而无论这些信仰和假设看起来多么珍贵或正直。批判性的审视并不意在摧毁这些信念。事实上,研究历史上的实践、思想、器物和事件有可能会巩固现有的信念,但这是在有意识的思考过程中得出的结论,而不是盲目地寻找符合特定意识形态的结果。从历史传统中学习也并不认为过去富有更高的道德优越性和更深邃的智慧。但是,让历史发声确有必要,我们自己并不是自动便拥有道德优越感,或者更敏锐的洞察力。这种立场方能让我们与过去对话,而不是像第六章中述及的,是一场单向度的独角戏,要么是历史主宰一切,要么是现在对历史嗤之以鼻。这两种立场都会导致人们在思想和道德上停滞不前。

有鉴于此,汉斯·格奥尔格(George Santayana)那句耳熟能详的历史箴言便有了新的含义。他说,不能记住过去的人注定要重蹈覆辙。该"覆辙"有一部分是指停滞不前的思想和情感。如果某一代人不能让自己经受住传统的质疑和考验，他们的思想和情感就可能停滞不前，他们的生活方式无论自视有多么开明或解放，都是僵化的。或者说，这一代人的实践可能会变得不伦不类，他们的生活方式因为缺乏强有力的替代品而消散。这样，他们就会"重蹈"前人的覆辙，像前几代人那样故步自封在僵化的世界观中，在不经意间给自己带来了麻烦。爱德华·希尔斯（Edward Shils, 1981）认为，剥夺从历史中学习的机会，或者完全否定传统，"将一个人局限于他自己那一代人"（p. 327）。希尔斯选择的动词恰如其分地说明，仅仅以现在为立场思考人类的问题、需求和前景，具有危险性。不加批判地拥抱现有的思想观点，和教条主义地坚持历史传统一样，都会压制真正的质疑精神。

据我了解，希尔斯（1958, 1981）对传统进行的社会学研究最为深入。他认为传统有四个核心特征，其中部分前文已经提及：（1）与时尚不同，传统历久弥新。（2）在一定程度上，每个传统的传承和变革都是通过模范的作用实现的。例如，柯雄文（1998）认为，儒家道德传统的核心是"将模范视为传统精神和活力的典范化身"的理念（p. 241），传统之所以持续存在，并激发人们的活力，是因为具有示范性的事件、场景和叙事（这一点我将在下文中再谈）。（3）传统作为被持续解释和对话的对象，会发生变化和修改。（4）传统的素材被选择性地传承，有时是专门的论辩或探究的结果。希尔斯（1981）写道："传统的过程总是一个选择的过程。有一部分传统会逐渐变得模糊不清，以至于少有人知，乃至无人问津。"（p. 26）教学中也有相应的例子，比如，如今的教育工作者没多少人会知道1900年左右使用的教科书，不知道它的内容，甚至不知道它的存在。然而，教科书等其他背后有故事的教学材料，却在教室里随处可见。本章中将继续探讨这些方面以及传统的其他特征。

伽达默尔（1960/1996）阐释了过去与现在对话的概念。他对传统的分析启迪了批判传统的潜力。布鲁姆（1975）仅讨论了传统与诗歌，而伽达默尔则更广泛地探讨了传统和包括诗歌、文学和绘画等等在内的艺术。他还研究了哲学写作。他的基本观点是，这些作品可以在今天继续"言说"。也就是说，这些作品之所以成为艺术或哲学的作品，一部分原因是它们能够继续与当代人对话。这些作品中的声音质疑我们的信仰和目标，点亮了被遗忘的思想和可能性，指出我们的各种缺点。但是，它们也通过自身的局限性和特性，揭示了现在的独特性，那就是现在并不是过去苍白的复制品。

根据伽达默尔的观点，索福克勒斯（Sophocles）在 2 500 年前写的剧本不仅仅是印刷品上的文字。它不仅仅是一个特定的人在特定时间，以特定的问题和关切写下的一个特定的故事。多亏了读者的阅读，索福克勒斯的戏剧成为一个有生命力的实体，它能够真正打动人心，让今天的人们感到不安、困惑并充满想象力。伽达默尔洋洋洒洒但逻辑严密的长篇论证，意在说明，今天的读者对索福克勒斯戏剧的反应，潜在地形成了这部戏剧作为艺术作品的*构成要素之一*，也就是作为传统的要素。这部戏剧横越时间、地点和环境的差异，它在与现在的对话中"再次言说"。打个比方说，这意味着这部戏剧反过来向当代读者提出问题，比如关于美德的本质、宗教信仰的本质、正义的本质、最良善的政治安排的本质等等。在伽达默尔看来，传统和对话的概念相辅相成。

人们确实可以把过去的艺术和哲学作品当作死物。和杜威担心人们盲目崇拜过去的作品相反，有的人可能把它们视为过时的老古董，难以成为真正对话的伙伴。另一些人则用当前的关切和愿望形成一扇单向的窗口，通过这个单向的窗户来凝视这些作品，只挑选那些能证明或支持自己心态的作品，不容许引发任何质疑。伽达默尔认为，这些习惯源于他所说的人类"偏见"，或者更准确地说，是未经深思的或先入为主的偏见。人们带着各种相互协调和冲突的假设、愿望、欲望等，看待过去的艺术、文学和哲学作品，以及很多当前的工作和人际关系，而这些假设、愿望、欲望中有许多是他们意识不到的。在这样的情况下，所有的人在某种程度上或在某个时候，都会发现难以接受不同的东西，包括传统的声音，这丝毫不足为奇。伽达默尔（1960/1996）写道："我们总是怀抱着希望和恐惧，受到离我们最近的事物的影响，影响我们如何对待过去的证言。因此，我们必须时刻警惕，不要过于草率地将过去同化为我们自己对意义的期望。"（p. 305）

偏见并非一成不变，在伽达默尔的论证中，这正是传统发挥强大道德的作用的地方。他展示了传统的声音如何打开那些自我构建的单向窗口，让人们意识到自己的偏见，走上批判并且改变偏见的道路。如果让一个人的思想和感性（sensibility）去接触索福克勒斯的戏剧、日本古典的岩石花园、16世纪斋浦尔（Jaipur）的音乐、艾米莉·狄金森（Emily Dickinson）的诗歌，可以帮助他参与到人类表达的关系的新的理念和可能性中。这些理念和可能性不仅是过去的回声，不仅是逝去岁月的惰性或无生命的人工制品。它们动态地结合了剧作家、雕塑家、作曲家或诗人与他们试图尝试的事情，以及对当代人的所思考的问题、关切和洞见。例如，狄金森写道，（在许多其他的人类困境中）放弃当前的倾向，转而追求更宏大事物所带来的承诺和痛苦。但她的观点之所以富有生命力，是因为读者认真对待了它们，有部分是因为读者将这些观点与自己的问题、情感和关切联系起来，而这些问题、情感和关切是关乎于倾向在营造生活中的位置，此外，读者可能迄今尚未完全参透这些问题和担忧，但多数都感受到了它们。

与传统对话的意象补充了前一章的分析。它进一步揭示了活的传统的含义，以及传统在诸如诗歌或教学等实践中对个体的影响。这一意象展示了个体如何在传统中留下痕迹。与传统的对话使其保持活力，并朝向人类

142

对于意义和丰盈的希望。

人如何学会让自己的思想面对来自传统的问题？为什么他们会首先阅读艾米莉·狄金森的诗歌或思考日本的古典盆景呢？教师可以在向他人介绍传统声音时发挥核心作用，这一过程也会促进他们自己参与到与传统的互动中。例如，奥克肖特（1989）探讨了教师如何引导学生了解人类的"传承"（inheritance）和"成就"（achievements）(p. 22, pp. 29 - 30, p. 41)。正如我在前几章中指出的，他还将这些传承称为"语言"，比如艺术、科学、文学、历史等语言，都是人类试图理解自己的方式。进入这些语言体系就是进入人类的某个可能性的领域，一个充满着关于意义、目的和价值的问题的世界，而不是预先设置标准答案的世界。

亚尔·沙莱姆（Yael Shalem, 1999）认为，启蒙和批判的过程，即与传统对话的过程，需要教师调节一个有利于教与学的环境，这也是我在第四章和第五章中探讨过的话题。沙莱姆关注课程和教学设计，将这个持续不断的动态称为"认识论劳动"（epistemological labor）。这个术语在一定程度上强调了教师通过精心策划的活动来引导学生，使他们接触可能还没有形成"语言"的知识和理解。沙莱姆认为，这番努力有助于学生掌握体现了所学科目中的传统。她写道，"通过这种认识论劳动，教师为学习者提供了一条路径，能够进入传统、关注传统的语言，并利用它来批判和扩展传统的成就"（p. 68）。教师从传统中选取作品，包括阅读、绘画、实验等其他作品，指导学生研究它们，并反思这一过程中产生的问题。例如，我之所以对杜威的教育观点感兴趣，要归功于我的几位老师，以及对杜威作品的相关阅读。我的老师通过授课为我打开了杜威思想的大门，让我了解到杜威所关心和致力于解决的教育问题，并让我学会欣赏研究杜威作品时可能产生的问题。由此产生的兴趣促使我自己与传统对话，这体现在杜威的论述和我对其的回应

143

中。本书中分享了这一对话的部分成果。

教师可以在课堂上创造条件，激发学生的思考、质疑和好奇心。这些条件之一就是传统的声音，它体现在课程中的各种科目、主题和文本中。教师通过帮助学生带着思考和谨慎的态度处理教材，让传统的声音与学生的声音结合起来。这一过程中，教师可以帮助学生认识到，有些观点、洞见、理解、情感和希望，可能超出了他们最初认为有可能的、可获得的，甚至能够表达的东西。这样的结果可以让学生向这些观点、洞见和理解提问，而提问会开阔学生的视野。回顾前文使用的术语，教师可以帮助学生体验真正的教训，那便是与人类的成就和奋斗之间真正的相遇，这才有可能改变他们的自我认识、知识，以及世界观。这一过程多是间接的，它也许于静谧中生成，不需要大张旗鼓，也不会成为焦点。它随着时间的推移产生，且通常微妙且不可预测。

教师通过培养传统感，可以为教学工作做好智识上和道德上的准备。他们可以从前辈和同行处，还有其他广泛的信息来源学习教学实践的术语（下文将详细介绍）。在此过程中，教师们会发现在教学的内涵问题、人为何从事教学问题上的最深层次的假设。同时，这一过程也会帮助教师用批判性精神，进一步扩展教学实践的边界。教师能够用自己的方式回应传统，并使得自身提供服务的希望与实际工作中要求的义务平衡协调。在此呼应本章开头引用的歌德的格言，"传统，或者说历史传承，是我们面临的一项'责任'，即使不被任何人强迫，这也是认识我们自身局限性必须要作出理解传统的努力"。这会阻止自鸣得意、消极怠工和自我满足的滋生，转而要求向内和向外的积极质疑（Gadamer, 1960/1996, p. xvi, 译者引言）。

144

第二节　参与传统的声音

本节将探讨丽贝卡·布什内尔(Rebecca Bushnell)对 16 世纪和 17 世纪早期英国教育实践的研究。她的著作是《教学的文化:理论与实践中的早期现代人文主义》(*A Culture of Teaching: Early Modern Humanism in Theory and Practice*, 1996)。我之所以关注这本书,是因为尽管没有公开宣称,但它实际上说明了什么是参与传统,以及如何通过参与传统来培养教育的传统感。布什内尔研究的主题,以及她对于从历史考察中所学内容的讲述,揭示了传统在教学中的生命力。她的探究还展示了一个人如何学会有益地批判传统,从而使其保持活力和富饶,以促进人类的丰盈。

简而言之,人文主义作为一种历史现象,主张人类不仅仅是或至少不是某个自然、神圣的实体或造物。人文主义寻求实现人类对我们经验的独特贡献(假定有这种贡献)。布什内尔认为,人文主义的雏形出现在 16 世纪的英国,这一时期,人们对于写作和演讲艺术教学的兴趣日益浓厚,解读文本越来越通过一种历史的视角而非纯粹的逻辑,对古希腊和古罗马时期的文本,譬如柏拉图、亚里士多德(Aristotle)、西塞罗(Cicero)等人的研究愈发深入。这些文本在当时的欧洲大陆被重新发掘,它们内蕴极强的人文主义冲动,深深影响了文艺复兴时期的艺术、学术和教育。

布什内尔(1996)细致入微地分析了早期人文主义教育学的张力、成就、失败和模糊之处,并与当前的教育问题和困境进行了比较。例如,人文主义的思想家和教师对教师的地位忧心忡忡,因为在过去的几个世纪中,教师的声誉时高时低,有时甚至急剧下降(p. 37)。他们努力塑造一个实质性的、可行的教师权威概念,并时刻谨记教师不同于家长,也不同于公认的政治或宗教权威。布什内尔写道，人文主义教师的权威是"道德赋予的而非继承而来的"。但他们的权力"受到限制"，一部分原因是"道德"概念所涵盖的范围在教学中的含义仍然模糊不清(p. 44)。布什内尔展示了这些教师是如何经常145"陷入矛盾交织的网络中：既像一个父亲，但又反对父权统治；既是课堂上的君主，但又害怕成为暴君；既是一个爱人，但又手持给人带去痛苦的工具(用于体罚的柳条)；既是家庭和国家中的主人，但在许多情况下，又是一个公仆"(p. 44)。

　　布什内尔研究了人文主义教育家关于各种教育问题的种种辩论，诸如教学的方法、体罚的合法性、教授学术课程的时机、决定教学内容的策略(部分原因是当时印刷术的爆炸性发展造成了这一问题)，教师的使命是帮助年轻人社会化还是培养真正独立的思想家等等。一些人文主义作家回应对学校和课堂安全性的呼吁，敦促教育工作者创建一个"远离恐惧的避难所"和"良知的空间"，使师生免于当下的社会性和政治性的潮流或意识形态的制约(pp. 43, 44)。与今天的教育工作者一样，早期人文主义思想家和教育者有时也会怀疑教育的效益，担心政治现实会导致"只有在教室里，教师方得其主人的地位和自由，(而)学生只有效仿教师的自由"(p. 72)。布什内尔还指出，因为当时大多数正式教育仅限于男性，她所记录的观点和行为在如今可能会被批评为公然的性别歧视；但同时，针对女童和妇女的教育问题也有了认真探讨，并在面对既定社会风潮时，也为她们提供了偶尔的教育机会。

　　人文主义者与传统本身相争，该传统既包含之前的教育方法(如经院哲学)，也包括以往教授艺术的形式(布什内尔尤其关注诗歌的教授)。他们挣扎于模仿和创造之间，摇摆于先天和养育在人类发展中的作用。布什内尔展示了当时的教育辩论如何充斥着关于园艺的语言和意象：

把老师比作园丁时,意味着粗暴的掌控到温柔的关照等种种内涵;同样,把学生比作种子、植物或土壤时,也会有不同的意象。一方面,教师比作园丁,意味着教师可以栽培学生心灵的花园,以获得更大的收益。但另一方面,这种类比也表达了儿童的抵触情绪,因为它们附加给儿童的是一种财产性特质,一种教师/园丁无法改变的属性。(p. 75 – 76)

146　　　布什内尔认为,在这些激烈辩论的表面之下,蕴含着人文主义教育理论中最为人所知,但也可能相互冲突的两个观点:"其一是认为存在一种基本的人性,另一是每个人都是特殊的,都有不同的倾向或倾向性,无法一概而论。"(p. 102)她的观点是正确的,普遍性和特殊性的问题在今天也困扰着教育的理论和实践,体现在多元文化主义的争论,关于"教规"的分歧,对教师权威性的担忧等等。布什内尔用多种方式论证,人文主义者的许多担忧和困境已经预示着当代的教育生活。

　　鉴于当前许多教育理论和实践普遍缺乏历史性,布什内尔的研究值得关注仅因其尊重历史的渊源和先例。基于这个视角,她的研究是对教育的基础理论,尤其是教育史学方面的补充。然而,研究教育基础和历史并不等同于培养传统感,尽管前者可以为后者提供动力。*历史意识(awareness)自身既不等同于传统感,也不会产生传统感。人必须了解传统,才能开始传统感的培育。*传统感培育过程涉及个人的因素,难以为他人复制的,至少无法被精确复制。正如没有两个诗人会以完全相同的方式回应传统,同样,也没有两位教师可以复制彼此的探索。

　　布什内尔对这些观点进行了研究和阐释,也进行了自我评价。透过她的评论,我们看到一位学者和教师在与传统相遇之时,努力克服自己的偏见,最终成为一个与众不同的人,用她自己的话说是一个更有智慧的人。她的经历也证明了传统感的发展,下面将进一步论述。

布什内尔写道,她对早期现代人文主义的取向本身可能就是人文主义的(p. 17)。但并不是传统主义,不是教条式地接受她所发掘的观点和实践。她明确地将自己的研究与那些被评论家称为"人文主义者"或以"人文主义者"自居的保守主义思想家拉开了距离。同时,布什内尔的立场并不要与过去决裂,也不是要寻找一种超越历史的立场。在看待过去或现在的教育学的立场问题上,她反对"充满福柯式的规则权力的观点"(p. 17)。这种观点认为,个人和机构的形成和发展,一定程度上是通过对福柯眼中的"权力"的回应。没有哪个人或机构能够掌握权力。在福柯的分析中,虽然不一定是直接或固定的方式,权力不可阻挡地控制着个人和机构。教育实践可以说是持续的"监视"(surveillance),教师监视学生(也可能有学生监视老师),更有力的官僚或政治当局监视教师,而这些官僚或政治当局又被其他人监视。

为了回应福柯的观点,布什内尔展示了早期现代教育学在"政治、社会和情感"方面比福柯式观点所允许的更不稳定(p. 18)。她发现,人文主义教育包含"有关统治、控制和自治不稳定的术语"(p. 181)。布什内尔发现,实践和理论之间并没有明确的界限,而是存在着悖论、模糊和深深的挫败,同时也蕴含着巨大的创新和创造力。早期的人文主义者在教育工作中挣扎于自由与控制:"正如他们好奇诗人在同为传统的仆役和创新的主宰中,如何自由一样,他们也想知道,当教师既是学生的主人,又是仆人,既是父亲,又是母亲时,如何才能把学生塑造成'自由'人。"(p. 182)布什内尔强调,

> 我从不否认,无论是在城镇的文法学校还是在皇家的托儿所,早期现代人文主义教师都可能会令人乏味、残酷,或两者兼有,但我试图看到人文主义教育理论和实践的另一面,那就是坚持游戏、快乐和仁慈,

尊重儿童的天性,推崇阅读的多样性和广泛性,抵抗那些控制的意志、纯粹性的偏见以及信奉等级制度和排他性等。(p. 18)

布什内尔最初是如何学会"看到另一面"的呢?她提到,努力辨识并认真地探讨早期人文主义教育家的"最佳直觉"(p. 17),这番努力的另一面是理解他们最糟糕的直觉。同时,布什内尔认为有必要学会"用同理心去理解人文主义者的失败"(p. 18)。这是指不应该用刻意带偏好的方式解读过去,相反,要让历史以自己的方式发声。她学会了倾听历史和阅读历史。换言之,她认为阅读历史成为一种道德上的努力,因为她试图倾听人文主义者的声音,而不是扭曲它们。布什内尔的这项任务需要关注极端个案,也需要关注典型性或平均性,需要关注早期现代教育的形式和方法,究竟是约束性还是解放性的、其范围是固定的还是多变、其形式和方法是刚性还是柔性(p. 19)。"在阅读过程中,我发现了都铎王朝的修辞学所特有的显著矛盾和悖论:在我眼前,教育学的文本在游戏与工作、自由与控制、服从与主宰之间摇摆不定。"(p. 17)从技术角度讲,布什内尔既避免了传统主义者勉强替代历史的观点,也避免了将过去搁置一边的现在主义(presentist)解释框架。

布什内尔在研究早期人文主义教育实践的同时,也敏锐地关注了教育界同行和自己的教育实践。她描述了指导自己教学工作的人文主义:

相信人对地球上发生的一切负有主要责任;致力于宽容,关注人与人之间的差异,并需要平等地尊重他们;乐于接受矛盾和冲突;具有近乎痛苦的历史意识,和历史保持适当的距离,保持疏离但又能照亮当前的关切。(p. 17)

布什内尔使用了"人与人之间"的差异（differences "among" people），而不是"两个人之间"（between）的差异，这一点很能说明问题。用第二章所用的语言来说，谈论人与人之间的差异已经意味着承认他们的人格。正如布什内尔所说，我们在此共存，必须"以平等的尊重"走自己的路。另一方面，"两个人之间"的差异意味着一种先验的分隔，一方是人，另一方是被排斥的人。对于教育工作者来说，这个介词的选择意义重大。这种对比也是布什内尔从传统中汲取的另一教训。

引用部分的文字是布什内尔"*学自阅读并带人阅读的价值观*"（p. 17）。我强调她提出这个问题的方式，因为它证明了伽达默尔所描述的与传统对话的过程。布什内尔通过深入思考早期人文主义教育观点，不断探索、超越以及深化自己对历代教育观念的理解。她持续性地研究早期人文主义教育家，更加清晰地认识，甚至转变了自己的教育观点。这一过程加深了她对当前教育辩论的理解。这也使得她对这场辩论中的争论产生了浓厚的兴趣，也就是我所说的关切。她能更好地洞察辩论中观点的定向假设。她总结说："我在写这本书时发现，我们可能会再次看到，人文主义者是如何在其最佳状态下教会读者看到文字的力量，而不仅仅是表现世界。今天，他们也可以教导我们更好地理解所有文本是如何紧密地与过去和现在相连，不断发展，但又始终植根于其社会性的用途和变革之中。"（p. 202）布什内尔用一种允许过去和现在可变的方式，成功地将过去和现在的声音带入了富有成效的对话中。她自己也有所变化。布什内尔认为，通过认真地质疑教学等实践中的悖论、模糊性和复杂性，我们可以更清楚、更确信现实情况。这听起来似乎有点矛盾，但布什内尔对传统的回应表明，任何质疑过去，也允许自己反过来被过去质疑，这类严肃的尝试都可能伴随着这种结果。

149

第三节　解读教学的过去和现在

布什内尔(1996)提到自己感觉到一种"近乎痛苦的历史意识"(p. 17)，我理解她更加注意到自己和前人在作为教育者立场之间的连续性，尽管这种连续性有时不那么和谐。她的经历表明，无论人们多么想用华丽的辞藻来修饰，传统感并不感性。传统感通过引导人们以哲学的精神审视和质疑实践的术语，来加强和维持人们对实践的承诺。这种质疑既是对前人的尊重，也有助于后人保持传统的生命力。

在此，我想探讨教师和教师候选人培育传统感的方法。然而，这些并不是完成任务的方法。"完成"的概念，就像是获得执照或掌握一项技能一样，是不适用的。正如诸君所见，构成传统感的并不仅仅是历史意识和知识本身。它还包括对人类存在、延续和变化等纯粹事实的敏感性或感觉，并通过教学等实践活动得以表达和延续。培养传统感意味着一种根本性的变革，而不仅仅是简单地积累教学信息的过程。用奥克肖特(1989)的话来说，"一幅'画'可以购买，但对它的理解却买不到"(p. 45)。教师和教师候选人无法用钱买到对教学的理解，无法买到对何为成功课堂教学关键因素的洞察。再次引用奥克肖特所言："古希腊的'认识你自己'是指学会认识你自己，但并不是劝你购买一本心理学的书来学习。"认识自己是思考古今中外的人们是如何"参与"(p. 28)培养人格的活动。

150　　这一努力无法形成脚本，难以被强制执行，也不能被他人复制。该过程要求教师和教师候选人必须具备敏感度和批判性。这可能意为要放弃教学习以为常的观念，也包括要接受违反直觉的见解。打个比方，当教师任凭自己自由地顺从于教学术语时，传统感就会出现。"自由地顺从"听起来似乎有些矛盾。但这个观念捕捉到了一个事实，即接受教学的术语为个人创造了最初对学生产生积极影响的机会。反之，个人也能以独特的方式将这些理论变为现实，服务于学生的茁壮成长，同时点燃自己独特的满足感和意义感。

　　培养教学传统感的来源丰富多样，包括研究历代先驱的观点及其评论，深入了解当代教师的回忆，详尽研究近几个世纪以来教学发展的历史探索，以及深入调查关于教学的实证研究文献。阅读这些文献资料的共同点是融合了对传统声音的聆听和质疑。以这种方式阅读前人的证言或文章，是一场对意义的探寻。这并非是探讨："我们应该如何解释或分类其他教师的做法？"而是在深思："我是否应该效仿他们的教学方式，或以他们所体现的精神为引领？我是否有可能以他们为楷模？当我感到必须开创自己的道路时，我应该如何模仿？他们是如何走出自己道路的？我能从以他们为榜样中学到什么？"

　　这些问题既是关于自己的，也是关于前人的。它们直面的对象是教师和教师候选人。这些问题促使他们深入思考自己的教学动机和能力，思考自己是否愿意采取必要的措施来提升教学水平。这些问题将教师或未来的教师吸引到教学实践中来，同时也使他们能够承担起发展自己的教学风格和特色这一无限有益的任务。这个过程要系统地思考教学中的概念和意义，就像有经验的教师学会系统地思考每天或每周的课堂活动一样。这种思考方式自教学实践诞生以来就一直存在，尽管未必以明文规定。用乔纳森·李尔（Jonathan Lear，1998，p. 8）的话说，这种观点是"开放的思维"。这种观点为教师或教师候选人打开了一扇窗，让他们了解学会不带防卫性地处理"如何教学"和"教学效果如何"这些问题的重要性。

　　为了说明资料的来源，我来简要回顾下来源的不同类别。第一类，历史先驱。苏格拉底和孔子是我们熟悉的人物。他们几乎生活在同一时代：苏格拉底生活在希腊（公元前 469－399），孔子生活在中国（公元前 551—479）。他们的历史和文化背景大相径庭。然而，观察柏拉图对话录，如《高尔吉亚》（Gorgias）、《美诺篇》（Meno）、《斐多》（Phaedo）、《普罗泰戈拉》（Protagoras）与《论语》中分别描绘的苏格拉底和孔子的行为，呈现了教学最受瞩目的特征之一的源头：教学在人类的互动和对话中，提出问题，描摹人类表达和成长的可能性。苏格拉底和孔子以富有启发性的方式相互补充。例如，苏格拉底经常表现出与宗教、文化和道德传统的决裂，有时甚至是尖锐的决裂。另一方面，孔子似乎推崇传统，例如，以"道"或"礼"的形式。然而，细究他们的言说会发现，这两位都在挑战传统主义。他们既不毫无批判地拒绝过去的声音，也不盲目地接受，而是敏锐地甚至时而痛苦地聆听传统之声。与此同时，他们也都指出，把现在的思想和习俗作为智慧和指导的唯一来源（更不是无懈可击的来源）会带来道德风险。

换个角度看，苏格拉底和孔子能够质疑和审视理所当然，这种能力乍看之下似乎是凭空出现的。他们为何能够做到如此？他们如何在尊重习俗和礼仪的同时，又引导他人和自己航驶过社会习俗和实践期望的海洋？一部分原因是，他们在希腊、中国等地都有先驱。他们并非从零开始。在他们之前，已经有人对人类的关切和问题做出了不同于纯粹传统主义的反应。然而，尽管如此，他们是已知的前辈中，最早阐明教学作为一种实践，有其力量和潜力。也许正因为其首创性，自他们出现以来其观点就一直受到讽刺和篡改，这也不足为奇。他们的这一命运反映了世界上每一位认真对待教学的教师都必须面对的挑战：如何在坚守教学实践时，理性地应对各种压力，避免教师成为教育工作之外的工具。根据这些问题来研究前人，就会使教师教育与职业社会化截然不同，使教师有机会融入教学这一历史上重要的实践，并得以掌握实践。

　　我认为，如果不认真对待历史作品，就不可能培养传统感（参见 Higgins，1998；Proefriedt，1994）。伽达默尔（1960/1996）、奥克肖特（1989）、希尔斯（1981）等人认为，只阅读当代作品实际上会导致自我局限，拘泥于任何当下特有的、总是片面的、有时是短视的观点。此类阅读是一种社会化的形式，可能只是一种时髦的观点。这一警示呼应了人文学科所熟知的所谓"百年规则"（参见 Shattuck，1999，p. 4），尽管它并不是要援引这一规则（参见 Shattuck，1999，p. 4）。伽达默尔（Gadamer，1960/1996）对这一规则的出现的困境有如下描述：

152

　　　　每个人熟知，当时间的距离没有给我们提供确定的标准时，我们的判断力就会奇特地无能。因此，对于学术意识而言，评判当代艺术作品会极其不确定。显然，我们带着无法验证的偏见，带着对我们产生巨大影响的预设来看待这些作品，而我们却无法了解它们；这些预设可能赋予当代作品额外的共鸣，而这种共鸣与其真正的内容和意义并不相符。（p. 297）

　　伽达默尔并非想责备我们对当代作品充满激情。恰恰相反，他追求的是一个重要的真理，即"获得一种（批判性理解的）视野意味着学会超越眼前的事物，这不是为了远离它，而是为了在一个更大的整体中，更真实的比例中来更好地看待它"（p. 306）。

　　柏拉图的对话、孔子的相关著作等，之所以被认为历史悠久，并非某个权威机构宣称它们如此，而是因为，正如伽达默尔所说，它们的"直接话语权所持续的时间从根本上说是无限的"（p. 290；参见 Broudy，1963）。当然，过去任何有价值的教育文献所蕴含的特定主张,都必然会被当今教育工作者质疑。例如,我无法找到理由来坚持亚里士多德关于非希腊人、奴隶和妇女的说法。所有过去的作品都反映了过去的条件和信仰。但它们也不是政治上劣势世界的木乃伊残骸。它们是深化传统感的、生动而原始的源泉。阿梅莉·罗蒂(Amelie Rorty, 1998)指出,"因为我们是教育的正确目标和方向的历史概念的继承者,这段历史仍然积极地嵌入并表现在我们的信仰和实践中。它提供了对我们目前所关注的和有分歧的问题的最清晰的理解"(p. 2)。例如,亚里士多德在《尼各马可伦理学》(*Nicomachean Ethics*)(公

153 元前 5 世纪)中对教育人类美德和实践智慧的分析,与今天任何有关教学的道德维度的观点一样能引发共鸣。亚里士多德和其他教育先驱试图超越前人,同时也保留前人的关切和渴望的连续性。他们致力于阐明关于人类可能性以及教育如何促进人类可能性的观点。任何教师或将成为教师的人,只要手握这些文本,并努力"倾听"他们的声音,就会发现自我批判、批判当代关于教师应该做什么的主张的源泉。

教师还会发现,传统的声音并不单一,这也是布什内尔(1996)所发现的事实。相反,传统的声音充满波科克(1968)所说的"冲突和矛盾"。各个时代、各个地方的教师有时都会发现自己被撕扯向不同的方向,陷入难以"自我决定和自我定义的生存困境"(p. 217)。波科克强调,"传统可能是一条湍急的溪流,充满了逆流、横流和险滩"(p. 217)。但正是这些特征将传统与传统主义区分开来。总之,此处的阅读可以让教师感受到教学实践中的连续性、创新性、挑战性和质疑性,而这些从一开始就蕴含在教学实践中。

教师和未来的教师也会发现,由同时代教师同行撰写的和以及针对同时代教师为对象的论述、实证研究、历史研究以及对教育哲学探索等,与经典的历史著作一样,也能向教学实践提出问题和提供启示。这些著作强调

了教学工作的独特性和艰巨性。约翰·奥尔森(John Olson，1992)点出了此类工作的潜力："应研究杰出的实践，并将其文献编入历史，以利于建立反映实践的道德基础的传统。"(p. 95)

这些资料说明了为何我的可以讨论教学实践在时间上富有连续性，当然，并非所有教师都如此，也不是作为教师个体的所有时间段上都连续。在美国以及世界各地，许多教学活动都是以职业、工作或职能的形式存在，而不是作为一种实践或召唤。此外，古往今来的许多教师都很软弱、准备不足，或缺乏爱心。但是，根据本书所综述的文献来看，自古以来有无数的教师，他们中的大多数并不出类拔萃，也没有英雄气概，但他们并没有放弃自己的主观能动性。他们没有随波逐流，也没有因为便宜行事或功利短视，而牺牲教学中道德上和思想上的内涵。他们默默无闻、稳扎稳打，坚定地保持教学实践一如既往的活力和发展。

如果本着探索的精神去阅读上文提及的作品，它们将如我所强调的，会与教师和未来的教师对话。这些读物将要求他们反观自身，思考自己的动机和能力，反观外部，思考教学实践的术语。这种与教学传统的富有成效的对话，会贯穿教师的整个职业生涯。它可以逐步加深和丰富个人的传统感，有助于养成自我审视和批判性分析教学公开主张的习惯。这一努力与前文提到的想法相辅相成，比如回顾反思自己的教师，与同行进行系统性的交流。

这种探索也预设了重要的事件：一个人是一名教师，或正在成为一名教师的道路上。无论是教授何种年龄阶段的人，教学都是将个人引入这一实践的动力。教学使个人直面前辈所参与并提供的挑战和机遇。教学将关于教师对学生可能产生积极影响的见闻付诸实际。教学要求个人必须回应这一工作的术语。个体必须做好规划、组织、思考、言说、倾听、关注、判断，并

154

牢记须扩展、深化和增强学生的见识。我所描述的阅读、与他人的对话以及对实践本身的批判，都有助于阐明个人与学生共同从事的教学工作的意义。

第四节　结论：作为指导源泉的传统感

> 那就给他展示简单之物，
>
> 它经由世代传承，
>
> 最终为我们所有，触之可及，目之可见。
>
> ——里尔克，《杜伊诺哀歌》(*Duino Elegies*)

罗杰·沙图克(Roger Shattuck, 1996)探究了"人们自我否定的知识是否存在"的问题，他的结论是呼吁保持平衡。他揭示了肆无忌惮、不受道德约束地追求知识有其危险，但合法且必要的求知需求则也值得推崇。他敦促人们培养道德智慧，来区分这两种动力，甚至只是认识到它们的存在。他总结了一个普适性的忠告：

> 我们需要忠于我们的传统和知识，忠于我们的社群和历史；同时，我们也需要谨慎的灵活性和理解力来应对这些传统和知识所面临的挑战。在履行这一双重职责，我们要避免狂热，但又要坚定一种基于理性和经验的顾虑，这是我们一生都要面对的挑战。我们怎样才能既忠诚又不忠诚呢？在日常生活细微处，在行动和思考的每一个层面，在怀疑和信仰的每一次波动中，我们要一次一次地做到这点。(pp.336-337)

保持传统感是整个职业生涯中的课题。用沙图克的话说，个人的实践过程中"一次一次地"形成和表达传统感。它促使一个人"忠于"实践的术语，但又不盲目"忠于"它们，而是要保持批判性，从而保持它们的活力，并与具体的人类现实相契合。这一观点将传统主义与传统感之间的区别表现得淋漓尽致。传统主义坚持要毫不质疑地服从过去的习俗和信仰，而传统感则反对盲从现在的习俗和信仰。传统感让我们可以从过去的努力中汲取教训，而且是"汲取真正的教训"，同时也解决当前的关切和问题。尽管历史知识本身至关重要，但是传统感比历史知识本身更丰富、更个人化。传统感体现了对人类悠久历史和人类世世代代愿望的感受。

我认为，传统感为教师提供了一种立场，使他们能够与过去和现在保持批判性的距离，与所学实践知识保持距离，与他人所告知的教学观点保持距离。传统感使我们有能力从眼前的需求和活动中抽离出来。这并不意味着回避当前的活动和需求，而是将它们置于更广阔的背景之下。这也并不意味着疏远学生，恰恰相反，传统感有助于教师保持与学生的教育关系。它提供了人们作出判断和取得持久记忆的源泉，让我们牢记教学的意义在于为人类的繁荣服务。教师既需要亲近学生，又需要远离学生，以一种微妙而不可预测的方式为人*师表*。西蒙·沙马(Simon Schama, 1996)指出，"冷静的眼光是同情智力(compassionate intelligence)的条件"(p. 98)帮助阐明这一点。

我们可以说，教师与学生之间的不断接近而*疏远*，他们之间的距离越来越远而无限贴近。当教师倾听学生的心声，批改作业，与学生一起解决问题，并引导学生讨论时，教师就会了解到，学生在学习学科时，思考的问题、难题和可能性时有其独特的方式。理想的情况是，学生自己也开始意识到这一事实。所以，师生不断趋近彼此，因为他们不断了解彼此的思维和行为方式。但是，从道德和智识这一重要层面讲，师生之间又越来越"疏远"，因为他们发现了彼此的独特性和个性。然而，与此同时，他们以彼此远离又"接近"的方式，而共同进入了一个学科，一个涵盖问题、思想、议题、阅读、说话、观察、写作、思考、感受等等的领域。

　　作为共同实践的成员，教师之间也彼此接近而疏远，日益疏远而亲密。我在这几章中试图说明，传统感可以帮助教师认识到，他们的教学工作本身是有意义的，不仅是因为它是一种社会认可的活动，也不仅是因为它能带来社会认可的结果。传统感可以帮助教师，把他们与学生的互动看作是一种学习的场景(参见 Oakeshott, 1989)。传统感可以帮助教师化解教学被工具化的压力，不将它们仅仅看作一种为他者做准备的场景。传统感还可以帮助教师认识到，他们的工作有其独特性特征，既不是特立独行，也不是随意而为。打个比方，是教育实践和教学传统"选择"了教师加入，而不是教师选择教学。教学实践内蕴了一种声音，它可以向教师提出问题和提供启迪，人们一旦开始认真对待前人的努力，就可以辨别这种声音。但我们不能不加批判地听其调遣。只有当教师学会超越古往今来浩如烟海的教学文献时，教学的实践和教学的传统才能繁荣昌盛。每一位谨慎认真的教师都可以做出个人努力，并以此影响教学实践的形态，影响教学传统发挥作用的方式。教学中的传统感指引着过去、现在和未来之间的深思熟虑的延续与变革。

第八章　理想在教学中的地位

　　我很高兴自己不知不觉中拥有了理想，甚至能用眼睛看到它。——歌德

　　怎么会存在符合理想的经验呢？理想的独特之处不就在于，任何经验都不可能与之一致。——席勒(Schiller)

　　理想(ideal)和理想主义(idealism)在教学中有地位吗？我很快就想到了两个答案。第一个答案是，理想和理想主义在教学中没有地位，或者说非常有限。按照这种逻辑，教师是一种目标明确的职业。我们那些浪漫的神经可能会说并非如此。它们引导我们将教师看作艺术家和人类精神的改造者。然而，可能会有评论家说，教学不是一项艺术性工作，因为教师不是艺术家，就算是从隐喻角度讲，也只有从方法的维度上可以这么说。然而与在画架前的画家不同，教师在课堂上不能随心所欲地创作。他们是受命于公众的公仆，必须完成特定的工作。理想主义作为一种教学动力来源，有其合理性，但最好不要因为教师的理想导致教师脱离教学工作本身。根据这一观点，教师唯一的理想是以负责任和有效的方式，履行公众规定的义务。

　　第二个答案立场相反，认为教师必须有理想，这种理想必须超越单纯的社会期望。根据这一观点，教师不是官僚主义雇佣的劳动者，其唯一职责只

是向年轻人传授当权者认可的知识和技能。教师在促进学生社会化,帮助学生获得预期的习惯和做法上,确实发挥着重要作用。然而,作为教师,而不仅仅作为社会化的主体,他们还要帮助学生学会独立思考,形成自己的理想和希望,为创造一个新的世界做好准备。

两个答案言之有理。教学不是一个可以被任意填充的空壳。教学也并不是为教师个体所有的财产,任由个人喜好支配。打个比方说,画自己的画是一回事,但是用别人孩子的心灵作画是另一回事。教师的一些任务包括传授知识到尊重学生等,都是公共规定的。他们必须坚守这些任务,才有资格继续教学。

然而,教学的复杂性和重要性远远不是职业性的语言所能概括的。教学不仅仅是一系列可以预先制定的内容和表现形式独立任务。如果我们把教学与教育联系起来,而不仅仅把教学看作狭义的训练,那么教学是一种道德上和智识上的实践,其结果不能一蹴而就。此外,教师发挥着自身的自主性和主动性,他们的个体性也因此涌现。前几章涉及到的内容,包括个人、行为和道德敏感性,营造教与学的环境,培养传统意识等等,都指向了教师在工作中的理想和态度。

有关教学理想这一问题,最初的两个答案还不够充分。这两个答案都将教学的功能性和道德性的层面对立起来,但归根结底,这两个层面需要在实际工作中达成一致。本章作为结论,开辟了思考教学理想的另一条路径。我主张,理想在教学中占有重要地位,它们既是品格或人格的理想,也是教育目的的理想。

第一节　理想的承诺与危险

理想不同于我们熟悉的*目标*(*goal*)、*目的*(*purpose*)和*宗旨*(*aim*)。理想也不同于*意图*（intention）、*渴望*（desire）、*愿望*（aspiration）和希望等名称。例如，我的目标或目的可能是获得学位、去某个地方旅行或者结婚。原则上，我可以实现这些目标，很多人也可以做到。我的意图可以是今天下午去商店买东西，以确保今晚能吃上饭。我的渴望可以是见证学生克服不自信，在班级项目中取得成功。我的愿望可以是今年养护一个花园。我的希望可以是打一整个赛季篮球而不受伤。与目标的例子一样，我可以实现以上有关意图、渴望、愿望和希望的举例，更不用说人类生活中数不胜数的其他情况。

然而，理想本意蕴含了一些无法实现的，或至少不容易实现的东西。教师的理想可能是创造一个让每个孩子都能学到知识、并享受学习乐趣的课堂环境。运动员的理想可能是完成完美的比赛。艺术家的理想可能是捕捉自然界中最细微的美。社群的理想可能是创造让所有成员都健康快乐的条件。这些希望不同于人们日常生活中常见的目标、目的、意图和愿望。理想往往范围更广，含义更深，在实现理想所需的时间和努力方面要求更高，甚至理想一词本身的原始意义是令人敬畏的。此外，理想可能难以描绘和明确，有部分原因是理想所描绘的事物尚未实现。多萝西·埃米特（Dorothy Emmet, 1979）认为，理想是"超验的"（transcendental），"没有在经验中充分呈现，也无法准确定义和举例说明其完全实现的样态"（p. 16）。

基于这些原因，许多人对*理想*这一术语的理解和使用，与他们对*目标*和*渴望*等术语的理解和使用有所不同。例如，理想可以成为评估当前环境的衡量标准或立场。运动员的理想是完成一场完美的比赛，尽管他知道这不可能真正做到。但是，运动员可以将理想作为动力，加强训练。艺术家知道，要使画布上的每一个细节都尽善尽美，超出了自身能力范围。然而，理想指引和丰富着艺术家的视角和技巧。追求普遍幸福的社群会体验到这种理想是多么遥不可及。然而,社群可以将理想作为愿望和目标的来源。阐述理想本身就能帮助其成员振奋精神,勇往直前。教师的理想是让所有学生都有能力学习并享受学习,她可能不需要别人拍拍她的肩膀,来提醒她实现理想是多么富有挑战性,甚至不可能实现。但是这位教师能够依靠理想,来强化和扩大自身教学中的努力。理想有助于教师确定短期的目标和目的,为教师在课堂上,选择具体的教学活动和课程材料提供了灵感的源泉,而这对她来说,能够帮助她不断趋近让每个学生学习的理想。

总之,理想所指向的领域超越了人们熟知及业已实现的范围。它们体现了人类想象力所能创造的各种可能性。尽管理想遥不可及,但可以提供指导和勇气,帮助人们积极应对生活中的沧桑巨变,而不仅仅是被动反应。回顾第四章和第五章的讨论,理想激励人们去设计、调节或控制自己的环境,而不是依靠偶然性,或任凭未经检验的习俗摆弄。

然而,一些批评者认为,理想在教学等实践中的地位有限。他们的论点并不基于我们在本章开头听到的职业性语言。他们可能也会同意,这种语言无法描述教学中强烈的个人性和道德性。他们认为,理想本身就有问题,尤其是将它从个人层面应用到群体层面时问题重重。批评者强调了两种关切,一是理想有发展自我的势头;二是理想容易导致人们用假设性目标代替真实的可能性。

这一立场的批评者认为,理想能够推动人们采取行动,这正是我们在处理和回应理想时必须谨慎的根本原因。理想可以基于激情而非慎重的远见,激发人们的灵感。换句话说,理想可能会取代理性。它们所激发的情感和能量可能会取代一个谨慎但坚定的改善条件的愿望。根据这一论点,人们并不需要像公牛需要红布一般,需要受到激励才能行善。相反,人类需要也应该接受思想的教育。批评者可能会指出,理想很容易产生,紧紧抓住一个理想并不难,但思想需要培育、关怀、耐心和承诺。思想能帮助我们识别和区分那些有价值的、能开阔人类前景的理想,与那些可能有危害的理想。光有激情是无法完成这些任务的。激情一样会滋生邪恶,正如它也会孕育善良一样。历史已经证明,如果一个理想在其形式和内容上不公正,可能导致的恶果。此外,人们也曾"理想化"或以理想为借口来为伤害他人的行为开脱(参见 Taylor, 1989, pp.518 - 519)。因此,批评者认为,在未经事先慎思的情况下,理想不应该被解除束缚。否则,它们可能会不加批判地影响人类的思想和想象力。

这一担忧引发了对理想的第二重忧虑。人们最终可能会把理想看得比现实中的人更重要。换句话说,人们可能更偏爱理想而不是现实。理想是如此纯粹、独特、纯正、毫不妥协,且未被污染。而现实则充满复杂、令人沮丧、不可预测、晦涩难解,因人本性多样而让人不堪忍受。这便让人可能只关注理想,而无法保持视野的清晰,因而欣赏不了他人的需求、所处环境和所怀的希望。最终的结果可能是,人们只看到理想,造成潜在的危害。莫里斯·梅洛·庞蒂(Maurice Merleau-Ponty, 1947/1969)在讨论各种政治理想和制度的优缺点时,展示了人们最终可能更多地捍卫自由的理想,而不是捍卫真正的自由的人(p. xxiv, passim)。他们维护和赞美的是一种意识形态(ideology)(这个术语有时与理想密切相关),而不是致力于建立与同胞之间和谐、公正的关系。乔治·艾略特(George Eliot, 1871 - 72/1985)提醒我们,"如果没有用个体同胞之间产生情感共鸣的深层习惯来进行检验,那么任何一种普遍性的教义,都有可能会侵蚀我们的道德"(p. 668)。她的意思是,理想会使人与人之间产生隔阂,彼此疏远,而人们甚至没有意识到这种隔阂和疏远的原因。

批评者可能会说,教育史提供了大量例证,可以证明他们的担忧。他们关注那些产生了新的教学计划、方案和结构的改革派的理想。改革者吹嘘这些新方案是突破性的。许多人认为，这些计划背后的理想非常了不起，能够鼓舞人心，甚至是普适包容的。然而，批评者辩道，这些计划实际只是基于理想和改革者的变革热忱，会导致恶果。在缺乏冷静、仔细分析的情况下，这些理想和相关计划可能过于狭隘。它们也许并未充分反映出，针对任何改进教育的具体尝试中起作用的影响因素研究。

例如，丽莎·德尔皮特（Lisa Delpit, 1995）认为，自由主义或民主主义教育以学生决策、主动性和言论自由为中心，它作为一种理想是非常美好的。然而，对于一些城市黑人儿童来说，这种理想的结果是有问题的（p.16 - 20, passim）。许多黑人儿童已经富有想象力，善于自我表达。但许多还缺乏阅读、写作、计数等方面的技能，在德尔皮特看来，这些技能应该得到持续关注，因为它们是获得机会和权力来源的必要条件，而一些理想主义者也许无意中将这些机会视为理所当然。德尔皮特并不推崇"回归基础"的极简课程，因为这种课程有时是穷人孩子的主要教育内容。相反，我认为她是在呼吁人们仔细考虑本土的情境、环境和社区，呼吁一种能够调和本应令人钦佩的理想的方法。

德尔皮特的观点引发了争议（参见 Henry, 1998, pp.96 - 104）。正如她所承认的，有证据表明，美国内城的少数族裔青年在学习基础技能的同时，也能接受最自由的、以项目为中心，或以讨论为中心的教学方法所带来的挑战（参见 Haroutunian-Gordon, 1991; Ladson-Billings, 1994）。但是，这里关注的问题并不是比较某一种教学取向与其他教学取向的优劣。批评理想的人会从德尔皮特的著作，以及其他呼吁重思改革派工作的声音中，得出这样的教训，即理想有时会导致人们忽视重要的人类关切。

奥克肖特（1991, pp.475 - 477, passim）写道，理想可以在个人生活中占据宝贵的位置，它激励人们采取更好的行动，或在发展自身方面付出更大的努力。然而，他认为，如果不加批判地将理想上升到社会和政治层面，就可能导致危害。在某些情况下，人们可能会把理想当作武器，用来打击反对派，掩盖自己的权力和野心。另一些情况是，人们可能会用理想来为各种社会和政治改革进行合法化辩护，而被改革的人往往很难对此发声。奥克肖特警告道，"每一种道德的理想，都可能变成一种执念（obsession）"（p. 476；另见 Berlin, 1992）。奥克肖特认为，这种理想的悲剧在于，那些奉行者往往是出于好意，也并非出于恶意的冲动而采取行动，但是，理想就像他们眼中的梁木[*]，其局限性在于遮蔽了人类的现实境况，但人们对此毫无所知。

第二节　栖居于教学中的理想

我们的讨论似乎陷入了僵局。从一个角度来看，理想是有问题的。它们在历史上对人类事务造成的危害与裨益不相伯仲。从另一个角度来看，个人和社会似乎都需要理想，来激励自身和指导行动。如果没有理想，没有对美好世界的想象，他们就难以存活。

克里斯蒂娜·科斯加德（Christine Korsgaard, 1996）认为，这种印象已经融入我们人类的结构之中。她谈到了我们对可能的不同所产生的"理念"（idea），我理解这个词是基于康德所使用的德文单词"*Idee*"，意为理性被注入希望而显现的一种形象。她写道：

163

---

[*] 眼中的梁木（the proverbial log in their eye）源自《圣经·马太福音》（Matthew 7:3-5），原文是只见别人眼中有刺，不知自己眼中有梁木，此处意思是：人们只会谴责他人的错误，而对自己的问题视而不见。——译者注。

我们拥有价值观,这是人类生活中最引人注目的事实。我们会思考事物何以更好、更完美,当然也会思考如何才能与现在不同;我们还会思考自身如何更好、更完美,如何与现在不同。这是为何?我们从哪里得到这些理念,超越了我们的经验,似乎在质疑现实世界,评判它不够好,认为它本不应这样?我们显然不是从经验中获得这些理念,至少不是什么来自简单的途径。同样令人费解的是,这些与我们的所处世界不同的理念,在呼唤我们,告诉我们事物应该更像理念,而不是像现在的样子,我们应该让它们回归理念。(p. 1)

　　根据这一观点,善的理念或意象似乎会突然出现在我们面前。它们源于我们作为社会性存在的本性,我们或多或少地与他人共同生活在不完美的关系中。没有人会观察不到社会和个体的缺陷。但科斯加德认为,没有人能否认,人类一次又一次地构想出一个更美好世界的理想,并为之付诸行动,使我们更接近这样一个世界理想,而不是远离它。

　　在教学方面的情况如何呢?老师能够在没有理想的情况下工作吗?教育工作者是否应该在教学中消除有关理想的讨论?或者说,理想在维持和改进实践中是否发挥作用?如果有的话,是什么样的作用,又是什么样的理想?

　　最近的教学研究表明,教师确实有理想,而且他们非常重视理想(参见 Ben-Peretz, 1995; Foster, 1997; Hansen, 1995; Jackson 等人, 1993; Johnson, 1990; Kozolanka & Olson, 1994; Schultz, 1997)。许多教师的言谈举止都表明,如果没有理想,教学几乎是不可能的。他们的理想似乎各不相同。有的人认为,理想归根结底是牢记"一个成长中的受过教育的人的形象",例如在第三章中讨论过的那种形象。对于另一些教师,理想则集中在教师和学生之间的个人关系上,这种关系营造学生能够学习和茁壮的环境至关重要。有些教师的理想围绕人类尊严和社会公正的概念。还有一些教师的理想是志愿于培养富有爱心和同情心的人。还有一些教师的理想围绕着学科和教学方法的理念,以及在学校和教室中尽可能贯彻这些理念。这些理想具有前面讨论的功能,能够激励、引导、增强和鼓励教师,在短期和长期内尽力而为。

教师们的证词表明,对理想的批评可能造成了一种不平衡。理想并不会自动蒙蔽教师的双眼。恰恰相反,文献揭示的观点表明,至少对部分教师而言,他们的理想源自对现实的关注。他们的理想牢牢地根植于对学生、对教育前景的理解和认识之中。换句话说,他们的理想是在教学过程中形成的,是他们在实践中逐渐领悟到实践的术语,也是他们在教育年轻人的过程中领悟到的负责的要义。在这种情况下,理想主义与对现实的尊重相辅相成。教师对现实的尊重会约束他们的理想主义,防止理想主义使教育的复杂性变得扁平,避免自己忽视现实的制约因素和真正的需求。另一方面,他们的理想又防止现实感知会单方面地削弱希望和远见。理想使教师能够在学生对课程的反应中,发现意想不到的新情况。

哈莉特·库法罗(1995)认为理想不是终点,而是洞察力的源泉:

社会的现实——排斥、不平等、压迫、暴力和绝望的现实——与理想相去甚远。然而,理想的存在并不是为了追求遥不可及的完美,而是为了指导当下,强调我们必须关注的问题,帮助我们找到阻碍理想实现的因素。理想确定了我们感兴趣和关心的领域,指出了愿景所期望的特征和品质,并指出了那些阻碍个人和社会成长的特征。理想对现实的启示(informing),聚焦于缩短两者之间的距离所要完成的工作。(p. 100)

可以说,在最佳的教育实践中,现实和理想相互"启示"。教师努力营造学生学习的环境的同时,时刻关注一个学生可能成为的、蓬勃发展的成年人的形象,或者让这个形象指导教学。教师在帮助阅读有障碍的学生的同时,保持对作为成功读者的学生形象的关注。这一形象增强了他的决心并激发了他的能量。在一学年的过程中,教师的想象力推动他采取各种措施,来"缩短"学生当前状态和未来作为读者的理想状态之间的"距离"。长远来看,教师在实践中的理想提高和丰富了学生的人生机会,反过来也提高并丰富了学生有朝一日可以帮助和服务的其他人的人生机会。学生之所以最终能获得这样的地位,完全是因为很久以前,在一位老师的帮助下,他或她学会了如何成为一名读者。

165　　　教师教育工作者或许会勉强且不高兴地插话说,迄今为止的论述把理想和现实的位置颠倒了。他们可能指出,许多初入教学领域的人,并不是隐喻般地认为现实第一,理想第二。相反,许多新的教师候选人在进入教师专业发展项目时,常常是在还没有对当今学校和课堂教学的现实有感性认识之前,就已经被理想点燃了。当然,有些候选人很快就适应了教学工作并取得了成功。他们可能有过教学经历,也可能仅能够结合理想主义与尊重现实。然而,教师教育工作者强调,对许多教师候选人来说,理想是一把双刃剑。理想会激发他们的热情,但它也可能蒙蔽他们的双眼,忽视教学现实。因此,当有的新教师遇到学校工作混乱的真实状况时,会觉得自己遇到了障碍。无论是在精神上还是在实践中,他们都不知道要如何应对与自己理想不同的指导教师,如何应对不像自己一样热爱学习的学生,如何应对让自己感觉像流水线上的查理·查普利(Charlie Chapli)一样的学校日程安排,等等。在某些情况下,教师候选人会向理想破灭后不可避免的失望屈服。有些人离开了他们的教师教育课程，或者在短暂的工作后放弃了教学。还有一些人，唉，则变得狭隘和固执，只想勉强度日，他们可能会继续从事教学，但却用一种愤世嫉俗或者麻木不仁的心态。

前面讨论过理想的力量会形成自己的动力，并淹没对现实的尊重。教师教育工作者可能会告诉我们，作为教师教育工作者，他们自己错误的理想会带来的问题和痛苦。换句话说，他们想到的不是新教师候选人那种通常是纯真朴素的理想，事实上，这些理想可以通过良好的准备课程和深思熟虑的课堂经验得到集中和成熟。相反，他们会告诫自己的教育工作者，要根除教师候选人自己的理想，并将教育工作者自己喜欢的理想教给候选人。除非师范教育工作者以高度的敏感性和责任感来灌输这种理想，否则他们可能会不必要地使毕业生以后的教学工作复杂化，甚至受到影响。毕业生在进入教育领域时可能精通某种特定的意识形态，但却没有做好充分准备，无法胜任让理想与人类现实相互影响的艰巨的道德和智力任务。

我曾目睹过这种过程可能带来的痛苦。举个例子，一名刚刚任教的高一教师曾突然给我打电话，说她最近读了我的一篇文章，想跟我来聊聊这本书和她在课堂上遇到的一些困难。当她来到我的办公室时，她热泪盈眶地讲述了她为创建"民主的课堂"所做的努力，这是她自己的教师培养计划中大力提倡的理想。从制定课堂规则到选择课程，她都试图让学生参与其中。学生们的回应是，他们希望被允许嚼口香糖、有时间与朋友玩耍、阅读报纸等等。这位老师告诉我，学生们觉得她试图尊重他们的做法既"有趣"又"奇怪"。原来，这位老师对民主的理论有很多看法，但对如何平衡她的理想与学生和学校所代表的深不可测的复杂现实性却知之甚少。她的所作所为好像是把学生当作受崇高理激励的反思者，对人类在个性、需求和观点上的差异无比敏感。她的学生很可能确实有这样的冲动，但如果没有他人（包括教师)的帮助，是不会在思想和行为中完全显现出来的。我和这位老师讨论了如何创造一种环境，让学生专注于学习，包括培养批判性地倾听和表达自己的想法等能力。我们将这种环境与教师对学生以及对自己的期望过高或过低的环境进行了对比。

我们很容易不认可这位高一教师的天真。但我认为她的问题并不是天真，相反，她已经忘记了"天真"这个词在第三章中的含义。我在第三章中指出，当"天真"与相关的术语如"简单"和"自发性"联系在一起，指的是一种批判性的纯真，一种不被他人的期望、恐惧或愤世嫉俗所吓倒的心态，也不会因为忠于某种意识形态而变得狭隘。这种天真的精神产生了意大利作家伊塔洛·卡尔维诺（Italo Calvino, 1988）所说的对待世界的"轻盈感"（lightness）。"轻盈感"并不意味着轻松愉快或随意散漫，也不意味着抱着一种委曲求全的态度，以避免理想受挫带来的痛苦和幻灭。相反，它促使人认真地尝试接纳他人的真实面貌，而不仅仅是自己所希望他们成为的样子。这种精神可以抵消理想或意识形态对思想的影响，从而抵消对如何看待和对待他人的影响。这种精神需要谨慎地培养和实践。它不应被各种理想主张之间的不平衡所淹没。这位新教师并不是天真。她被一种理想所控制。这种状况给她带来了相当大的痛苦，也给她的学生带来了困惑，浪费了机会。（不过，我很高兴她没有放弃自己的理想，这也不是我提出建议的初衷。她后来跟我说，她与学生的合作比刚开始更为成效了，这种变化在一定程度上归功于她自己感知的重新唤醒。）

167

第三节　坚韧的谦逊：人格的理想

在教学中，理想的地位仍然模糊和不确定。然而，迄今为止的分析并没有排除良好教学可能基于某种理想的可能性。没有理想，教学工作可能会被简化为仅是对年轻人的纯粹社会化，或对外部规定目标的机械履行。在我看来，好的教学，至少在很多情况下，既欣赏人类广阔又无法定义的可能性，又承认无处不在的制约和限制。这种姿态既不委曲求全，也不狂热。它既不是对当前的压力和限制逆来顺受，也不是傲慢地宣称自己占据了道德制高点，可以独善其身。

"坚韧的谦逊"（tenacious humility）是对这一立场的贴切描述。"坚韧"意味着坚守目标，不放弃学生，亦不放弃自己。套用前几章使用的术语，"坚韧"涉及培养和拓展自己作为教师的主体意识，扩展和深化自己的人格、行为以及道德和智识的敏感性。"谦逊"也是一种主动而非被动的品质。对许多人来说，谦逊并非天然赋予，必须经过努力、培养和接纳。教师的谦逊，意味着要将学生看作和自己一样，也是值得倾听的对象，保持对学生和自己人性的尊重。谦逊体现了对现实中人类的差异、制度的约束和个人的局限的充分理解。另一方面，坚韧也迫使教师不将这些差异、约束和局限看得顽固不化和一成不变。

默多克（1970）描述谦逊是"所有美德中最困难、最核心的一种"。她认为，谦逊不是"一种自我贬低的特殊习惯"，而是使"尊重现实"成为可能。默多克将谦逊与自由结合在一起，她认为后者并不意味着"肆意张扬"，而是需要"有节制地克服自我"，以便欣赏他人的现实性（p. 95）。理查德·韦弗（Richard Weaver, 1948）指出，谦逊与他所说的"虔诚"（piety）的品质之间有同源的相似性。韦弗认为，虔诚是"一种通过尊重来训练意志的原则。它承认了比自我更大、与自我不同的事物存在的权利"（p. 172）。

坚韧的谦逊能帮助教师抵御那些旨在"解释"学校和学生的理想、理论和意识形态的诱惑。这些观点可以使他们不必面对复杂的问题，无需思考

168

不符合他们观点的事物,而只需对其进行标签化。换言之,坚韧的谦逊表明存在一些理想,能够超越任何特定而死板的信念集群。这些是品格或人格的理想。作为这样一种理想,坚韧的谦逊可以激励人们不止步于未经审视的信念和期望。学会保持坚韧的谦逊可以使个体有能力改变或转变自己的偏见,而如大家所见,这也可以发生在接触传统的过程中。这一过程可以激发个体自我批判的意愿。如果按照伊娃·布兰(Eva Brann, 1979, p.39)的观点,意识形态是封闭的理念和观点体系,不接受进一步的质疑,那么这种立场就变得至关重要。(根据布兰的观点,如果这套观点不是封闭的,那么它就不是一种意识形态,而是更接近哲学的、发展的立场,或者是一种在世界上的实验性姿态。)我可能会持有某种意识形态,但约翰·威尔逊(1998)告诫说:“我可能不会根据理性来认真审视它。意识形态是我所*拥有*的东西,一种个人的财产或保险单;而监控则是我的*所作所为*,而不是我所占有的。”(p. 145)保持坚韧的谦逊,其中的一部分是,在需要倾听、思考、质疑、重新考虑和重新审查时,不要不加批判地落回到一种理想化或意识形态化的“财产”上。

在这方面,坚韧的谦逊支持一种自由的理想,这在奥克肖特(1989)的理解中得到了体现。奥克肖特回顾了关于“个人是什么”的各种可能的论述,比如一个先进的生物实体、一个受快乐原则驱使的生物,或是上帝的创造物,他写道:

> 在某种意义上,这些描述可能都是真实的,也可能都有错误或模糊而容易被推翻。但我们现在并不关心这类结论。我们关心的是,每一种说法本身都是人所作出的言论,表达了人们对人类本质的理解,而能够做出这样的表达,无论它们的真假,本身都预设了一个不同于任何此

类言论所宣称的人。它们假定的,我将称之为"自由"的人(p. 18)。

奥克肖特使用"自由"来修饰人,是因为在他看来,只要人能够做出这样的"言论",并且能够像其他人一样理解这些"言论",那么这些"言论"就表达了一定程度的能动性和自治,这种能动性和自治超越了生物、社会、文化或心理的决定因素。在奥克肖特看来,并没有被硬生生地束缚在预先设定的意义和表达的范围内。他没有采用笛卡尔的立场来理解人类的自治,笛卡尔"我思故我在"的立场认为,思想、理性和观点可以独立于社会和自然世界运作或产生。但他也没有沉溺于另一个极端,就像阿兰·芬基尔克劳特(Alain Finkielkraut, 1995)所说,假定"我思故我在;我并没有通过行使反思能力,来确认我的主权(sovereignty),反而是背叛了我的认同感"(p. 25)。奥克肖特的意思是,虽然人们来自特定的地方,但他们也可以思考本土性及其特殊性。人们对本土性和特殊性的"言论"既揭示自己的立场,也创造了批判性立场。

科斯加德(1996)澄清了人类对"实践身份(practical identities)"的需求(这些实践身份诸如父母、教师、艺术家、自由主义者或保守主义者等),也提出了类似的观点。科斯加德提出这些身份是有条件的,即人们并不一定是被某个更高的力量来指定需要发展成某个实践身份。相反,她认为:

> 你是否受到某种实践身份的构想的支配,这是要看情况的。除非你信奉(committed)对你实践身份的某些构想,否则你就会失去掌控感,难以有理由选择去做一件事而不是另一件事,随之而来的是,你也会丧失自我控制,因为你没有任何理由去生活和行动。但是,遵循你特定实践身份的这个理由并不是源自某个特定的实际身份。它源自你的

人性本身,源于你作为人的存在的身份——一个需要理由来行动和生活的、反思性的动物。因此,你拥有这个理由,当且仅当你把你的人性当作一种实践的、规范的身份的形式。换言之,只有当你珍视自己作为人的价值,你才拥有实践身份。(1996,pp.120－121)

　　根据科斯加德的观点,一个人不可能在不重视自己的人性时,还能保留实践身份。她建议,至少单纯拒绝自己的人性这一行为本身,可以推定一个人实际上足够有价值或足够完整,方能采取这样的立场。这个观点是她研究的一个重要维度,该研究的部分目标是探讨人类自由的可能性。与奥克肖特一样,科斯加德亟须更好地理解是人能够以道德的方式行事的原因,即不能将其简化为外部或内部的、自然或社会的力量发挥的作用。正如她在上面引述的段落中所表达的,人类有能力提出价值问题的这个事实,既不可思议,又标志着自由理念并非一团不可捉摸的"鬼火"。

　　坚韧的谦逊照亮了自由的大地。追求坚韧的谦逊并不会使人形成僵硬固化的性格。相反,即使在社会上、文化上、家庭、心理上等有各种限制和力量,正是坚韧的谦逊让人格在面对此类种种时,真正地形成并获得发展。像所有的理想一样,坚韧的谦逊无法在任何终极的意义上实现。隐喻地说,无论人们如何努力在实践中实现它,它总是在远离,总是在遥远的地平线。然而,如库法罗(1995,p.100)所说,作为一种理想,它可以"启示"现在。它可以使教师以富有想象力的方式去思考、去感受、去工作,如果没有坚韧的谦逊,教师可能根本无法意识到这一点。

　　坚韧的谦逊被埃米特(1994)称为"范导性理想"(regulative ideal),这个概念源自康德,但埃米特对康德的借鉴但超越了原有用法。埃米特认为,范导性理想为行为或特定实践设定了方向。它引导人们不要满足于半成品或替代品。埃米特写道,虽然范导性理想"在特定情况下"无法实现,但它有助于为思想和行动设定标准(p. 2)。她澄清了两个核心概念,"理想方面"(ideal aspect)指明了事业或行为模式的方向,而"范导方面"(regulative aspect)则指导实际的方法(p. 9)。换句话说,范导性理想既描述了目的地,也描述了在努力到达目的地的过程中应如何行事。就此而言,范导性理想不仅仅是"决定反思形式的原则"(Wittgenstein, 1980, p. 27e),这样的说法也仅仅说明了范导性理想的部分力量。范导性理想是一种实践指南。它是动态的。埃米特(1994)认为,"理想并不足够具体,无法定义最终的道德目标","但我们对它的一般性了解足以指示一个道德进程"(p. 9)。她指出,通过在朝着理想的方向前进时学到更多关于道德理想性质的知识,这一点是可以实现的。埃米特的论点与"活的传统"这一概念不谋而合,在"活的传统"中,随着时间的推移,实践者了解他们实践的术语,更在潜移默化地改变着这些术语。

　　对教师来说,坚韧的谦逊的理想性为他们的思想和想象提供了方向,而范导性则有助于指导他们在课堂上的具体实践。理想方面,体现在"坚韧"和"谦逊"这两个根本的术语中,有助于他们思考自己要成为什么样的人和什么样的教师。同样,理想方面也与范导方面完美地结合,因为理想帮助他们以专注、积极的方式,制作教学计划、参与课堂生活,并支持学生成长和自我发展。教师不需要一个固定的坚韧谦逊形象,也不需要一个为形象而预设的实践计划。可能会有人问,理解理想的本质和意义需要时间和经验(而且总是有许多问题没有答案),他们该如何做呢? 当教师不知道每一批新生对他们的课程和师生之间互动的反应时,他们又怎么能制定出一套严密的自我发展方案呢? 坚韧的谦逊就像人格本身一样,通过日常行为逐渐显现。教师在践行实践的术语过程中,能够越来越了解理想的本质,以及如何实

171

现它。

　　与所有理想一样,坚韧的谦逊邀请改变和变革。作为教师的人自己会改变,教师与学生、同行、管理者、家长和其他教育相关人员合作的方式也会变化。这种改变在某种程度上发生在一个人的敏感性上。我在第二章中提出,教师的道德敏感性,会在努力为学生和教育事业做出正确选择的过程中发展和扩大。我认为,道德的敏感性不是一种占有或目标,而是一种持续的、永远无法完成的成就(Oakeshott, 1993, p.35)。在这里,特别是在教学这样的实践中,修饰语"*道德的*"是至关重要的。道德不是一份操作机器的说明书,预先制定了"做"和"不做"的清单。这种清单经常反映出道德主义(moralism),试图对他人的生活方式发号施令。相反,我在本书中使用的"道德"一词,是指将他人视为目的本身,而不仅仅是达到我们目的的手段。这个术语与使自己成为更好的人,从而使自己有机会为人类作出贡献有关。在埃米特(1979)看来,道德汇集了人类的目的、行为的原则和情感等概念。她认为:

　　　　仅从这些因素之一出发的道德理论容易变得缺乏道德、过于严苛或多愁善感。这些都是刻意的贬义词,指的是被截断的道德观可能导致的实际态度,在这种道德观中,产生了脱离目的原则,脱离原则的目的,以及脱离原则和目的的情感。目的和原则分离可能导致一种在道德主义和犬儒主义(cynicism)之间的摇摆。目的和原则两者与情感分离不仅可能导致冷漠,还可能使道德判断脱离想象力的洞察力的源泉。如果没有办法批判和训练自己的情感,仅仅诉诸情感就会变得多愁善感。(p.11)

奥克肖特(1993)认为，道德是一种"永无休止的实践努力，它导致短暂的个人失败和成就，也导致道德观念和理想的逐渐改变，这种改变也许不仅仅是改变，还是朝着对社会生活更精致的敏感性和对其必要性更深刻的认识的方向发展"(p. 44)。简而言之，我用"坚韧的谦逊"描述了一种变化的理想形象，它"不仅仅是改变"。它的形象是一种坚定与开放的结合，是一种致力于思考和质疑并付诸行动的结合，是一种蕴含在对他人不抱成见的行为中的固执的希望。这种姿态可以使奥克肖特所说的社会生活具有"更精致"的感知力。他所说的"精致"是指对他人及其个性更高度的调和(attunement)。同样重要的是，坚韧的谦逊创造了教师学习的条件，使教师对良好实践所涉及的"必要性"有了"更深刻的认识"。

172

在这一点上，批评者可能会问，坚韧的谦逊与教师所说的指导其工作的众多理想之间，有什么关系？此外，这一理想与教学的具体细节又有什么关系？比方说，坚韧的谦逊似乎并没有在有关教材选择、如何决定是讲授还是小组讨论、采用什么样的评价方法、何时与学生一起进行实地考察等问题上提出太多建议。

教师们描述的理想包括促进社会进步、培养有爱心的人、让学生过上美好的生活。这些都是宏大而广泛的理想，耳熟能详，令人信服。它们是崇高的，反映了人类对更美好世界最深切的希望。批评者可能会认为，为了实现这些理想，教师应培养坚韧谦逊的性情。这是说，至此有关坚韧和谦逊的所有论述都将激励教师朝着正确的方向努力前行。但是，批评者可能会进一步认为，坚韧谦逊只是一种性情，而不是一种理想。它不是一种理想的状态或状况，而是一种思想和心灵的精神，使人努力争取特定结果。因此，这一讨论更适合回到第二章，回到对个人、行为和敏感性的探究中，而不是落在对理想在教学中的地位的研究中。

在这里,我们面临一个在多元社会中教育者难以回答的问题,这是有道理的:理想是个人所有物吗？换句话说,教师是否可以或应该使用如"我的理想""你的理想""他/她的理想""他们的理想"之类的用词？这个问题自然令人困扰,因为多元社会往往更看重选择而不是内容。宗教自由、新闻自由、公共表达自由等原则都是选择的原则,而不是对特定的选择的拥护。这些原则并不强迫我们同意其他人的观点,而只是承认他们有权发表自己的看法,并以不伤害与他们观点不同的人的方式表达和实践自己的信仰。当然,这种说法揭示了这些原则背后程序性的内容,一份尊重他人有自由选择和选取价值观的权利的持续性契约。生活在专制社会中的人们会率先指出,无论是默示还是明示,这无疑是份实质性的契约。在多元社会中,选择的原则在道德舞台上占据着重要位置。多元社会还承认,选择必须有一定的限制,如上文提到的"无害"。例如,大多数人不太可能欢迎一个以劝说学生相互欺凌为"理想"的人成为教师。这种"理想"的选择是绝对不能容忍的。问题的难点在于如何以尊重个体社群的愿望为前提,设定合理的限制或边界。

在前面的章节中,我运用"传统"和"实践"等概念,界定了教师工作的范围。我认为,这一界定限制了教师言行的应然范围。然而,它也用同样的方式,为教师的能动性和自主性开辟了广阔的前景。换句话说,有了限制,才有有意义的自由,反之亦然。根据这一论点,指导教师的理想确实受到限制。一个纯粹个人化的理想,可能反映出纯粹非个人化意识形态的所有危险。一个主观上充分的理想,在客观上或非自由裁量的实践要求上,可能会有所欠缺。这一前景并不意味着教师今后应使用"我们的理想"这类说法,而不是用"我的"或"他们的"理想来表达。问题不在于确定或形成一种群体和理想之间的隶属关系,因为这会自动承认人和人之间的内外有别。

教师在指导他们工作的远大理想方面各不相同，无论是帮助创造更美好的社会，还是培养聪明、有爱心的个体工作上，都存在差异。这样的理想尽管要受到实践有关术语的限制，但是有其合理性，比如，它们是激励的源泉。在我看来，教师们能够达成共识的是，他们可以追求一种理想，使他们成为确实能够对学生产生有益影响的人，而不是产生有害或随机影响。与此同时，这种理想描述了一种性情。坚韧的谦逊可作为这种理想的名讳。坚韧的谦逊使人更深入地了解人类的境况，部分原因是它使人有可能成为一个能够帮助改善人类境况的人（尽管不是以英雄式或吸引眼球的方式，我将在下文讨论）。并且，作为一种品格或人格理想，"坚韧的谦逊"能够解决关于远大理想和意识形态的隐患。这一隐患是前文已谈及的：无论是保守还是进步，远大理想和意识形态都会蒙蔽我们的双眼，使我们看不到他人的现实，甚至导致我们对他人横加干涉。坚韧的谦逊让教师贴近实际。它有助于教师在教学过程中，始终坚持教学的术语，而不是随波逐流，追求某个特异目标，或者根本没有目标，又或者沦为他人目标的棋子或喉舌。

提到坚韧的谦逊时，有些观点比较陌生，比如主张自我提升可以由道德的理想为指导，而不是由获取成功、自尊、满足、名声等的欲望为指导。在当代的多元社会中，自我提升有时会转化为以追求外部奖励为目标的、高度物质化的课题。这种提升的并非自我本身，而是个人的境况和前景（参见Pring, 1984, p.15；另见 Taylor, 1985）。这是说，一个人对自我所做的任何工作都是为了增加自己的机会和机遇。这种工作具有工具价值，但不具有内在价值。人们常常把自我发展与理想和理想主义对立起来，可能是以为理想主义是以他人为导向的，而不是以自我为导向的。至少在关于理想和理想主义的流行话语中，理想常常是无私的、而不是以自我为导向的，是社会的、而不是个人的，是广阔无垠的、而不是仅与个人生活相对狭小的领域相关。在这种伦理观中,很难想象理想如何能够促使个人成为一个在道德上更好、更投入的个体。

但是,除了理想,还有什么能驱使一个人成为更好的人和教师呢?一个不假思索的答案可能以其他人为榜样。一个人可能渴望形成自己所钦佩的老师所具备的品质和态度。他可能会说:"我想成为像她那样的人。"然而,如果我们重新审视一下这种愿望,就会发现这种愿望往往以一种理想为基础。毕竟,像某人一样并不是要与他或她完全相同。相反,被钦佩的人以一种理想或理想化的方式体现了自己的品质和态度。崇拜者希望更接近这个理想。他或她尊重的是这个榜样的主张和行为,而不是*除开*这些品质和行为的个人。不仅在理论上,而且在我们的实际生活中,榜样*现身说法*了我们个人能够成为什么样的人的可能性(参见 Kant, 1785/1990, pp.18,25)。

除了理想之外,再也没有可以激发候选人认真努力,成为更好的人和教师。盲目服从他人的指令,很难成为启智的良方。利己主义(self-interest)也不行,正如我们所见,这种动机可能只会将任何改进的理念,变为谋取私利的工具,而非谋求个人转变的手段。亚里士多德[译自 1962, pp. 169 - 170(1144a23 - 38)]早就指出,这样的过程可能会培养出一个聪明或更成功的人,其中"成功"指的是积累外部奖励、资源和认可。但这个过程本身不能使人变得更好、更明智。康德也曾清醒而深入地思考过这些问题,他认为,把自我当作单纯个人满足的工具,较之将他人当作单纯实现自己目的的手段,更加有失尊严。在康德看来,一个人以及其人格的价值,远远超过实现外部奖励的简单工具。康德敦促人们尊重自己和他人的人性,这意味着在对待自己和他人时采取一种非操控性(nonmanipulative)的立场。

这种立场再次指向了坚韧的谦逊。用理查德·埃尔德里奇(Richard Eldridge, 1997)的术语来说,在教学中培养和表达它并不是一个"力图达成的终极状态",而是"一种行动的方式或与他人相处的方式"(p. 44)。坚韧的谦逊并不告诉教师应采用什么教材或教学方法,所有这些都是离散的、具体的决定。相反,坚韧的谦逊应作为一种人格理想来认真对待,教师能在自己的工作生活中建立起连续性,也就是一些学者所说的叙事统一性(见第二章)。在追求理想的过程中,教师才更可能做出特定的教育选择,这些选择会形成有意义的教学模式,而不是杂乱而随机的教学系列。如果教师对教学有坚持不懈的追求,并在自己的抱负中保持谦逊,他们就更有可能成为学生生活中的正能量而不是负能量。教师追求理想,并为理想而奋斗,并不能避免教师犯错。但理想将驱使他们能够不断学习,不断改进。坚韧的谦逊是一种实用的、人性化的理想,它既能指导远大的理想,也能指导日常的实践,使之始终为教学服务。

第四节　践行坚韧的谦逊

"坚韧的谦逊"描述了一种理想,它在引导人们走上道德成长的道路上有悠久的历史,并由此赋予他们对他人产生有益影响的能力。在这些个体中,许多都是教师,不一定有教师之名,但也是精神上的。有些是现实中的人,有些人则是小说人物,但鉴于小说和其他更广泛意义上的艺术对人类的道德产生的强大影响,他们的影响力并不亚于真实人类(参见 Booth, 1988;杜威, 1934/1980; J. Gardner, 1978; Nussbaum, 1990)。我谈到的这些人生动地诠释了坚韧的谦逊应有之义。他们佐证了那些在克服自私自利、愤世嫉俗、厌恶他者以及自我怀疑等方面所做的斗争。他们坚韧不拔地寻求生命的意义,这是他们自我完善的另一种注解,但他们并不总是对寻求生命的意义充满信心和保持乐观。从外部意义上看,他们也并不总是成功的;他

176

们并不总是能赢得公众的关注或认可。并且，就算他们希望自己能对他人产生良好的影响，但是实际情况并不尽如人意，这让他们感到苦恼和困惑。他们为自己的局限性，以及自然和社会加诸自身及他者主体性的限制，而感到谦卑。他们并不总是能克服嫉妒、贪婪、骄傲和急躁等情绪。简而言之，他们为容易遗忘的常识提供了语言和形象，即生活既艰辛又幸福，与他人共同生活非常艰难但又十分必要，而人格的道德理想可以在前路黯淡之时，帮助人们找到前行的方向。

这样的人无处不在，尽管我们过于忙碌可能无法认出他们。他们难以辨认的原因，可能是他们并不认为自己有过人之处，遑论自封英雄名号。但是，他们改变了世界。如威尔逊（1998）所言，"至少可以说，较之于被英雄带领着从事各种事业，就算是那些我们也推崇的事业，我们通过与他人用某种温和而低调的方式分享，通过理性和理智的逐步前进，会好得多"（p. 152）。无独有偶，艾略特的史诗小说《米德尔马契》（*Middlemarch*）中，有个非英雄式但非常有人道主义的主人公多萝西娅·米德尔布鲁克（Dorothea Middlebrook），威尔逊的说法呼应了艾略特（1871–72/1985）对米德尔布鲁克的判断，"但她的存在对周围人的影响是不可估量的：因为世界上日益增长的美好部分依赖于非历史性的行为；而你我的境况之所以没有那么糟糕，一半要归功于那些忠于默默无闻并长眠于无人问津之地的人们"（p. 896）。与坚韧谦逊的品质一样，教书育人也不是什么英雄事迹。然而，同样是为了体现理想，教师并没有过着"隐秘的生活"。作为教师，他们是在公共场合工作的公共人物。艾略特小心提示，世界的美好只有"一半归功于"那些我们从未听说过的人（真感谢上帝）。但我们应该将另一半归功于谁呢？任何一个怀着感恩之情回忆起老师的人，已经对这个问题有了初步的答案。

有一些人被公认为坚忍谦逊的化身。这里粗列一个简短的名单：圣奥古斯丁，尤其是《忏悔录》中的圣奥古斯丁；乔治·艾略特，《米德尔马契》以及其他小说中的作者那富有想象力和道德的声音；埃蒂·希勒苏姆，下文中会有很多关于他的论述；马尔科姆·X（Malcolm X），尤其是他在自己《自传》（*Autobiography*）中叙述的精神转变。这些人通过行为和情感证明，自由并非虚无缥缈。换句话说，他们说明了为什么人不仅是一系列特定的自然和社会力量的总和，而是"更多的东西"（something more）（参见 Kant, 1785/1990，p. 80）。他们揭示了这种"更多的东西"*是无法预测或预设的。埃尔德里奇（1997）阐明了他们的主体意识，他写道："我对自己人性的记忆、表达或否定，并不是内生于我身上；它不是精神、物理或社会物质，按照其固定的既定性质作用的结果。它是在我与他人的共同生活中产生的。"（p. 290）

177

　　这个名单中的人至少部分地展示了按照人格或行为理想生活的意义。乍一看，像圣奥古斯丁和马尔科姆·X 这样的人似乎与这一主张相矛盾。这两位似乎都热衷于某种意识形态，一个坚持基督教教义，另一个则忠于与种族解放相关的穆斯林教义。然而，他们对那些并非基督徒、穆斯林，也没有参与解放斗争的人，也有非常多的教益，原因之一就是他们超越了意识形态和教义的条条框框，甚至意识到固守教条的前景令人却步甚至会有危害。他们都经历了深刻的个人蜕变，体现了他们的坚韧和谦逊，这一立场也赋予他们力量和勇气在世界上行事。他们能够质疑自己的生活和境遇，体现了他们追求成为某种特定类型的人，一个能够认识到人性的面容，并为其行动的人。虽然圣奥古斯丁自认为走上这条道路的时间有点晚，而马尔科姆·

---

* 在康德看来，人是理性的存在者，能够凭借自身的理性把握法则，而不是被自然和社会这些经验世界中的力量所干扰。而只有当出于道德法则而非经验，自主做出正当行为时，人才是自由的。这是所谓的"更多的东西"的内涵。——译者注

X在他的生命结束时已经开始了一种全新的追求，但他们都阐明了为什么我们可以谈论人格或品格的理想，并按照这些理想生活。

这些人对自己的缺点忧心忡忡，而不是炫耀自己的优点。他们让人想起列夫·托尔斯泰（Leo Tolstoy）的小说《安娜·卡列尼娜》（*Anna Karenina*）中的人物列文。和列文一样，当他们自我反思时，他们也会感到不满。他们的过失和弱点就像闪烁的霓虹灯一样显眼。但是，当他们有机会为人类生活作出贡献，为善恶平衡带来积极变化时，他们就会自然而然地抓住机会，就像太阳升起一样自然。这对他们来说非常自然，有部分原因是他们坚韧的谦逊。

我建议我们深入其中一位的世界，来达到这样几个目的：(1)为所有的教书育人者更清晰地阐明，坚韧的谦逊的理想所蕴含的自我审视和反思方式。这一理想很难用一般的术语概括，更难以定义，因此，通过传记的叙述可以更好地把握它。(2)传记可以说明这种内在的、反思的过程如何影响一个人与他人相处和合作的方式。鉴于教师工作的社会性质，这显然是一个值得教师关注的问题。(3)作为一种自我完善的理想，有人担忧坚韧的谦逊可能会陷入自我陶醉，也将通过深入分析做出回应。正如埃米特（1994）所说，"任何试图过上道德生活的人都会适当地关心……思考自己过得如何，进入'良知的内殿'自我审视。但是，如果道德上的自我提升是主要兴趣所在，这可能会导致过分向内的恪守，而不是向外关注人类具体情境的特点，以及身处其中该如何作为"(p. 26)。换句话说，作为一种理想，坚韧的谦逊可能会使一个人过于向内求，以至于不能向外看。道德督查可能会专注于一个人的内在倾向及其成长，而不是关注周围人的情况。埃蒂·海勒申展示了应如何避免发生这种结果。

第五节 内外兼修

希勒苏姆是一位年轻的荷兰女性，第二次世界大战爆发时，她正在阿姆斯特丹修读大学课程，兼职俄语教师以谋生。仅因为她是犹太人，她死于纳粹的屠杀。她留下的日记和书信（Hillesum, 1996）鲜活而清晰地描绘了一个人内在和外在的转变。她揭示了我称之为的"坚韧谦逊"如何引导一个人从单纯的自我关注转变为对帮助他人的承诺，以及这种承诺如何在互惠的动态交往中带来更实质的自我感知。以一种不英勇但不屈不挠的方式，希勒苏姆向我们展示了个人如何承担起对世界的责任。

希勒苏姆（1996）的日记从深受自我怀疑和自责的困扰写起。她认为自己很自私，被一种"贪婪的态度"（p. 17）所支配，总是想要控制人和事。这体现在她的情感生活、朋友交往，以及作为读者和思想家的知性生活中（她求知若渴地阅读文学、哲学、诗歌、心理学等书籍）。她直言不讳地说："我长期的头痛：太多的自虐"，"我丰富的同情心：太多的自我满足。同情心可以是创造性的，但也可能是贪婪的"（p. 10）。希勒苏姆梦想成为一名成功的作家，但她也在此怀疑自己的动机和能力。她的日记充满了对自己的劝诫："加油，我的女孩，开始工作吧，否则上帝会帮助你的"（p. 8）……"现在该做手头的工作了！"（p. 10）……"那么开始工作"（p. 19）……"现在我真的必须开始工作了"（p. 115）。

希勒苏姆有时会感到绝望，认为自己过于自我、不够自律和不安于现状。她倍感挫折，因为她意识到，自身的缺点和自私正在阻止她对人生目标和意义的真正渴望。她的疑虑和困惑让她感受到了日记开头所说的"我追求的虚无"（p. 8）。她不确定意义将以何种形式出现，也不确定如何为之奋

179

斗或做好准备。但在倾听内心时,她听到了"我内心深处仍被禁锢"(p.3)的反复回响。她渴望"从上帝的手中悠扬地滚落"(p.8)。她希望自己"更加坦率",这样她就可以如自己在某一刻所想象的,"长大成人,能够帮助其他陷入困境的灵魂,并通过自己的工作为他人创造某种清晰性,而这才是真正的意义所在"(p.11)。她所说的"坦率"与本书中有关"直率"的观点(参见第三章)相辅相成,即直率有助于一个人参与人类事业,并为之作出贡献。

180 　　希勒苏姆一直在与自己的信心、与自己作为一个人的价值相互搏斗,也苦恼于自己是如此难以自拔地想要书写严肃事物,但是否有谈论这些事物的资格。如上文引述,她对自己对世界的同情心产生怀疑。她有一次喃喃自语:"甚至在我写作的时候,我的潜意识也在抗拒'目的''人类'和'解决问题'等表达。我觉得它们自命不凡。但是,我是个天真和迟钝的年轻女性,还那么缺乏勇气。""不,我的朋友,"她接着自责道,"你还远远没有达到那个境界,你真的应该远离所有伟大的哲学家,直到你学会更认真地对待自己。"(p.36)

　　然而,希勒苏姆的思考、写作和行为都摆脱了这种不稳定、矛盾的自我认知。当她写到她的友谊、她的家庭、她周遭的命运时,她学会了接受自己的人性,接受自己言说和行动的能力。她认为这不是她的选择或决定,而是一个"重大的发现"(p.40)。她坦言,"我必须敢于以生活所要求的严肃态度来生活","而不是想着我是在自以为是、多愁善感或自作多情"(p.40)。她接着说服自己:

　　　　面对着眼前的苦难,你却还如此认真地对待自己和自己的情绪,你为此羞愧。但你必须继续认真地对待自己,你必须继续做自己的见证人,好好记录这个世界上发生的一切,永远不要对现实视而不见。你必

须面对这个可怕的时代，并努力为它们提出的许多问题找到答案。也许这些答案不仅能帮助你自己，还能帮助其他人。(p. 14)

希勒苏姆写下这些文字并努力付诸实践时，她发现自己与他人的关系发生了变化。她变得更加"沉着"而不再贪婪(p. 17)。她更善于倾听，并认真对待当下(p. 19)。她发现自己学会了"引导"自己的能量和渴望(p. 14, 33)。她觉得自己正在摆脱自我理解的预先锚定，这产生了一个令人惊讶的结果："现在我不想再拥有任何东西，我自由了，但现在我突然拥有了一切，现在我内心的丰盛是无法估量的。"(p. 16；另见 pp. 30, 40)

对于任何一个寻找过人生意义的人来说，希勒苏姆的自我怀疑以及她试图克服这些怀疑的尝试可能会让人产生共鸣。她以细腻的抒情风格写下的文字，似乎有非常高的辨认度。然而，我之所以花了这么多篇幅讲述她的亲证，是因为她揭示了，人内心的反思和自我审视的过程——一个伴随着坚韧的谦卑的过程——是如何在一个人的行为和行动中形成一种人性化的模式的。

随着时间的推移（日记的时间跨度从 1941 年 3 月 9 日到 1942 年 10 月 13 日，信件时间则涵盖了 1942 年 10 月 13 日到 1943 年 9 月 15 日时间段），希勒苏姆的自我怀疑和困惑被日益增长的自我理解和清晰所取代。她的洞察力开始在她的行为和哲学中不断涌现。起初，她"向外"的行为可能规模较小。但这些行为的意义并不小，因为它们既能给他人带来直接的益处，也展示了她内心反思的产物。她从与共同生活的人开始：

我们的家庭有许多相互矛盾的因素，我最近把维护它的和谐当作自己的任务，我们家中，有一个德国女人，是一个农民出身的基督徒，她就是我的第二个母亲；有一个来自阿姆斯特丹的女学生，是个犹太人；有一个老成持重的政党人士；有一个非利士人叫伯纳德（Bernard），他有纯洁的心灵和聪明才智，但受到了自己出身限制；还有一个正直的年轻经济学学生，他是一个好基督徒，有着充满温柔和同情的理解能力，但也有着我们近来已经习惯了的基督徒的激进和正直。我们的小世界从过去到现在，都是一个熙熙攘攘的小世界，受到来自外界政治的威胁，内部也受到干扰。但是，让这个小社会团结起来，驳斥所有那些绝望而虚假的种族、民族等理论，似乎是一项值得完成的任务。它证明了生活不能被强加到预先设定的模式中。（p. 12）

希勒苏姆还劝告和安慰其他朋友和同事。我明确指出这些行为是"向外"的，是为了强调内心的反思同样也是一种行动的方式（参见 Murdoch,
181　1970）。希勒苏姆甚至说，"塑造人的内在生活"应该被描述为一种"壮举"（p. 102）。她表明，正如自我努力需要付出努力，并常常导致焦虑和挫折一样，学习如何在世界上行动也是如此。她说，维护家庭社群的和平，"会引起大量的内心挣扎和失望，有时还会给他人带来痛苦、愤怒和悔恨"（p. 12）。

随着犹太人处境恶化，希勒苏姆发现自己被卷入了更多的公共工作中。1942 年 7 月中旬，她在当地的犹太人委员会担任秘书职务，纳粹通过这个机构让犹太人管理自己族裔的事务。委员会办公室里混乱、令人不安、时常充满压迫感的气氛并没有让希勒苏姆丧失道德立场。部分原因是她所处的环境不仅仅是她的周围（见第四章）。与自己的许多同事不同，希勒苏姆以耐心和活力应对所有和人相关的紧急情况。同事们惊讶的是，她每天都在办公桌上摆放鲜花，并在短暂的休息时间朗读诗歌，而这一切都发生在被她自己称为疯人院的地方。1942 年月初，她自愿陪同第一批犹太人被送往韦斯特博克(Westerbork)中转营,韦斯特博克位于阿姆斯特丹郊外,犹太人将在那里被集中,然后被送往集中营。希勒苏姆放弃了逃跑和躲藏的机会。相反,她清洗衣服,处理办公室事务,照顾病人,握住受惊儿童的手,安慰老人,在早期自己可获准离开集中营的最初几个月,担任许多夫妇和家庭的联络人,等等。这些行为反映了希勒苏姆的内心反思和她对如何生活的新生信念。

"不要憎恨任何事物。"里尔克这么敦促年轻诗人(1908/1986,p.35)。同样地,希勒苏姆开始相信,仇恨会破坏对生活及其要求的创造性回应。在日记的早期,她谈到仇恨如何"毒害每个人的心灵"(p.11)。她恳求说,"我们绝对不能用'坏心情'、怨恨和苦闷感染彼此"(p.56)。她的恳求让人想起,为什么教师教育者会劝告新教师,学校里有一些以教学为负担而满口怨言的老师,不要跟他们混在一起,那些老师不会把教学当作机会。教师教育者警告说,这种抱怨的基础是冷漠,而参与这种抱怨则会滋生(更糟糕的)冷漠。尼古拉是契诃夫在《没意思的故事》中塑造的一个人物形象,通过这个人物,作者描绘了冷酷而刻薄的谈话是轻而易举,就会让自己和他人的生活丧失斗志。他抱怨说:"所有这些关于(年轻一代)堕落的议论,总让我觉得,好像无意中听到了一些关于我女儿的不愉快的言论。让我感到不快的是,这些指责毫无根据,而且是建立在老生常谈和伤痕累累的幻影之上。" ₁₈₂(Chekhov,1889/1964,p.81)"闭嘴,行吗?"尼古拉终于对他那些嘴贱的朋友们大声说道,"你们像两只癞蛤蟆一样坐在那里干什么,用你们的呼吸毒害空气吗?"(p.84)。艾略特在她的小说《米德尔马契》中也有类似的评论:

> 在芸芸中年男人中,他们每天的职业生涯和他们的领带一样,都是由自己决定的,这些人中间,总还是会有很多人曾经打算塑造自己的行

为，稍微改变一下这个世界。关于他们是如何变得平庸，变成可被成批打包的故事，即使在他们的意识中，也几乎没有人讲过；也许因为他们对大量无偿努力的热情，就像对其他青春爱情的热情一样，不知不觉地冷却了，直到有一天，他们从前的自我像幽灵一样在老旧的家中走动，使新家具变得惨不忍睹。世界上最微妙的事情莫过于他们逐渐改变的过程！一开始，他们在不知不觉中吸入了这种气息；当我们说出我们的顺从的谎言，或得出我们的愚蠢的结论时，你我可能已经把我们的一些气息传染给了他们。(1871 - 72/1985, p.174)

正如默多克(1970)所说，"日常交谈的活动并不一定道德中立，而且某些用来描述人的方式可能是腐化和错误的"(pp. 32 - 33)。希勒苏姆、契诃夫、艾略特和默多克所阐述的观点会引起许多教师和其他从事辅助职业人员的共鸣。他们的经验可以证明，沉溺于负面情绪是多么容易，直到这种狭隘成为一种令人窒息的习惯。

希勒苏姆反对仇恨的辩护中引人注目的一点是，它是在如此邪恶的环境中展开的。她说："我知道那些憎恨的人有充分的理由这么做。但为什么我们总是要选择最廉价、最容易的方式呢？在这里（中转营），我强烈地感受到，世界上每增加一丁点仇恨，都会使它变得更加荒凉。"(p. 256)她认为，"我们在自己身上要做的事情太多了"，"我们甚至不应该去想着憎恨我们所谓的敌人。……我认为别无选择，我们每个人都必须反躬自省，那些认为在别人身上应该被摧毁的，应在自己内心消除"(p. 212)。有一天，一位朋友愤怒地问："是什么让人类想要毁灭他人？"希勒苏姆回答道："你说人类，但请记住，你自己也是人类之一。……别人的腐朽也存在于我们内心。……除了向内看，根除所有的腐肉，我真的看不到其他的解决办法。在我们首先改变自己之前,我不再相信我们能改变世界上的任何事情"(p. 84)。她承认道德愤怒和道德行动有其必要性(下文详述)。"但我们必须知道是什么动机激发了我们的斗争,"她辩称,"我们必须从自己做起,每天都要重新开始"(pp. 154 - 155)。希勒苏姆总结说,"如果一个人想要对他人施加道德的影响,就必须从自己的道德做起"(p. 216)。

在类似的表达里面,希勒苏姆揭示了自己何以如愿地学会认真对待自己,将自己视为一个有生活目标感的人。她曾评论:"我发现生活是美好的,我感到自由。"这几乎是一种信念(faith)的证明:"我内心的天空就像我的头顶上方一样辽阔。"她接着说,

> 生活是艰难的,但这并不糟糕。如果一个人一开始就重视自身的重要性,那么其他的就会随之而来。致力于自身发展并不是一种病态的个人主义。只有当每个人都找到了内心的安宁,当我们所有人都战胜了对无论何种种族的人的仇恨,并转化了仇恨,甚至把它变成爱,尽管这也许要求过高,但是只有这样,真正的和平才会到来。(p. 145)

希勒苏姆对人性的"亲证"并非史无前例。这些文字的力量源于她充满活力和魅力的性格和散文,源于她本身的存在于同代人中显而易见,并为他人带来了丰富的意义。不过,即使承认这一点,我们仍然要对希勒苏姆的道德立场提出一些问题,这些问题也可以是关于坚韧的谦逊的。

例如,历史学家兼评论家特韦赞·托多罗夫(Tvetzan Todorov, 1996)写道,他非常钦佩希勒苏姆。"在最深的绝望中,"他说,"她的生命像宝石一样闪闪发光。"(p. 198)但托多罗夫对希勒苏姆的哲学的政治隐含表示担忧。他认为:"当危险来临时,我们知道我们无法用善的姿态来避免它。而且我

们不一定是错的。"(p. 201)托多罗夫对希勒苏姆的沉默主义(quietism)感到不安。他的担忧中,有一部分来自于将希勒苏姆与纳粹的积极反抗者之间的对比(反抗纳粹的人是托多罗夫主要的研究对象)。与这些许多已经战斗牺牲的反抗者相比,希勒苏姆的平和态度显得顺从。她的日记最后写"我们应该愿意成为所有伤口的良药"(Hillesum, 1996, p.231)。这是一个正在治愈、安慰和修复受苦之人的形象。但托多罗夫指出,希勒苏姆的指控假定了伤害和痛苦是先决条件,为什么人们不首先着手解决导伤害和痛苦的条件,这样我们就不必扮演提供良药的角色(Todorov, 1996, p. 208)。托多罗夫敦促我们从别处寻找足以对抗恶的生命哲学。他总结道,"最终",希勒苏姆的"宿命论(fatalism)和被动性(passivity)助长了纳粹的屠杀计划"(p. 209)。

即使是经过修改,托多罗夫的批评也是针对坚韧谦逊的主张所提出的。批评者可能会问,追求这种人格理想,将如何帮助我们解决国家的许多教育和社会问题? 它将如何纠正继续拖垮的不公平、偏见和冷漠? 它将如何帮助教师个体面对自己学校中的不公正,如何处理愤世嫉俗甚至有害的教师和管理人员,如何对抗一个看似只关心自我保全(self-preservation),而不关心其他事务的官僚体系? 我们怎么能确信坚韧的谦逊不是仅仅延续现状呢?

类似的问题还有很多。与其直接回答它们,不如让我们首先看看希勒苏姆的一生是否蕴含了对托多罗夫批评的回应。如果只是因为我曾提到希勒苏姆阐明了坚韧谦逊作为人格理想的意义,这似是一个明智的选择。这是说,请原谅托多罗夫的观点希勒苏姆也会明晰其局限性。简而言之,希勒苏姆的立场是否必然促成托多罗夫所称的宿命论和被动性?

希勒苏姆敏锐地意识到可能会有人觉得她的道德立场有问题。她曾在某个时候承认:"如果他们怀疑我的感受和想法,许多人会说我是一个不切实际的傻瓜。"(p. 181)但她坚持认为,她的哲学不是逆来顺受、冷漠无情或束手无策的哲学(p. 176)。她不认为自己是个"'心灵美丽'的女学生",也不是寻求"逃离现实进入美梦"(p. 135)。她拒绝承认只有敌人才是恶的观点,因此她不是一个"纸上谈兵的理论家"(p. 152)。她认为,她对文学和哲学的深入研究,以及她的写作,并非只是空中楼阁式的狂想曲。相反,她认为,自己的阅读和写作已经为"成人的生活"(adult life)做好准备,这个短语是她如今欣赏的,认为它意味着投入到周围世界的需求。"米开朗基罗和莱昂纳多,"她说,"他们也是我的一部分,他们居住在我的生活中。里尔克和奥古斯丁,还有其他传道者作家们……他们告诉我一些真实而中肯的东西。"(p. 134)

在她的日记里,希勒苏姆展示了内心的对话有助于培养坚韧的谦逊,这种内心的对话如何融入到对他人言行深思的研究中。她阐明了为什么自我审视不能在真空中进行:一个人需要反思和质疑的源泉。这个观点与第七章关于在教学中培养传统意识的讨论不谋而合。希勒苏姆在艺术、文学、哲学以及她以诗人的眼光感知的周围世界中,找到了源泉,她把它们当作持续对话的伙伴。她不仅展示了反思如何转化为公共的行动,也揭示了深思研究的习惯如何扩展、加深对人类境况的洞察力。她说,"让一切都沉浸其中","这可能是文学、研究、人类或其他任何事物唯一正确的方法……让它在你的内心慢慢成熟,直到成为你自身的一部分"(p. 102)。我们在希勒苏姆身上见证了这一过程。就在我们眼前,她成为一个能给他人带来力量和同情的人。她得出这样的结论无可非议:"毕竟,这几年我在书桌前忙碌的,并不仅仅是'文学'和'美学'。"(p. 183)

在我看来,希勒苏姆协调言行的方式,让人想起著名的非暴力的行动哲学。她并不自诩为圣雄甘地或马丁·路德·金(Martin Luther King Jr.)那样的演说家或政治领袖。但她也不"仅是"一个善意与和平的人。让我们再一次通过她的日记和书信,考察所描绘的人生主线。她如愿以偿地成为了一名出色的作家。这一成就使她成为那个时代的"记录者"(chronicler)(p. 173, 196),成为"集中营的思考之心"(p. 199, 225)。正如我之前所说,她意识到自己必须入世,并为世界提供帮助,因此她通过思考和写作融入世界,保持主动帮助陷入受苦之人的初心。她的写作有了直接的价值,例如,荷兰抵抗组织出版了她写的几封描述集中营生活的信。她书写自己的经历直到生命的终结,即使在因为帮助他人而陷入疲惫不堪、惊心动魄的日子里,她也在书写。她甚至在火车载着她开出集中营,驶向死亡之时,她还填写了最后一张明信片,寄给担心她的朋友们。(这封明信片被她从牲畜车厢的小窗口中推了出去,当地的农民发现了它并寄了出去。)

这种思考、写作、行动和帮助的模式,无法用"宿命论"和"被动性"这样的术语所概括。诚然,希勒苏姆的立场无法阻止一支入侵的军队。那样的情况下,最好有军事力量做好抵抗的准备。但在我看来,至关重要的是,希勒苏姆的坚韧谦逊揭示了,人类个体如何通过充分利用自身独特的性格和能力来成为一股为善的力量。*我认为,希勒苏姆充分运用了自己的才能和她所成为的人的独特的能力和特质*。她展示了向内的探索和向外的意义追求,如何能够引导一个人冒险尝试为世界做点什么,而不会在这个过程中变得教条主义或狂热。她下定决心不憎恨、不抨击,而是寻求美和人类可能性,即使在最艰难的时刻,她也渴望变得"坚韧",而不是"坚硬"(p. 195),这并不像托多罗夫(1996)说的"超人——因此也是非人(inhuman)"(p. 208)。希勒苏姆的行为可能不属于我们所知的这个世界,但这正是问题的关键。希勒苏姆的行为用自己谦逊的方式,唤起了一个更加人性化的世界,我认为这是道德生活的一个核心维度。希勒苏姆的一只脚踏在现实世界中,另一

186

只脚踏在可能实现的世界中。她帮助我们看到了这两个世界中的问题和希望。

总之，问题并不在于是选择支持希勒苏姆的观点，还是支持像托多罗夫这样忧心忡忡的批评家的观点。教师不一定非要追求坚韧谦逊的理想，也不一定非要放弃它，转而采取更加积极主动或更攻击性的立场。本章的重点是，坚韧的谦逊是人格理想。但是，教师需要为机构的变革和改革项目作出贡献时，会有一些重要的时刻。从希勒苏姆的证言中，我也希望从本章所写的一切中，得出一个教训：坚韧的谦逊本身就是一种革命性的理想。如果所有教师都能努力做到坚韧和谦逊，如果他们都能在与学生的合作中，实现充分的耐心、想象力和专心，那么课堂教学就会发生静悄悄的革命性变化，就像有些课堂教学已经一直在发生的变革一样。反过来，这种革命也会在全社会产生反响。需要再次强调的是，这只是一个重点，但不是一个严峻的选择，因为与此同时，种种问题有待解决，包括学校体制的变革、广泛的课程改进、更明智的评估实践等问题，还有至关重要的支持教师树立坚韧的谦逊精神问题。教师和教育系统中的其他许多人一样，在这些方面都大有可为。奥尔森(Olson, 1992)提醒我们："当我们考虑改变实践时，我们必须关注实践的意义。改变实践不仅仅是一个技术过程，它涉及考虑变化的一样，这就需要对话，一种新与旧之间的对话。"(p. 78)教师应在对话中发挥核心作用，恰恰是因为他们是实践的传统的继承者和守护者。因为承担这样的角色，他们有义务参与某种层面的制度改革和改进。然而，正如许多批评者所强调的，这样的努力不应使教师失去在教学中任何更多的与学生接触的时间。而如果试图改变教育体制的努力，会导致师生之间的合作减少，而不是增加，那么这就变成了悲剧，也将不利于教学实践的长期健康发展。

在我看来，所有从事教学工作的人都可以寻求一种平衡，既避免在光谱

187

的一端陷入自我沉溺和消极被动,也避免在另一端狂热主义和教条主义。回顾之前使用的术语,这是在尊重理想和尊重他人的现实之间的平衡。并且,只有当教师像认真对待公共义务一样,也认真对待沉思和自我反省时,这种姿态才会出现。希勒苏姆(1996)写道,"一个人必须与现实世界保持联系,并知道自己在其中的位置;只是活在永恒的真理中是错误的,因为那样的话,一个人最终很可能会表现得像一只鸵鸟。要充分地去生活,要内外兼修,不能为了内在的生活而忽视外在的现实,反之亦然——这是一项相当艰巨的任务"(p. 25)。

第六节　结论：理想与教学实践

"而我脑海中浮现出几个月前写下的给自己的笔记,我将一次又一次地写下这些话,直到它们成为我的一部分:缓慢地、稳步地、耐心地。"(Hillesum,1996,p.99)正如我们所见,希勒苏姆的信条使她能够利用眼前的任何机会发展自己,也表达了她对人类的关怀,这两者在本质上是相同的。她回忆起的这些话证明了,她所学到的是非英雄主义的、不矫揉造作而严肃认真的生活方式。她在人类长河中的严峻时期,在数代人之前便采取了这种立场,而正是这种立场,与"坚韧的谦逊"所指涉的作为为人处世和教书育人的理想所捕捉到的立场之间,搭建起了一座桥梁。*缓慢地、稳步地、耐心地*,这些词语都有助于构建教与学的过程。耐心和专注是教学实践的标志,而坚韧的谦虚则与耐心和专注相辅相成。坚韧谦逊这一理想肯定了一个不言自明的真理,无论是学生还是教师,真正的学习都是不能被强迫或急于求成的,就像我们不能催促日出或潮汐一样。缓慢、稳步、耐心:这些词有助于精准描述内在反思如何转化为坚韧谦逊的公共行为。希勒苏姆的一生并不完全是教师的楷模，因为每位教师的自我反省都会有自己独特的方向，与其说是教师的楷模，不如说她的一生向人们展示，内心的质疑和审视是可能的，而且他们可以塑造一个教师的存在。

本章通过探究坚韧的谦虚来表明，理想在教学中占有一席之地，尽管理想的本质难以用精确的术语来说明它的位置。像"社会进步"和"提高人类尊严"等"宏大"的理想是激励教师的动力。但是，这些理想却是在教学实践中得以具象化。没有任何一种理想能够凌驾于教学实践之上，超越实践已经建立的一切。那些对"宏大"理想忧心忡忡的批评家们让我们意识到，如果没有为对现实和责任的感知所约束，盲目听从这些理想可能会带来危险。理想可能会变成意识形态或教条主义，会致使教师偏离他们的教育责任，导致他们把学生看作实现某种目的的手段，无论这个目标是政治的、社会的还是其他。我之前提到的那位初任教师的遭遇，说明了一个本来值得称道的民主教育理想，是如何凌驾于对学生的认识和理解之上。她的经历证明了，为什么理想和对现实、对责任的认识应该相互促进。

"坚韧的谦逊"描述了一种理想的性格，一种品格或人格的道德理想。那些认真对待它的人开始追求成为更好的人和教师。这样一来，他们就能对学生，也或许是其他人产生更积极的影响。他们学会看到学生的真实面貌——与他们一起相互倾听、质疑、思考和惊奇，而不是仅仅通过透镜来看或"宏大"理想的术语来理解他们。他们坚韧的谦逊精神引导并约束着他们其他的理想，使之始终服务于教学。

坚韧的谦逊揭示了自我完善与自我陶醉或自我放纵之间的区别。埃蒂·希勒苏姆和本章中提到的其他人都深刻地意识到，"亲爱的自我"（Kant, 1785/1990, p.23）是如何不断出现在我们人类的讨论中，要求着舒适、安逸和保护，寻求着免受困难和棘手问题的困扰。这种要求会使人们远

188

离他人,不与他人交往(更不用说帮助他人)。艾略特写道:"在我们视野附近的微小斑点,难道不会模糊掉世界的光辉,只剩下我们看到的那个斑点吗?我不知道有什么斑点会比自我更麻烦。"(1871-72/1985,p.456)这些人还揭示了被理解为一种道德事业或追求的自我改进,与我在第三章中所说的"客体意识",而非"自我意识"之间的对称性。客体意识就是关注世界,专注于手头的任务、机会、问题、困难或情况。这既可以意味着专注于尚未发生的事情,也可能意味着考虑先例和其他可能相关的事情。坚韧的谦逊源于客体意识,源于对人和世间万物的关注,源于努力成为自己尚未成为的那个人。埃米特(1979)澄清了这一点,同时对理想的本质作了进一步的阐

189 释。"一个人必须……决定",她写道,"冒险去相信自己可以更深入地了解情况。这种冒险通过遵循它而得到加强,而不是一开始就能证明其正确性。开端是改变我们的取向,不再专注于自己的利益,而是以自由的精神无私地看待事物。"(p.141)埃米特的意思并不是说我们应该努力追求纯粹公正的立场,她认为这对人类来说是不可能的。论点中的关键词是"专注"(preoccupation)和"精神的自由"(liberty of spirit)。教师专注于学生和教学,可以将精力和注意力从自我中转移出来,将自我与自己的工作相分离或各自孤立,从而解放教师,使其如希勒苏姆所说的"成人",对年轻人的生活产生积极的影响。

教师和教师候选人是否必须思考和谈论理想,比如坚韧的谦逊,以使其发挥引导作用?还是说,它是一种不言而喻但却能感受到的东西,是一种存在但却看不见的东西?它是否更像是一种感觉,而不是一种理性或经过推敲的立场?是一种可以做更多的什么和更能成为什么,但同时又不确定这种更多具体是什么的感觉?还是它是否将感觉与理性结合在一起?与艺术家、运动员和其他许多人一样,一些教师也在谈论"把它做好"。他们心中有

一种与学生一起工作的卓越和成功的形象。但是，当要求他们给"它"下一个定义时，他们会结结巴巴，支支吾吾，反反复复。或者，他们会变得兴奋而激动，但却没有给出严密的定义。相反，他们用隐喻来说明"把它做好"的含义。他们举出种种例子说明，他们绕着它打转。

鉴于我们对理想的讨论，他们的行为并不奇怪。毕竟，人怎么能定义自己没有经历过的事物呢？如席勒在本章开头的一则格言中所说，理想描述的是一种可能性，而不是当前的状况，怎么会有"符合"（conforms）理想的经验呢？试图把它做对，意味着一个人毕竟还没有真正做对。这意味着要在被称为理想国度的未知领域里奋力前行。没有哪个教师、艺术家或者运动员，没有人会真正了解在理想国度里是什么样子。但是，从字面意义上讲，这也成为一个人以理想的精神行事的动力。无疑也会存在其他动机，而要完全洞察自己的目的和愿望，这似乎超出了人类的能力。此外，正如前几章所讨论的，每个人都是通过一种假设的滤镜来感知生活的，但要想意识到这些假定并不容易。然而，正如希勒苏姆（1996）、康德（1785/1990，1788/1993）等人所指出的，通过思考和说服自己以更好而不是更坏的方式行事是可能的。正如康德所说，一个人可以成为自己行为的原因，而不是将这种权力让给自然或社会力量。康德认为，在这样做的过程中，人表达了他或她自己的自由。

190

此外，描述通往理想的旅程，并且谈论这一过程的特征或性质，这总是可能的。在追求成为尽可能完整的人的过程中，有一部分是学习，我们需要将学习这种追求的意涵贯穿全过程。希勒苏姆发现，这是把认真对待自己，看作是认真对待他人的补充。她还发现，没有人能独自获得这样的成长。人们必须与他人共同生活，方能学会如何思考、如何交谈、如何行动，进而培养出坚韧和谦逊的品质，不畏怀疑、障碍和失败，能够勇往直前。因此，描述这个旅程的特征，思考、讨论和描述旅程的意义，看似从字面上看，成为人类形成自身性格的途径。

于此处，教师之间的对话变得珍贵。谈论一个理想会让它栩栩如生，帮助它变得更加鲜明，使它能够激发一个人的行为。这种谈话尊重了这样一个事实，坚韧的谦逊的理想最终服务于人类精神。谈论坚韧的谦逊，并阅读用生命照亮坚韧的谦逊的人，是为了识别一种取向、一种前景、一种意义和目的的源泉。已经有很多人试图在这个领域表明，论辩、解释，甚至知识都有其局限性。诗人和科学家歌德在本章开头的另一句格言中，让我们回想起这些限制。歌德说"看见"一个理想并拥有它，而不"知道"它，他的意思是说，对理想的理解不是密不透风、一成不变的，但尽管如此，要在塑造生活的过程中认识到理想的位置。这种认识指向了一种智慧或洞察力（"洞察"［seeing into］），而不是知识本身的一种形式。

对话包括了论辩、解释或信息的交换，但我心目中的对话不仅仅是这些。如奥克肖特所言，"对话可能包含论辩，但不能简约为论辩"（引自Hollinger，1985，p. xvi）。论辩必须是有序的。但从隐喻的角度看，这个要求并不总能捕捉到那种感觉，当一个人想到作为人、作为教师可能成为的样子，所感受到的那种内心澎湃、呼吸急促、听得到心跳声的感觉，它是一种无形的存在。对话的方式能够使这种存在更加生动、更加真实、更能成为教学的源泉。它可以帮助一个人接受，并且活出那些充满希望的形象和理想，而这些形象和理想，由于并不总是可测而在脑海中若隐若现。希勒苏姆（1996）写道，"我的想法就像一件过大的衣服挂在我身上，而我还需要长大才穿得了"（p. 37）。她憧憬着自己还未成为的样子。正如她认为需要其他人来实现她的想法一样，哲学家斯坦利·卡维尔（Stanley Cavell，1990）也写到了朋友的重要性："我们可以说，这个形象对一个人的道德可理解性的信念,吸引着人们去发现它,并找到语言和行动来表达它。"(p. xxxii)对话中的教师可以充当这样的朋友,为彼此提供交谈的机会,谈论自己在追求成为好人和好老师的旅程中的前行。

注　释

第一章

1. 这句话反映了历史学家雅各布·布克哈特（Jacob Burckhardt）的观点，当艺术家感到自己屈从于市场条件，而市场又无情地要求艺术家为新而新时，可能导致的后果。布克哈特认为，在这种情况下，非艺术因素压倒了艺术判断，"历史相关性取代了艺术相关性"（引自 Gossman，1997，p. 37）。

2. 我之所以提到"正式"理论，是为了将其与非正式理论，或者是与先入之见或先入之见（参见 Gadamer，1960/1996）进行对比，后者是人们在与世界的接触中一直在使用的。马特·桑格（Matt Sanger）帮助我理解了进行这种对比的必要性。

3. 相关文献综述见汉森（Hansen，2000）、诺丁斯（Noddings，2000）、奥塞尔（Oser，1994）和索基特（Sockett，1992）等人的研究。

4. 教学也不可能被"解构"为一种装点门面的东西，如果我们用这些术语来理解"解构"，那么在每一种实践或人类努力的背后，都隐藏着一个利益和权力体系（或有时被称为"真理体系"，regime of truth）。我赞同一种普遍性的假设，诸如教学的实践从来都不是在政治或社会真空中进行的，它的身份和地位总是受到质疑。但是，作为一种有生命力的实践，它所构成的不仅仅是潜在的、决定性的、源于实践之外的利益或权力的所在地。本书全文将试图阐明背后的原因。

5. 我所引用的原文中没有任何只使用男性或女性代词的地方体现了性别歧视的假设或观点（除非另有说明）。此外，本书引用材料中的所有斜体字都是原文作者的强调，而不是我做的强调标记（除非另有说明）。

6. 有关强社会建构理论的相关讨论，见哈金（Hacking，1999）和 D. C. 菲利浦（D.

C. Philips，2000)等人的研究。

7. 我想到的可能是专业术语中所谓的怀疑诠释学传统(参见 Gadamer，1984)，根据这一传统，人类事务和实践依赖于(通常)隐藏的心理或物质力量。在此，我想到了尼采、弗洛伊德和福柯等人富有开创性和富有成效的工作。雷蒙德·布瓦维特(Raymond Boisvert，1998)将这种取向与他所称的复原诠释学(hermeneutics of recovery)进行了对比，他认为复原诠释学"挑战了用前现代、现代和后现代来思考问题的整个概念"(第157页)。泰勒(Taylor，1989)令人信服地指出，人们可以"恢复"与过去的联系。

第二章

1. 关于行为(conduct)与动作(behavior)的区别，参见杜威(1930)、奥克肖特(1989，1991)和泰勒(1985)。钱布利斯(Chambliss，1987)认为，"教育行为"应被理解为教育理论与实践的结合。

2. 参见朗福德(1985)。康德(1788/1993，p.93，passim)称人格为"个性"(personality)，并赋予这个词深刻的道德含义。不过，我使用"人格"是为了回避与"性格"一词当代的含义，其中的一些含义已经失去了道德性的内涵。

3. 有丰富的文献关于叙事及其在帮助我们理解人类经验方面的价值。有关虚构叙事中的道德力量，见布斯(Booth，1988)、J·加德纳(J. Gardner，1978)和努斯鲍姆(Nussbaum，1990)。有关将道德嵌入生活叙事的论述，见豪尔瓦斯(Hauerwas，1977)和泰勒(Taylor，1989)以及麦金太尔(1984)。有关教学及如何从叙事角度理解教学的研究，见古德蒙斯多蒂尔(Gudmundsdottir，2000)、麦克尤恩和伊根(McEwan & Egan，1995)及威瑟瑞尔和诺丁斯(Witherell & Noddings，1991)。关于思维及其与叙事的关系，见布鲁纳(Bruner，1985，1991)等。

4. 布里克(Bricker，1993)和彭德伯里(Pendlebury，1990)用"情境鉴赏"(situational appreciation)来概括这种反思能力。另见加里森(Garrison，1997)对所谓"道德感知"(moral perception)的补充讨论。

第三章

1. 这种形象也不同于一成不变的理想或意识形态。简·罗兰·马丁(Jane Roland Martin, 1985)对所谓的"受过教育的人"的理想提出了尖锐的质疑。这种理想可能是建立在某一特定人群的模式或习俗基础上的,无论多么不自觉。马丁尤其批评了在她看来偏向男性或富有男性特征的受过教育的人的理想。她的批判引发了争议、辩论以及一些有益的探索。我认为,她的批判蕴含着一种智慧,那就是告诫人们不要过于草率地接受任何理想。在第八章中,我讨论了"理想"在教学中的危险性,同时也试图为理想开辟一块适合栖息之地。

2. 既然我已开始借鉴康德的哲学,之后也将继续借鉴,我应说明一点,我对康德哲学的解释与那些将其定性为理性主义或道义论的解释不同。我认为,康德将美德和情感视为理性和法则的必要补充,以塑造道德生活,尤其是实现生活中的道德模式。参见他在《伦理学讲义》(*Lectures on Ethics*)和《道德形而上学》(*The Metaphysics of Morals*)中的论述。他的经典著作《道德形而上学原理》(*Foundations of the Metaphysics of Morals*)的标题令人生畏(这是康德自己的描述),但却揭示了他充满激情的道德敏感性。我的观点受到了理查德·埃尔德里奇(Richard Eldridge, 1997)、芭芭拉·赫尔曼(Barbara Herman, 1993)、费利克塔斯·蒙泽尔(Felicitas Munzel, 1999)和南希·谢尔曼(Nancy Sherman, 1997)等人近期著作的影响。

3. 我对"自发性"的解释不同于雪莉·潘德伯里(Shirley Pendlebury, 1995)所说的"感知自发性",她所说的"感知自发性"是指"为复杂的具体事物本身而感到高兴"((p. 55)。潘德伯里说,教师的感知自发性可以产生生动的想象力和对新经验的新鲜反应。然而,从她的观点来看,这种自发性可能过于开放,过于不批判,过于不可靠,无法对于合理的教育实践来说是一种不可靠的指导。我想说的是,当自发性与我所研究的其他品质结合在一起时,它就体现了一种批判性的观点。

4. 康拉德(Konrad, 1981)补充说:"你是否自由,总是在下一分钟决定。你可能在街角等公交车,可能在房间里等电话,可能在床上等美梦。……我们的自由是一个不耐烦的主人,它不会给我们太多时间休息。……'这就是我,这就是我能做的',我们如此抱怨道。主人平静地说，'你有更多，你能做更多'。为你的光腾出空间，因为你就是房间，你就是光。当你疲倦时，房间就会变得黑暗。"

5. 关于开明在教育中的意义的最新交流，见 P·加德纳（P. Gardner, 1993, 1996）、格鲁克（Gluck, 1999）和黑尔与麦克劳夫林（Hare & McLaughlin, 1994, 1998）。黑尔（Hare, 1985）论述了开明有多么困难，以至于人们可能会对其可能性本身产生怀疑。

6. 菲利帕·福特（Philippa Foot, 1978）用一种不那么戏剧性的方式说明了为什么说"勇敢的强盗"可能会被误导。她认为，勇气是一种美德，而抢劫是一种行为，这两者互不协调。她暗示，用"冷酷无情、头脑冷静或铁石心肠"形容强盗更贴切。

第四章

1. 在这个背景下，"刺激"的概念并非是行为主义意义上的。恰恰相反，杜威对教育的理念提出了有关真正的教育刺激的定义问题。它呼吁人们关注教师如何营造一种环境，提供适当的机会和邀请，这些机会和邀请会生成思考、经验和成长，而不是相反。杜威对刺激的概念是互动的，更确切地说，是"交互式"（transactive）的，这个词强调了人与所处环境之间的有机关系（参见 Dewey & Bentley, 1949）。事物、对象、事件，都因为人已经在做的事情而成为刺激。杜威（1932/1989）写道："在行为中，来自环境的刺激是非常重要的因素。但刺激的重要性不如原因、行动的产生者。因为有机体已经在行动，而刺激本身只会在行动过程中产生和体验。一个物体烫得手疼，会刺激手要抽回，但这种温度是在抵达和探索的过程中经历的。如此例所示，刺激的功能是改变已经进行中的行动的方向。类似地，对刺激的反应并不是活动的开始；它是一种变化，一种活动的转变，是对刺激所指示的条件变化的响应。"（pp. 289‒290）人们可以刺激那些引发他们反应的刺激，而反应也会产生新的刺激。此外，人们还可以将智慧、目的、情感和希望注入到这个交互式的过程中。

2. 这种对刺激和反应间的动力学的理解与 B·F·斯金纳（B. F. Skinner）有历史影响力的观点形成了鲜明对比（背景资料见 Alexander, 1987; Bowers, 1987; Bredo, 1998; Tiles, 1988）。埃利亚胡·罗森诺（Eliyahu Rosenow, 1980）写道，"斯金纳的目标是规划一种环境,产生经过预先安排的受控刺激,这些刺激按照文化工程师(cultural engineer)设计的方式修正个体的行为。他的指导原则是,如此获得的行为既要对个人有用,也要对其文化有用"(p. 221)。斯金纳否定了道德的许多方面,有部分原因是他否定了我们与意识相关的许多内容。他的目标不是培养有道德的人,而是创造一种道德的环境,促使人们表现良好。如按斯金纳的框架,第二章所描述的道德敏感性最终将与人类的繁荣毫不相关。

3. 如果考虑到卢梭一生中的个人失误和错误,这些言论就更加具有煽动性。例如,批评者们严厉责备他将私生子送进弃儿院。正如他的《忏悔录》(*Confessions*)所述,卢梭并非不明了自己的弱点和失败(至少是其中的一部分)。并且,他也曾尝试过教导孩子,但发现自己并不适合这项工作。然而,他从自己的不足和对成功的思考中学到了很多东西。他在《爱弥儿》中写道:"我对教师伟大的职责印象深刻,深感自己能力不足,无论是何方雇佣,我都难以接受这样的工作。"(1762/1979, p.50)

4. 福柯的研究以他耐人深省的阐释和充满人道主义的发声,在人文和社会科学领域催生了一系列志同道合的项目,这以后的研究蔚然成风。要了解福柯的研究,拉比诺(Rabinow, 1984)可以是一个起点。最新在教育中应用福柯观点的有鲍尔(Ball, 1990)、波普克维茨和布伦南(Popkewitz & Brennan, 1998)和鲁斯马尼耶等人(Rousmaniere et al., 1997)的研究。

第五章

1. 罗森布拉特更喜欢用"交互影响(transaction)"一词而不是"读者反应(reader response)"的原因是,对于一些批评家来说,后者通常意味着对文本阅读和解释高度主观的观点;具体可以参见她在 Karolides(1999, pp. 166 - 167)中的评论。康奈尔(Connell, 1996)阐明了罗森布拉特的观点,并提出了有益的问题。

2. 汉斯·格奥尔格·伽达默尔(1960/1996)对人类经验的诠释提出了类似的论点,第七章借鉴了他的观点,用以阐明教师与教学传统的相遇。

3. 我在 1985 年秋季注册了芝加哥大学的一门名为"自传与教育:美国生活"

（Autobiography and Education: American Lives）的课程。艾米·卡斯（Amy Kass）和拉尔夫·勒纳（Ralph Lerner）两位教师，围绕这三个问题组织了我们每周的讨论，并在整个学期内深入介绍和不断澄清。

4. 霍夫斯塔德（Hofstadter, 1962）的批评阐明了那些认为杜威晦涩难懂，甚至令人费解的观点。我认为，一旦习惯了它的韵律和节奏，杜威的写作就是易于理解并吸引人的。杜威的风格是由他试图实现的目标所决定的，这个目标无疑是重构教育理论和实践（参见 Alexander, 1987, pp. xii－xiii）。不能简单地判定杜威的风格很"糟糕"，就像是说他本应该专注于雕塑、戏剧或高尔夫，但他选择做了一个糟糕的画家。就像说杜威是诗人，但不是那种因写不好散文而逃离的流亡者。诗人选择写诗是因为那是表达他或她的思想或愿景的唯一方式。我相信杜威是有各体意识的，他受到所面临问题的驱使，也可以说是回应问题。这使他放弃了许多传统的理解、期望和表达的框架。

5. 这个论点也适用于讲座。在一场好的讲座中，观众会用思考和感受参与其中，即使这种参与不如在讨论中那样显而易见。讲者和观众共同营造了一个能够从中学到经验的环境，或者用杜威的话说，能够首先获得经验。

6. 我很看重我们课程的一个特点，那就是在上完我所说的课程大概一年后，学生们会选修一门实地课程，在这门课程中，他们会直接回到杜威的教育哲学。在该课程中，他们阅读和学习杜威的《教育的道德原则》（*Moral Principles in Education*, 1909/1975）、《经验与教育》（*Experience and Education*, 1938/1963）和《教育理论与实践的关系》（*The Relation of Theory to Practice in Education*, 1904/1974b）等著作。我也曾教授过这门课程，再次与同一批学生一起工作的教育获益（以及纯粹的快乐）是巨大的，而那时他们往往已经成长了很多。

7. 在第六章和第七章，我讨论了培养教师对传统的感知的价值。这个过程的一部分是涉足历史上的作品（比如《民主主义与教育》），而这些作品并不按照当代的心境或新潮观点来看待教育。

8. 学生们也证明了以间接的方法进行教学方法的性质。以下是他们对该课程的一些附加评论："（教师的）主要优势在于他能够在我们不知不觉中成为领导者。他真的引导了我们思考我们说什么以及为什么这样说。……提高课堂效率的责任落在了学生身上。当然,他也会给我们提供出色的指导,偶尔也会给我们的认知泼一桶冰水。他乐于倾听我们的意见,这一点很有感染力。这让我们都更愿意倾听、相信和接受同伴的贡献。……他有一种非常真实但几乎'隐匿'的存在感。他让全班同学自我主导学习,但又有效地指导我们。……他让课堂自动'驾驶',同时温和地建议我们方向。"

第六章

1. 朗福德(1985)提供了一个有用的区别,他称之为"批判的传统"(critical tradition)和"保守的传统"(conservative tradition)。批判的传统鼓励变革和创新,反映了活传统的理念。保守的传统阻碍或扼杀运动和变化;它们可能被称为传统主义者的传统(traditionalist traditions)。艾森施塔特(Eisenstadt, 1972)提出并类似地区分了传统和传统性。在本章中,我使用传统与传统主义之间的比较,部分原因是由于我所参考引用的多数文献广泛使用了这种比较(即使它们不总是用这么多的措辞)。

2. 然而,这种积极的回答并没有消除传统与创造力之间的紧张关系,佩利坎(Pelikan, 1984, p.73)认为这种紧张关系构成了活的传统中"不可磨灭的因素"。

3. 布鲁姆(1975)主要研究了"强势诗人(strong poets)",尤其是浪漫主义时期的诗人是如何摆脱传统的,浪漫主义时期的诗人给人以已经摆脱了传统,进入了崭新的、自由的领域的影响。布鲁姆赞赏他们的妙计,但也承认,这是一种诡计,而任何诗人都无法忽视或完全超越诗歌传统的影响。浪漫主义诗人非但没有打破传统,反而给传统注入了强大的活力。我引用布鲁姆的原因是,他将自己与任何可被称为传统主义,或加批判地拥抱过去的立场不遗余力地割席。

4. 有关开展教学的"礼仪"(manner)相关研究,可参见法洛纳(Fallona, 1999)、芬斯特马赫(Fenstermacher, 1990, 1992, 1999)和理查森与法洛纳(Richardson & Fallona, 1999)。关于教学"风格"(style),参见汉森(Hansen, 1993)和杰克逊等人(Jackson, 1993)。关于教学"技巧"(tact)这一相关概念的研究,参见范梅南(van Manen, 1991)。我也曾讨论过方式、风格和技巧之间的异同,可参见汉森的相关论述(Hansen, 2000)。

5. 在我教授的课程中，许多学生都认为，所有的模仿性教学都有可能产生变革性的结果，比如一个人在一步一步地学习如何跳舞的过程中，可能会体验到极大的快乐和自信，从而获得全新的人格，即使教师从未想过这样的结果。也有如布斯特罗姆（Boostrom，1997，1998）等人的观点主张，模仿性和变革性可能是不可调和的。

6. 罗伯特·皮尔希格（Robert Pirsig，1979）对像是摩托车维修这样的职业或技术领域的教学研究指出，教学如何体现以及应该体现我在这里所说的教学与社会化或文化适应的区分。

第七章

1. 乔治·艾略特在她的小说《米德尔马契》（*Middlemarch*）中塑造了一个食古不化的人物形象，名唤卡索邦先生。通过对比卡索邦对历史传统的固守，和对一种社区生活的微妙、充满爱意、非传统的描绘，这部小说巧妙地展现了人性中美好的一面，她希望这种美好在一个迅速变化的世界中继续彰显。

2. 关于针对谴责杜威轻视传统的辩护，可参考亚历山大（Alexander，1994/95）和罗伯逊（Robertson，1992）的研究。如要了解比我更严厉的批评，可参考鲍尔斯（Bowers，1987）和卡兰（Callan，1981）等人的讨论。

3. 如要了解相关的背景性分析和批评，可参见凯德曼（Kerdeman，1998）、瓦恩克（Warnke，1987）和温斯海姆（Weinsheimer，1985）。另见第五章关于"交易性"阅读观的讨论。

4. 在我教授的教师教育课程中，许多学生都认为，所有模仿的教学都有可能产生变革性的结果。例如，一个人在逐步学习如何跳舞的过程中，可能会因为体验到的快乐和自信是如此巨大，从而获得全新的存在状态，而这也许是舞蹈教师从未想过的结果。但是也有布斯特罗姆（Boostrom，1997，1998）的观点则认为，模仿和变革也许是并不可能调和的。

5. 这些问题的灵感有一部分来自亚历山大·内哈马斯（Alexander Nehamas，1998）对称之为"生活艺术哲学家"（philosophers of the art of living）个体的研究（p. 4）。这句话

198

的前半部分改编自诗人 A·D·霍普（A. D. Hope）的诗句,引自贝利（Bayley, 1998, p.52）。

第八章

1. 教学相关的研究形成了一些与"理想"相似的术语。例如,拉博斯基（LaBoskey, 1994）讨论了教师候选人的"激情信条"（passionate creeds）,而哈默纳斯（Hammerness, 1999）则研究了教师的"愿景"（visions）。这些研究补充了那些关注教师在实践中的"形象"（images）的学者所进行的研究,如考尔德黑德和罗布森（Calderhead & Robson, 1991）、克兰宁（Clandinin, 1986）、埃尔巴兹（Elbaz, 1983）、约瑟夫和伯纳福特（Joseph & Burnaford, 1994）和科纳尔（Koerner, 1989）。

2. 在我的构想中,"理想"和"形象"这两个概念尽管在含义上有重叠,但强调的问题不同。在第三章中,我描述了一个成长中的受过教育的人的形象,它有助于指导教师的工作。我理解这样的形象具有提示性、不是主观随意的,而且希望能在长时间内都令人信服。但从某种程度上说,这种形象的约束力不如教学中的理想,特别是我将要说明的人格的理想。形象关注的是学生的命运,而理想强调的是教师的命运,尤其是教师的成长如何与帮助学生学习和茁壮成长绑定在一起。

3. 奥克肖特还质疑"我思考,故此我的生化系统运转正常"这一论断的充分性。他论证,生化系统可以被理解为使思维成为可能的条件。但思想的本质和内容不能被决定性地归结为该系统的运作。奥克肖特反复论证说,思想是有理由（reason）的,而不是有起因（cause）的（例如,1989, pp.19-20,35）。正如苏格拉底在柏拉图的《斐多篇》（99b）中所说:"试想一下,如果不能区分一件事的原因和没有原因就无法运作的条件,那该有多糟糕!"

4. 卡尔·霍斯泰勒（Karl Hostetler, 1997, pp.74-105）在研究中,举例论证了,当教师的个人理想与履行教师职责的任务相冲突时,可能产生问题。

5. 希勒苏姆似乎深受诗人里尔克的影响,她经常提到里尔克的作品,尤其是《时间之书》（*The Book of Hours*）和《给一位年轻诗人的信》（*Letters to a Young Poet*）。里尔克

（1908/1986）在给一位年轻诗人的回信中写道："不要寻找你还不能得到的答案，因为你不可能践行它们。关键是，要全身心地生活。现在就在'问题'里生活和经历吧。也许在未来遥远的某一天，你会在不知不觉中逐渐找到答案。"（pp. 34 - 35）此外，希勒苏姆"悠扬地从上帝手中滚落"的意象在里尔克诗歌中呼唤上帝的隐喻中也有类似："难道你感觉不到我，随时准备/在你的触摸下破壳而出？"（Rilke, 1905/1996, I, p.19）

6. 托多罗夫的比喻可能是意在提及康德，希勒苏姆在其行为中体现了康德道德哲学的许多观点（例如，将他人视为目的本身，而不仅仅是达到目的的手段）。康德（1785/1990）曾经说过，善的意志在行善的过程中，即使受到挫折，它仍然会"像宝石一样闪闪发光"（p. 10）。

7. 我记得，当我在希勒苏姆书的空白处写笔记时，有一瞬间我停了下来，看着自己的文字，再看看她的文字，突然有一种正在对话的感觉。我感受到了我们同样追求意义的状态，因为我理解她是在说明这种追求是可能的，而且可能导致真实的问题。也许我的反应证明了，阅读日记所产生的亲密感受。然而，在那一刻，我被震撼了，我感到希勒苏姆的文字是鲜活的，表达了她蓬勃的精神和希望。她的字里行间似乎蕴含智识和道德的分量，而她自己并没有完全意识到这一点。总之，我发现自己不仅仅"只是"在阅读，还在思考、想象、等待、回忆等。带着这些想法，我在空白处写下了里尔克的话——"看，我活着。以什么为基础？"（《第九首杜伊诺挽歌》），并在边缘回答说：在这上面。我的经历，无疑是每个读者（不仅仅是读书的读者）都熟悉的，它丰富了第六章和第七章对教学中的个人、实践和传统的分析。

参考文献

Abbott, A. (1988). *The system of professions*. Chicago: University of Chicago Press.

Abrams, M. H., Donaldson, E. T., Smith, H., Adams, R. M., Monk, S. H., Ford, G. H., & Daiches, D. (Eds.). (1962). *The Norton anthology of English literature* (Major Authors edition). New York: Norton.

Allan, G. (1993). Traditions and transitions. In P. Cook (Ed.), *Philosophical imagination and cultural memory* (pp. 21 - 39). Durham, NC: Duke University Press.

Alexander, T. M. (1987). *John Dewey's theory of art, experience and nature: The horizons of feeling*. Albany: State University of New York Press.

Alexander, T. M. (1994/95). Educating the democratic heart: Pluralism, traditions and the humanities. *Studies in Philosophy and Education*, 13, 243 - 259.

Applebaum, B. (1995). Creating a trusting atmosphere in the classroom. *Educational Theory*, 45(4), 443 - 452.

Aristotle. (trans. 1962). *Nicomachean ethics* (M. Ostwald, Trans.). New York: Macmillan.

Arnold, P. J. (1997). *Sport, ethics, and education*. London: Cassell.

Baier, A. (1983). Secular faith. In S. Hauerwas & A. MacIntyre (Eds.), *Revisions: Changing perspectives in moral philosophy* (pp. 203 - 221). Notre Dame, IN: University of Notre Dame Press.

Baker, B. (1998). Child-centered teaching, redemption, and educational identities: A history of the present. *Educational Theory*, 48(2), 155 - 174.

Ball, S. J. (Ed.). (1990). *Foucault and education: Disciplines and knowledge*. London: Routledge.

Bayley, J. (1998, July 27). *Elegy for Iris: Scenes from an indomitable marriage*. The New Yorker, pp. 45 - 61.

Benner, P. (1994). The role of articulation in understanding practice and experience as sources of knowledge in clinical nursing. In J. Tully (Ed.), *Philosophy in an age of pluralism: The philosophy of Charles Taylor in question* (pp. 136 - 155). Cambridge, UK: Cambridge University Press.

Benner, P., & Wrubel, J. (1989). *The primacy of caring: Stress and coping in health and illness*. Reading, MA: Addison-Wesley.

Ben-Peretz, M. (1995). *Learning from experience: Memory and the teacher's account of teaching*. Albany: State University of New York Press.

Berlin, I. (1992). *The crooked timber of humanity: Chapters in the history of ideas*. New York: Vintage.

Bloom, H. (1973). *The anxiety of influence: A theory of poetry*. New York: Oxford University Press.

Bloom, H. (1975). *A map of misreading*. Oxford, UK: Oxford University Press.

Bloom, H. (1998). *Shakespeare: The invention of the human*. New York: Riverhead.

Boisvert, R. D. (1998). *John Dewey: Rethinking our time*. Albany: State University of New York Press.

Boostrom, R. (1997). Teaching by the numbers. In N. C. Burbules & D. T. Hansen (Eds.), *Teaching and its predicaments* (pp. 45 – 64). Boulder, CO: Westview.

Boostrom, R. (1998). "Safe places": Reflections on an educational metaphor. *Journal of Curriculum Studies*, 30(4), 397 – 408.

Booth, W. C. (1988). *The company we keep: An ethics of fiction*. Berkeley: University of California Press.

Bowers, C. A. (1987). *Elements of a post-liberal theory of education*. New York: Teachers College Press.

Brann, E. T. H. (1979). *Paradoxes of education in a republic*. Chicago: University of Chicago Press.

Brann, E. T. H. (1999). The American college as the place for liberal learning. *Daedalus*, 128(1), 151 – 171.

Bredo, E. (1998). Evolution, psychology, and John Dewey's critique of the reflexarc concept. *Elementary School Journal*, 98(5), 447 – 466.

Bricker, D. C. (1993). Character and moral reasoning: An Aristotelian perspective. In K. A. Strike & P. L. Ternasky (Eds.), *Ethics for professionals in education* (pp. 13 – 26). New York: Teachers College Press.

Broudy, H. S. (1963). Historic exemplars of teaching method. In N. L. Gage (Ed.), *Handbook of research on teaching* (pp. 1 – 44). Chicago: Rand McNally.

Bruner, J. (1985). Narrative and paradigmatic modes of thought. In E. Eisner (Ed.), *Learning and teaching the ways of knowing* (pp. 97 – 115). Chicago: National Society for the Study of Education.

Bruner, J. (1991). The narrative construction of reality. Critical Inquiry, 18, 1 – 21. Buchmann, M. (1989). The careful vision: How practical is contemplation in teaching? *American Journal of Education*, 98, 35 – 61.

Buchmann, M., & Floden, R. E. (1993). *Detachment and concern: Conversations inthe philosophy of teaching and teacher education*. New York: Teachers College Press.

Burbules, N. C. (1993). *Dialogue in teaching: Theory and practice*. New York: Teachers College Press.

Burbules, N. C., & Densmore, K. (1991). The limits of making teaching a profession. *Educational Policy*, 5, 44 – 63.

Burbules, N. C., & Hansen, D. T. (Eds.). (1997). *Teaching and its predicaments*. Boulder, CO: Westview.

Bushnell, R. W. (1996). *A culture of teaching: Early modern humanism in theory and practice*. Ithaca, NY: Cornell University Press.

Calderhead, J., & Robson, M. (1991). Images of teaching: Student teachers' early conceptions of classroom practice. *Teaching and Teacher Education*, 7, 1 - 8.

Callan, E. (1981). Education for democracy: Dewey's illiberal philosophy of education. *Educational Theory*, 31(2), 167 - 175.

Calvino, I. (1988). *Six memos for the next millennium* (P. Creagh, Trans.). Cambridge, MA: Harvard University Press.

Carr, D. (1999). Is teaching a skill? In R. Curren (Ed.), *Philosophy of Education 1999* (pp. 204 - 212). Champaign, IL: Philosophy of Education Society.

Carr, W. (1995). *For education: Towards critical educational inquiry*. Buckingham, UK: Open University Press.

Cassirer, E. (1945). *Rousseau, Kant, Goethe* (J. Gutmann, P. O. Kristeller, & J. H. Randall, Jr., Trans.). Princeton, NJ: Princeton University Press.

Cavell, S. (1990). *Conditions handsome and unhandsome: The constitution of Emersonian perfectionism*. Chicago: University of Chicago Press.

Chambliss, J. J. (1987). *Educational theory as theory of conduct*. Albany: State University of New York Press.

Chekhov, A. (1964). A boring story. *In Lady with lapdog and other stories* (D. Magarshack, Trans.). London: Penguin. (Original work published 1889)

Clandinin, D. J. (1986). Classroom practice: Teacher images in action. London: Falmer.

Connell, J. (1996). Assessing the influence of Dewey's epistemology on Rosenblatt's reader response theory. *Educational Theory*, 46(4), 395 - 413.

Cranston, M. (1991). *The noble savage: Jean-Jacques Rousseau 1754 - 1762*. Chicago: University of Chicago Press.

Cua, A. S. (1998). *Moral vision and tradition: Essays in Chinese ethics*. Washington, DC: Catholic University of America Press.

Cuffaro, H. K. (1995). *Experimenting with the world: John Dewey and the early childhood classroom*. New York: Teachers College Press.

Delpit, L. (1995). *Other people's children: Cultural conflict in the classroom*. New York: The New Press.

Dewey, J. (1930). *Human nature and conduct*. New York: The Modern Library. (Original work published 1922)

Dewey, J. (1933). *How we think*. New York: D. C. Heath & Co.

Dewey, J. (1963). *Experience and education*. New York: Collier. (Original work published 1938)

Dewey, J. (1974a). The need for a philosophy of education. In R. D. Archambault (Ed.), *John Dewey on education* (pp. 3 - 14). Chicago: University of Chicago Press. (Original work published 1934)

Dewey, J. (1974b). The relation of theory to practice in education. In R. D. Archambault (Ed.), *John Dewey on education* (pp. 313 - 338). Chicago: University of Chicago Press. (Original work published 1904)

Dewey, J. (1975). *Moral principles in education*. Carbondale: Southern Illinois University Press. (Original work published 1909)

Dewey, J. (1980). *Art as experience*. New York: Perigee. (Original work published 1934)

Dewey, J. (1989). Theory of the moral life. In J. A. Boydston (Ed.), *John Dewey, the later works 1925 – 1953: Vol. 7. Ethics* (pp. 159 – 310). Carbondale: Southern Illinois University Press. (Original work published 1932)

Dewey, J. (1997). *Democracy and education*. New York: The Free Press. (Original work published 1916)

Dewey, J., & Bentley, A. (1949). *Knowing and the known*. Boston: Beacon.

Dillon, J. T. (1994). *Using discussion in classrooms*. Buckingham, UK: Open University Press.

Donald, J. (1992). *Sentimental education: Schooling, popular culture and the regulation of liberty*. London: Verso.

Donoghue, D. (1998). *The practice of reading*. New Haven, CT: Yale University Press.

Downie, R. S., & Telfer, E. (1980). *Caring and curing: A philosophy of medicine and social work*. London: Methuen.

Eisenstadt, S. N. (1972). Intellectuals and tradition. Daedalus, 101(2), 1 – 19. Elbaz, F. (1983). *Teacher thinking: A study of practical knowledge*. New York: Nichols.

Eldridge, R. (1997). *Leading a human life: Wittgenstein, intentionality, and romanticism*. Chicago: University of Chicago Press.

Eliot, G. (1985). *Middlemarch*. Harmondsworth, UK: Penguin. (Original work published 1871 – 72) Elkins, J. (1996). *The object stares back*. San Diego: Harcourt Brace.

Ellsworth, E. (1997). *Teaching positions: Difference, pedagogy, and the power of address*. New York: Teachers College Press.

Emerson, R. W. (1990). Experience. In R. Poirier (Ed.), *Ralph Waldo Emerson* (pp. 216 – 234). Oxford, UK: Oxford University Press. (Original work published 1844)

Emmet, D. (1979). *The moral prism*. London: Macmillan.

Emmet, D. (1994). *The role of the unrealisable: A study in regulative ideals*. New York: St. Martin's Press.

Epstein, J. (Ed.). (1981). *Masters: Portraits of great teachers*. New York: Basic Books. Fallona, C. (1999, April). Manner in teaching: A study in observing and interpreting teachers' moral virtues. Paper presented at the annual meeting of the American Educational Research Association, Montreal, Canada.

Fenstermacher, G. D. (1990). Some moral considerations on teaching as a profession. In J. I. Goodlad, R. Soder, & K. A. Sirotnik (Eds.), *The moral dimensions of teaching* (pp. 130 – 154). San Francisco: Jossey-Bass.

Fenstermacher, G. D. (1992). The concepts of method and manner in teaching. In F.K. Oser, A. Dick, & J.-L. Patry (Eds.), *Effective and responsible teaching: The new synthesis* (pp. 95 – 108). San Francisco: Jossey-Bass.

Fenstermacher, G. D. (1999, April). *On the concept of manner and its visibility in teaching practice*. Paper presented at the annual meeting of the American Educational Research Association, Montreal, Canada.

Finkielkraut, A. (1995). *The defeat of the mind* (J. Friedlander, Trans.). New York: Columbia University Press. (Original work published 1987)

Fishman, S. M., & McCarthy, L. (1998). *John Dewey and the challenge of classroom practice*. New York: Teachers College Press.

Foot, P. (1978). *Virtues and vices*. Berkeley: University of California Press.

Foster, M. (1997). *Black teachers on teaching*. New York: The New Press.

Friedson, E. (1994). *Professionalism reborn*. Chicago: University of Chicago Press.

Gadamer, H.-G. (1984). The hermeneutics of suspicion. In G. Shapiro & A. Sica (Eds.), *Hermeneutics: Questions and prospects* (pp. 54 – 65). Amherst: University of Massachusetts Press.

Gadamer, H.-G. (1996). *Truth and method* (2nd rev. ed.) (J. Weinsheimer & D. G. Marshall, Trans.). New York: Continuum. (Original work published 1960)

Gardner, J. (1978). *On moral fiction*. New York: Basic Books.

Gardner, P. (1993). Should we teach children to be open-minded? Or, is the Pope open-minded about the existence of God? *Journal of Philosophy of Education*, 27(1), 39 – 43.

Gardner, P. (1996). Four anxieties and a reassurance: Hare and McLaughlin on being open-minded. *Journal of Philosophy of Education*, 30(2), 271 – 276.

Garrison, J. (1996). A Deweyan theory of democratic listening. *Educational Theory*, 46 (4), 429 – 451.

Garrison, J. (1997). *Dewey and eros: Wisdom and desire in the art of teaching*. New York: Teachers College Press.

Gluck, A. L. (1999). Open-mindedness versus holding firm beliefs. *Journal of Philosophy of Education*, 33(2), 269 – 276.

Goffman, E. (1961). *Asylums: Essays on the social situation of mental patients and other inmates*. New York: Doubleday Anchor.

Gossman, L. (1997). Burckhardt between history and art: Kulturgeschichte, Kunstgeschichte, Genuss. *Common Knowledge*, 6(1), 17 – 43.

Gotz, I. L. (1988). Zen and the art of teaching. Westbury, NJ: J. L. Wilkerson. Grant, R.W. (1996). The ethics of talk: Classroom conversation and democratic politics. *Teachers College Record*, 97(3), 470 – 482.

Graubard, S.R. (Ed.). (1978). Rousseau for our time [Special issue]. *Daedalus*, 107 (3), 1 – 206.

Green, T. F. (1994). Public speech. *Teachers College Record*, 95 (3), 369 – 387. Greene, M. (1989). The teacher in John Dewey's works. In P. W. Jackson & S.

Haroutunian-Gordon (Eds.), *From Socrates to software: The teacher as text and the text as teacher: 89th yearbook of the National Society for the Study of Education*, Part I (pp. 24 – 35). Chicago: University of Chicago Press.

Gudmundsdottir, S. (2000). Narrative research on teaching. In V. Richardson (Ed.), *Handbook of research on teaching* (4th ed.). Washington, DC: American Educational Research Association.

Hacking, I. (1999). *The social construction of what?* Cambridge, MA: Harvard University Press.

Hammerness, K. (1999, April). Visions of delight, visions of doubt: The relationship between emotion and cognition in teachers' vision. Paper presented at the annual meeting of the American Educational Research Association, Montreal, Canada.

Hansen, D. T. (1993). The moral importance of the teacher' s style. *Journal of Curriculum Studies*, 25, 397 – 421.

Hansen, D. T. (1995). The call to teach. New York: Teachers College Press. Hansen, D. T. (1998). The moral is in the practice. *Teaching and Teacher Education*, 14, 643 – 655.

Hansen, D. T. (1999). Understanding students. *Journal of Curriculum and Supervision*, 14, 171 – 185.

Hansen, D. T. (2000). Teaching as a moral activity. In V. A. Richardson (Ed.), *Handbook of research on teaching* (4th ed.). Washington, DC: American Educational Research Association.

Hare, W. (1985). *In defense of open-mindedness*. Kingston, Ontario, Canada: McGillQueen's University Press.

Hare, W., & McLaughlin, T. H. (1994). Open-mindedness, commitment and Peter Gardner. *Journal of Philosophy of Education*, 28(2), 239 – 244.

Hare, W., & McLaughlin, T. H. (1998). Four anxieties about open-mindedness: Reassuring Peter Gardner. *Journal of Philosophy of Education*, 32(2), 283 – 292.

Haroutunian-Gordon, S. (1991). *Turning the soul: Teaching through conversation in the high school*. Chicago: University of Chicago Press.

Hauerwas, S. (1977). *Truthfulness and tragedy*. Notre Dame, IN: University of Notre Dame Press.

Hendel, C. W. (1934). *Jean-Jacques Rousseau, moralist* (Vol. 2). London: Oxford University Press.

Henry, A. (1998). *Taking back control: African Canadian women teachers' lives and practices*. Albany: State University of New York Press.

Herman, B. (1993). *The practice of moral judgment*. Cambridge, MA: Harvard University Press.

Higgins, C. R. (1998). *Practical wisdom: Educational philosophy as liberal teacher education*. Unpublished doctoral dissertation, Columbia University, New York.

Hillesum, E. (1996). *An interrupted life: The diaries, 1941 – 1943, and letters from Westerbork* (A. J. Pomerans, Trans.). New York: Henry Holt.

Hofstadter, R. (1962). *Anti-intellectualism in American life*. New York: Vintage.

Hollinger, R. (1985). Hermeneutics and pragmatism. In R. Hollinger (Ed.), *Hermeneutics and praxis* (pp. ix - xx). Notre Dame, IN: University of Notre Dame Press.

Horton, J., & Mendus, S. (1994). Alasdair MacIntyre: After Virtue and after. In J. Horton & S. Mendus (Eds.), *After MacIntyre: Critical perspectives on the work of Alasdair MacIntyre* (pp. 1 - 15). Notre Dame, IN: University of Notre Dame Press.

Hostetler, K.D. (1997). *Ethical judgment in teaching*. Boston: Allyn & Bacon. Hoy, D. C. (1978). The critical circle: Literature, history, and philosophical hermeneutics. Berkeley: University of California Press.

Huizinga, J. (1955). *Homo ludens: A study of the play element in culture*. Boston: Beacon. (Original work published 1944)

Iheoma, E.O. (1997). Rousseau's views on teaching. *Journal of Educational Thought*, 31(1), 69 - 81.

Jackson, P.W. (1986). *The practice of teaching*. New York: Teachers College Press.

Jackson, P.W. (1992). *Untaught lessons*. New York: Teachers College Press.

Jackson, P. W., Boostrom, R. E., & Hansen, D. T. (1993). *The moral life of schools*. San Francisco: Jossey-Bass.

Johnson, S.M. (1990). *Teachers at work: Achieving success in our schools*. New York: Basic Books.

Joseph, P. B., & Burnaford, G. E. (Eds.). (1994). *Images of schoolteachers in twentieth century America*. New York: St. Martin's Press.

Kant, I. (1960). *Religion within the limits of reason alone* (T. M. Greene & H. H. Hudson, Trans.). New York: Harper & Row. (Original work published 1793)

Kant, I. (1963). Conjectural beginning of human history. In L.W. Beck (Ed.), *Kant: On history* (L. W. Beck, Trans.) (pp. 53 - 68). New York: Macmillan. (Original work published 1786)

Kant, I. (1990). *Foundations of the metaphysics of morals* (L. W. Beck, Trans.). Englewood Cliffs, NJ: Prentice Hall. (Original work published 1785)

Kant, I. (1991). On the common saying: 'This may be true in theory, but it does not apply in practice'. In H. Reiss (Ed.), *Kant: Political writings* (H. B. Nisbet, Trans.) (pp. 61 - 92). Cambridge, UK: Cambridge University Press. (Original work published 1793)

Kant, I. (1993). *Critique of practical reason* (L. W. Beck, Trans.). Upper Saddle River, NJ: Prentice Hall. (Original work published 1788)

Karolides, N. J. (1999). Theory and practice: An interview with Louise M. Rosenblatt. *Language Arts*, 77(2), 158 - 170.

Kerdeman, D. (1998). Hermeneutics and education: Understanding, control, and agency. *Educational Theory*, 48(2), 267 - 278.

Koerner, M. (1989). *Teachers' images of their work*. Unpublished doctoral dissertation, University of Illinois at Chicago.

Kolenda, K. (1995). Humanism. In R. Audi (Ed.), *The Cambridge dictionary of philosophy* (pp.340 - 341). Cambridge, UK: Cambridge University Press.

Konrad, G. (1981). *Letter from Budapest*. New York Review of Books, 27(17),49.

Korsgaard, C. M. (1996). *The sources of normativity*. Cambridge, UK: Cambridge University Press.

Kozolanka, K., & Olson, J. (1994). Life after school: How science and technology teachers construe capability. *International Journal of Technology and Design Education*, 4(3),209 - 226.

Labaree, D. F. (1992). Power, knowledge, and the rationalization of teaching: A genealogy of the movement to professionalize teaching. *Harvard Educational Review*, 62,123 - 154.

LaBoskey, V. K. (1994). *Development of reflective practice: A study of preservice teachers*. New York: Teachers College Press.

Ladson-Billings, G. (1994). *The dreamkeepers: Successful teachers of African American children*. San Francisco: Jossey-Bass.

Lampert, M. (1990). When the problem is not the question and the solution is not the answer: Mathematical knowing and teaching. *American Educational Research Journal*, 27(1),29 - 63.

Langford, G. (1978). *Teaching as a profession: An essay in the philosophy of education*. Manchester, UK: Manchester University Press.

Langford, G. (1985). *Education, persons and society: A philosophical inquiry*. London: Macmillan.

Lear, J. (1998). *Open minded: Working out the logic of the soul*. Cambridge, MA: Harvard University Press.

Lortie, D. C. (1975). Schoolteacher. Chicago: University of Chicago Press. Loukes, H. (1976). Morality and the education of the teacher. *Oxford Review of Education*, 2(2),139 - 147.

MacIntyre, A. (1984). *After virtue* (2nd ed.). Notre Dame, IN: University of Notre Dame Press.

Martin, J. R. (1985). *Reclaiming a conversation: The ideal of the educated woman*. New Haven, CT: Yale University Press.

Mauss, M. (1985). A category of the human mind: The notion of person, the notion of self. In M. Carrithers, S. Collins, & S. Lukes (Eds.), *The category of the person: Anthropology, philosophy, history* (pp. 1 - 25). Cambridge, UK: Cambridge University Press.

McCarty, L.P. (1997). Experience and the postmodern spirit. *Educational Theory*, 47 (3),377 - 394.

McEwan, H., & Egan, K. (Eds.). (1995). *Narrative in teaching, learning, and research*. New York: Teachers College Press.

McIntyre, D., Hagger, H., & Wilkin, M. (1993). *Mentoring: Perspectives on school based teacher education*. London: Kogan Page.

Merleau-Ponty, M. (1969). *Humanism and terror: An essay on the communist problem* (J. O'Neill, Trans.). Boston: Beacon. (Original work published 1947)

Mounce, H. O. (1973). Philosophy and education. *The Human World*, 13, 11 – 20.

Munzel, G. F. (1999). *Kant's conception of moral character: The "critical" link of morality, anthropology, and reflective judgment*. Chicago: University of Chicago Press.

Murdoch, I. (1970). *The sovereignty of good*. London: Ark.

Nehamas, A. (1998). *The art of living: Socratic reflections from Plato to Foucault*. Berkeley: University of California Press.

Nicholls, J. G., & Hazzard, S. P. (1993). *Education as adventure: Lessons from the second grade*. New York: Teachers College Press.

Noddings, N. (1993). *Educating for intelligent belief or unbelief*. New York: Teachers College Press.

Noddings, N. (2000). The caring teacher. In V. A. Richardson (Ed.), *Handbook of research on teaching* (4th ed.). Washington, DC: American Educational Research Association.

Nussbaum, M. C. (1990). *Love's knowledge: Essays on philosophy and literature*. Oxford, UK: Oxford University Press.

Oakeshott, M. (1989). *The voice of liberal learning: Michael Oakeshott on education* (T. Fuller, Ed.). New Haven, CT: Yale University Press. (Original essays published between 1949 and 1975)

Oakeshott, M. (1991). *Rationalism in politics and other essays*. Indianapolis, IN: Liberty Press. (Original essays published between 1932 and 1991)

Oakeshott, M. (1993). *Religion, politics, and the moral life* (T. Fuller, Ed.). New Haven, CT: Yale University Press. (Original essays published between 1925 and 1955)

Olson, J. (1992). *Understanding teaching: Beyond expertise*. Milton Keynes, UK: Open University Press.

Oser, F. K. (1994). Moral perspectives on teaching. *Review of Research in Education*, 20, 57 – 127.

Oyler, C. (1996). *Making room for students: Sharing teacher authority in Room 104*. New York: Teachers College Press.

Pelikan, J. (1984). *The vindication of tradition*. New Haven, CT: Yale University Press.

Pendlebury, S. (1990). Practical arguments and situational appreciation in teaching. *Educational Theory*, 40(2), 171 – 179.

Pendlebury, S. (1995). Reason and story in wise practice. In H. McEwan & K. Egan (Eds.), *Narrative in teaching, learning, and research* (pp. 50 – 65). New York: Teachers College Press.

Peshkin, A. (1991). *The color of strangers, the color of friends: The play of ethnicity in school and community*. Chicago: University of Chicago Press.

Peters, R. S. (1981). *Essays on educators*. London: George Allen & Unwin.

Philips, D. C. (Ed.). (2000). *Constructivism in education: Opinions and second opinions on controversial issues. 99th yearbook of the National Society for the Study of Education*, Part I. Chicago: University of Chicago Press.

Philips, D. Z. (1979). Is moral education really necessary? *British Journal of Educational Studies*, 27(1), 42 – 56.

Pirsig, R. M. (1979). *Zen and the art of motorcycle maintenance: An inquiry into values*. New York: Morrow.

Plievier, T. (1966). *Stalingrad* (R. Winston & C. Winston, Trans.). New York: Time Inc. (Original work published 1947)

Pocock, J. G. A. (1968). Time, institutions and action: An essay on traditions and their understanding. In P. King & B. C. Parekh (Eds.), *Politics and experience: Essays presented to Professor Michael Oakeshott on the occasion of his retirement* (pp. 209 – 237). London: Cambridge University Press.

Popkewitz, T. S., & Brennan, M. (Eds.). (1998). *Foucault's challenge: Discourse, knowledge, and power in education*. New York: Teachers College Press.

Popper, K. R. (1963). *Conjectures and refutations: The growth of scientific knowledge*. New York: Basic Books.

Preskill, S. (1998). Narratives of teaching and the quest for the second self. *Journal of Teacher Education*, 49(5), 344 – 357.

Pring, R. (1984). *Personal and social education in the curriculum*. London: Hodder & Stoughton.

Proefriedt, W. A. (1994). *How teachers learn: Toward a more liberal teacher education*. New York: Teachers College Press.

Rabinow, P. (Ed.). (1984). *The Foucault reader*. New York: Pantheon.

Rappaport, R. A. (1971). Ritual, sanctity, and cybernetics. *American Anthropologist*, 73, 59 – 76.

Reagan, T. (1996). *Non-Western educational traditions: Alternative approaches to educational thought and practice*. Mahwah, NJ: Erlbaum.

Richardson, V., & Fallona, C. (1999, April). *Classroom management as method and manner*. Paper presented at the annual meeting of the American Educational Research Association, Montreal, Canada.

Rilke, R. M. (1986). *Letters to a young poet* (S. Mitchell, Trans.). New York: Vintage. (Original work published 1908)

Rilke, R. M. (1989). Archaic torso of Apollo. In *The selected poetry of Rainer Maria Rilke* (S. Mitchell, Trans.). New York: Vintage Books. (Original work published 1908)

Rilke, R. M. (1996). *Rilke's book of hours* (A. Barrows & J. Macy, Trans.). New York: Riverhead Books. (Original work published 1905)

Robertson, E. (1992). Is Dewey's educational vision still viable? In G. Grant (Ed.),

Review of Research in Education 18,335 – 381.

Rorty, A. O. (1997). The ethics of reading: A traveler's guide. *Educational Theory*, 47 (1),85 – 89.

Rorty, A. O. (Ed.). (1998). *Philosophers on education: New historical perspectives*. London: Routledge.

Rorty, R. (1983). Method and morality. In N. Haan, R. N. Bellah, P. Rabinow, & W. M. Sullivan (Eds.), *Social science as moral inquiry* (pp. 155 – 176). New York: Columbia University Press.

Rosenblatt, Louise M. (1978). *The reader, the text, the poem: The transactional theory of the literary work*. Carbondale: Southern Illinois University Press.

Rosenow, E. (1980). Rousseau's Emile, an anti-utopia. *British Journal of Educational Studies*, 28(3),212 – 224.

Rousmaniere, K. (1997). Good teachers are born, not made: Self-regulation in the work of nineteenth-century American women teachers. In K. Rousmaniere et al. (Eds.), *Discipline, moral regulation, and schooling: A social history* (pp. 117 – 133). New York: Garland.

Rousmaniere, K., Dehli, K., & de Coninck-Smith, N. (1997). *Discipline, moral regulation, and schooling: A social history*. New York: Garland.

Rousseau, J.-J. (1979). *Emile, or On education* (A. Bloom, Trans.). New York: Basic Books. (Original work published 1762)

Ryan, A. (1998). Deweyan pragmatism and American education. In A. O. Rorty (Ed.), *Philosophers on education: New historical perspectives* (pp. 394 – 410). London: Routledge.

Schama, S. (1996, April 1). *The Flaubert of the trenches*. The New Yorker, pp. 97 – 98.

Schultz, D. R. (1997). *Toward wisdom in practice: A study of teachers' pedagogic judgments*. Unpublished doctoral dissertation, University of Illinois at Chicago.

Schwab, J. J. (1978a). Eros and education: A discussion of one aspect of discussion. In I. Westbury & N. J. Wilkof (Eds.), *Science, curriculum, and liberal education: Selected essays by Joseph J. Schwab* (pp. 105 – 132). Chicago: University of Chicago Press.

Schwab, J. J. (1978b). The "impossible" role of the teacher in progressive education. In I. Westbury & N. J. Wilkof (Eds.), *Science, curriculum, and liberal education: Selected essays by Joseph J. Schwab* (pp. 167 – 183). Chicago: University of Chicago Press.

Seixas, P. (1993). Historical understanding among adolescents in a multicultural setting. *Curriculum Inquiry*, 23(3),301 – 327.

Shalem, Y. (1999). Epistemological labor: The way to significant pedagogical authority. *Educational Theory*, 49(1),53 – 70.

Shattuck, R. (1996). *Forbidden knowledge: From Prometheus to pornography*. New York: St. Martin's Press.

Shattuck, R. (1999). The need for core. In S. Lee & A. Speight (Eds.), *Tradition and innovation* (pp. 1 - 7). Lanham, MD: University Press of America.

Sherman, N. (1997). *Making a necessity of virtue: Aristotle and Kant on virtue.* Cambridge, UK: Cambridge University Press.

Shils, E. (1958). Tradition and liberty: Antinomy and interdependence. *Ethics*, 68(3), 153 - 165.

Shils, E. (1981). *Tradition*. Chicago: University of Chicago Press.

Simpson, D. (1997). The cult of "conversation." *Raritan*, 16(4), 75 - 85.

Smeyers, P. (1995). Education and the educational project II: Do we still care about it? *Journal of Philosophy of Education*, 29(3), 401 - 413.

Sockett, H. (1992). The moral aspects of the curriculum. In P. W. Jackson (Ed.), Handbook of research on curriculum (pp. 543 - 569). New York: Macmillan. Sockett, H. (1993). *The moral base for teacher professionalism*. New York: Teachers College Press.

Taylor, C. (1985). *Philosophical papers, I: Human agency and language.* Cambridge, UK: Cambridge University Press.

Taylor, C. (1989). *Sources of the self: The making of the modern identity.* Cambridge, MA: Harvard University Press.

Taylor, C. (1992). *The ethics of authenticity.* Cambridge, MA: Harvard University Press.

Tiles, J. E. (1988). *Dewey.* London: Routledge.

Todorov, T. (1996). *Facing the extreme: Moral life in the concentration camps* (A. Denner & A. Pollak, Trans.). New York: Metropolitan Books.

Tom, A. (1984). *Teaching as a moral craft.* New York: Longman.

Van Manen, M. (1991). *The tact of teaching: The meaning of pedagogical thoughtfulness.* Albany: State University of New York Press.

Warnke, G. (1987). *Gadamer: Hermeneutics, tradition and reason.* Stanford, CA: Stanford University Press.

Weaver, R. M. (1948). *Ideas have consequences.* Chicago: University of Chicago Press.

Weil, S. (1986). The Iliad or the poem of force. In S. Miles (Ed.), *Simone Weil: An anthology* (M. McCarthy, Trans.) (pp. 162 - 195). New York: Weidenfeld & Nicolson. (Original work published 1941)

Weinsheimer, J. C. (1985). *Gadamer's Hermeneutics: A reading of "Truth and Method."* New Haven, CT: Yale University Press.

Will, F. L. (1985a). Reason, social practice, and scientific realism. In R. Hollinger (Ed.), *Hermeneutics and praxis* (pp. 122 - 142). Notre Dame, IN: University of Notre Dame Press.

Will, F. L. (1985b). The rational governance of practice. In R. Hollinger (Ed.), *Hermeneutics and praxis* (pp. 192 - 213). Notre Dame, IN: University of Notre Dame Press.

Williams, B. (1981). *Moral luck: Philosophical papers 1973 - 1980*. Cambridge, UK: Cambridge University Press.

Wilson, J. (1993). *Reflection and practice: Teacher education and the teaching profession*. London, Ontario, Canada: Althouse.

Wilson, J. (1998). Seriousness and the foundations of education. *Educational Theory*, 48(2), 143 - 153.

Winch, C. (1996). Rousseau on learning: A re-evaluation. *Educational Theory*, 46(4), 415 - 428.

Witherell, C., & Noddings, N. (Eds.). (1991). *Stories lives tell: Narrative and dialogue in education*. New York: Teachers College Press.

Wittgenstein, L. (1980). *Culture and value* (G. H. von Wright, Ed.; P. Winch, Trans.). Chicago: University of Chicago Press. (Posthumous)

Wokler, R. (1995). *Rousseau*. Oxford, UK: Oxford University Press.

Wolfe, A. (1993). *The human difference: Animals, computers, and the necessity of social science*. Berkeley: University of California Press.

Yamamoto, K. (Ed.). (1979). *Children in time and space*. New York: Teachers College Press.

Zahorik, J. (1996). Elementary and secondary teachers' reports of how they make learning interesting. *Elementary School Journal*, 96(5), 551 - 564.

作者索引

Abbott, A, 3*

Abrams, M.H., 114

Alexander, T.M., 196,197,199

Allan, G., 121

Applebaum, B., 62

Aristotle, 144,152 – 153,174

Arnold, P.J., 118

Baier, A., 49 – 50

Baker, B., 67

Ball, S.J., 196

Bayley, J., 199

Benner, P., 3

Ben-Peretz, M., 163

Berlin, I., 64,162

Bloom, H., 85,120 – 122,130,140,198

Boisvert, R.D., 26,193

Boostrom, R., 35,163,198

Booth, W.C., 175,194

Boulanger, N., 34 – 35

Bowers, C.A., 196,199

Brann, E.T.H., 5,91,168

Bredo, E., 196

Bricker, D.C., 194

Broudy, H.S., 152

Bruner, J., 194

Buchmann, M., 23,118

Burbules, N.C., 3,6,81

Burckhardt, J., 193

Bushnell, R. W., 63, 116, 137, 144 – 149,153

Calderhead, J., 199

Callan, E., 199

Calvino, I., 166,152

Carr, D., 5

Carr, W., 118

Cassirer, E., 66

Cavell, S., 191

Chambliss, J.J., 194

Chekhov, A., 48 – 49,181 – 182

Cicero, 144

Clandinin, D.J., 199

Confucius, 9,63,80,119,151,

Connell, J., 84,196

Cranston, M., 64,77

Cua, A.S., 16,116,120,136,140

Cuffaro, H. K., 82, 83, 84, 87, 96, 164,170

Delpit, L., 161 – 162

Dewey, J., x – xi, 5,15,17,25 – 26,28, 29,30 – 31,41 – 43,44 – 45,46 – 48,51 – 54,55,57,59,61 – 63,64 – 65,66,68 – 72,75 – 76,78 – 79,80,81,82,83,84, 85,89,90,92 – 93,96 – 97,100,101, 102,104,105,106,107 – 108,111,137, 138 – 139,141,143,175,194,195 – 196,197

Dickinson, E., 141 – 142

Dillon, J.T., 81

Donald, J., 77

Donne, J., 114,131

Donoghue, D., 27

Douglass, F., 131

Downie, R.S., 3

* 页码为原文页码,请参照本书边码检索——译者注。

主题索引